看懂道教

呂冬倪——著

前言

當我的第一本拙作《看懂心經》再版，接下來的《看懂禪機》和《看懂證道歌》也有不錯的銷售成績，我就發下一個誓願：我要把我這三十幾年來，對於各大宗教的研究心得，寫成一套「看懂宗教系列叢書」，來和「有緣的讀者們」分享。

我的心願是，希望讓「讀者們」用最短的時間，看懂各大宗教的教義和內涵，讓「讀者們」可以從中選擇自己喜歡的宗教來信仰。在當今世界的政治、經濟和氣候環境，越來越惡劣的情況下，選擇一個讓自己的心靈安心的宗教來信仰，是非常重要的事情。

於是，我花了一年八個月的時間，剛好是在「新冠疫情的期間」，陸續完成《看懂猶太教》、《看懂基督教》、《看懂伊斯蘭教》、《看懂道家》、《看懂道教》、《看懂印度佛教》、《看懂中國及藏傳佛教》、《看懂一貫道》和《看懂北海老人全書》等書，總計九本探討「猶太教」、「基督教」、「伊斯蘭教」、「道家」、「道教」、「印度佛教」、「中國佛教」、「藏傳佛教」和「一貫道」這些宗教的教義和內涵。

這一本《看懂道教》，除了簡介「道教」之外，主要是探討《太乙金華宗旨》的內涵。

「道教」是「中國」本土的宗教，其思想最早起源於「黃帝」，最早可以上溯到「原始社會時期」，「中國人」的「祭天、祭祖」等祭祀，以及「巫術崇拜活動」。

到了「春秋戰國時期」，「道教」吸收「神仙方術」，產生了「方仙道」，後來融合「道家、陰陽家」的「五行」、「陰陽」等思想，合併形成「黃帝學派」，在「漢代中後期」形成「黃老道」，再經由「南北朝時期」的「宗教改革」，以及「元、明時期」的「宗派融合」，逐漸演變成現在的「道教」。

「道教」最早的「教團組織」，爲「于吉」開創的「太平道」，及「張道陵」創立的「五斗米教（天師道）」，都遵奉「道家」的「老子」爲「道祖」。

「道教」這兩個字，最早其實是指「儒家」，而「道家」這兩個字，才是指「道教」。《墨子．非儒下》云：「儒者以爲道教」，《牟子理惑論》云：「孔子以五經爲道教，可拱而誦，履而行。」。

可見，自「先秦」到「東晉初年」，「道教」指的是「儒家」，而「道家」指的才是我們所說的「道教」。

從「漢末」開始，「黃老」一詞也同時被認爲是「道教」。《後漢書．皇甫嵩傳》云：「初，鉅鹿張角自稱大賢良師，奉事黃老道。」，《抱朴子內篇．釋滯》云：「今若按仙經，飛九丹，水金玉，則天下皆可令不死，其惠非但活一人之功也，黃老之德，固無量矣。」。

從「晉朝」著名的「道教」人士「葛洪」以後，「道教、道家、黃老」三個名詞開始混合使用，指的都是「道教」。這樣的傳統，直到「宋、元、明、清」時代，在這一千多年中，都沒有改變傳統的說法，都是用「道家、黃老」這兩個詞語，來指稱「道教」。

「道教」和「道家」的分別，是「近代學者」劃分之後的事情。「近代學者」劃分「道家」和「道家」的主要依據是：

⑴「道家」是「思想流派」，「道教」是「宗教組織」；

⑵「道家」講究「清淨修身，無爲而爲」；「道教」追求「長生不死，逆天而行」。

⑶「道家哲學」趨向於「自然科學」；「道教思想」趨向「神仙學說」。

「現代人」常把「道家」和「道教」不加區別地使用，關鍵原因是兩者之間，存在極爲密切的關係：

⑴「道家思想」是「道教」的重要思想基礎，如果沒有「道家思想」作爲基礎，「道教」充其量就只是一種「民間信仰」，不可能形成「儒、釋、道」三足鼎立的局面。

⑵「道教」的崇拜對象，除了「民間固有的神明」之外，主要是許多「道家」的神話人物，例如：「原始天尊」、「太上老君」等。

⑶自「魏晉玄學」過後，「道家」作爲一個「獨立的學術派別」已經消失，只能依托「道教信仰」繼續存在。如果沒有「道教信仰」的力量，「道家」可能像「墨家、名家」等學派一

樣，湮滅在歷史的塵煙中；

(4)許多「道教人士」，對「道家理論」的傳承和創新，有卓越的貢獻，例如：「成玄英」的「重玄學說」、「陳摶」的《太極圖》等。所以，「道家」和「道教」的關係是非常緊密的。

「道家」和「道教」雖然有非常緊密的聯繫，但是它們的區別，也是很明顯的：

(1)「道家」是「先秦時期」創立的「思想流派」；而「道教」是「兩漢」逐漸形成，後又有若干發展分化的「宗教團體」。

(2)「道家」作爲一種「思想流派」，主張「道法自然」，主要從事的是「學術活動」和「政治文化活動」，奉《道德經》、《莊子》、《黃帝四經》等爲經典；而「道教」作爲一種「宗教團體」，有其「神仙崇拜」與「信仰」，有一系列的「宗教儀式」與「活動」，追求的是「長生不老」，其主要典籍是《道藏》。

(3)「道家」無爲自化，重視「不言之教」，沒有「嚴格的組織」和「師承關係」；而「道教」非常講究「師承關係」和「派別的傳承」，有「教徒」與「組織」。

(4)「道家」雖然提倡「兼容百家」，但都是以「道家」爲主，融會貫通而成；而「道教」卻是「以丹解道」、「以儒解道」、甚至「以佛解道」。

(5)「道家」分爲「老莊派」、「黃老派」和「楊朱派」，除了「老莊派」有一些「隱世思想」

外，「黃老派」和「楊朱派」都是積極的「出世思想」；而「道教」受到「佛教」的影響，極力宣揚「出世思想」。

從以上的說明可以知道，雖然「道教」在「理論」上，汲取了「道家思想」的大量元素，甚至遵奉「老子」爲「教主」，但是兩者還是不能混爲一談，也不能說「道教」就是「道家」。

這本《看懂道教》，可以幫助「讀者們」，以最短的時間，了解「道教」的內涵。

最後，讀者們可以掃描本書背面的QR Code，或者上網瀏覽我設立的《看懂系列叢書網頁》，可以獲得更多的資訊，網址如下：https://www.kandonbook.com/

呂冬倪

二〇二三年七月寫於 澳洲・布里斯本・家中

導讀

要了解「道教」不太容易，因為它的演變過程很複雜。最早可以上溯到「原始社會時期」，中國人的「祭天、祭祖」等祭祀及「巫術崇拜活動」，最早的宗教團體形式為「太平道」及「五斗米教」。

「道教」崇拜道家「老子」為「道祖」，至「春秋戰國時期」，吸收「神仙方術」產生了「方仙道」，後來融合「道家、陰陽家」的「五行」、「陰陽」等思想，合併形成「黃帝學派」，在「漢代中後期」形成「黃老道」，經「南北朝時期」的「宗教改革」，及「元、明時期」的「宗派融合」，逐漸演變成現在的「道教」。

「道教」融合太多元素，所以產生眾多「派別」，歷代「著名道士」的著作繁多，崇拜的「神明」繁雜，以及多種異同的「修道的方法」，讓「初學者」不知從何處下手學習起。

這本《看懂道教》分門別類，引導「讀者們」來探討「道教」的歷史、人物、修行心法、派別和經典，最重要的是探討《太乙金華宗旨》，因為《太乙金華宗旨》是集合「道教」修道方法的大成。

這本《看懂道教》，總共有六大單元，深入探討「道教」的內涵。

這六大單元探討的重點如下：

（一）第一單元：介紹「道教」的歷史，包括：「道教」和「道家」的關係、「道家」和「道教」的區別、「道教」的歷史。
（二）第二單元：介紹「道教」的人物，包括：「道教」的重要人物、「道教」的「神明」、「道教」常用術語。
（三）第三單元：探討「道教」的修行心法，包括：「佛教」的「唯識論」、《清靜經》的修行心法、《太乙金華宗旨》的修行心法、《道言淺近說》的修行心法。
（四）第四單元：介紹「道教」的派別，包括：「道教」的派別、「全眞道」的簡介、「正一道」的簡介、「中國道教」的現況、「台灣道教」的現況。
（五）第五單元：介紹「道教」的經典，包括：「道書」成書的歷史、《道藏》簡介、必讀的「道教經典」簡介。
（六）第六單元：探討「道教」的《太乙金華宗旨》。

目錄

第三單元　「道教」的修行心法

第四單元　「道教」的派別

第五單元 「道教」的經典

三、《太乙金華宗旨》解析

第一單元 「道教」的歷史

一、「道教」和「道家」的關係

「道教」不是「道家」，「道家」也不是「道教」，「道教」與「道家」，常被混淆使用，實際上它們之間，存在著極爲密切的關係。

首先，「道家思想」是「道教」的重要思想基礎。雖然「道教」吸收和兼容了「儒家、墨家、佛教、民間巫術」等各種思想，但是「道家思想」是「道教」最根本的基礎。

其次，「道教」的「信仰」和「崇拜對象」，除了「民間固有的神明」之外，許多是對「道家」的「理念」和「人物」的神話（例如：「原始天尊」和「太上老君」等）的崇拜。

第三，從「魏晉南北朝」開始，「玄學」興起，「道家」的學術派別已經消失，只能夠依附在「道教信仰」繼續存在。如果沒有「道教信仰」的存在，「道家」可能會被埋沒在歷史的塵煙之中。

第四、許多「道教人士」對「道家理論」的傳承和創新，有過卓越的貢獻，例如：「陳摶」的「太極圖」。所以，「道家」與「道教」的關係是「傳承」，而不是「對立」。

二、「道家」和「道教」的區別

「道家」和「道教」是有區別的，簡單來說，「道家」是一種「學術派別」；而「道教」則是一種「宗教派別」。

「道家」是「先秦」時期，「諸子百家」的「學術派別」之一；而「道教」是「東漢末年」在「原始巫術」的基礎上，形成的一種「民間宗教」，以追求「長生不老」爲宗旨。

「道教」是產生於「中國」的傳統宗教，是把古代的「神仙思想」、「道家學說」、「鬼神祭祀」以及「占卜、讖緯、符籙、禁咒」等綜合起來的產物。

「道家」和「道教」的區別如下：

⑴「道家思想」是一種「哲學學派」；「道教」是一種「宗教信仰」。「道家」是「純哲學」的「理論學說」；而「道教」是「宗教化的產物」。

⑵「道家」是「先秦時期」創立的「思想流派」；而「道教」是在「兩漢時期」逐漸形成的「宗教派別」。

⑶「道家」作爲一種「思想流派」，崇尚「大道」，主張「唯道是從、道法自然」，主要從事的是「學術活動」和「政治文化活動」，奉《道德經》、《莊子》、《黃帝四經》等爲經典；而「道教」作爲一種「宗教派別」，將「道家人物」神化，以提高其知名度，有一系列的「神仙崇拜與信仰」，有一系列的「宗教儀式與活動」，追求的是「長生不老」，其主要

經典是《道藏》。

(4)「道家」主張「無爲而爲」，重視「不言之教」，沒有嚴格的「組織」和「師承關係」；但是「道教」卻非常講究「師承關係」，有「教徒與組織」，「派別的傳承」是嚴謹的。

(5)「道家」，尤其是「黃老派」，雖然提倡「兼容百家」，但是都是以「道家」爲主，融會貫通而成；而在「道教」方面，大多是以「以丹解道」、「以儒解道」，甚至「以佛解道」，演變成傳統的「民間信仰」。

(6)「道家」分爲「老莊派」、「黃老派」和「楊朱派」，除了「老莊派」有一些「出世思想」外，「黃老派」和「楊朱派」都是積極「入世」的思想；但是「道教」受到「佛教」的影響，極力宣揚「出世思想」。因此，雖然「道教」在理論上吸取了「道家」思想的大量元素，甚至奉「老子」爲「教主」，但是兩者還是不能混爲一談，不能說「道教」就是「道家」。

(7)「道家思想」成形於「先秦時期」，直到「東漢末年」，「黃老」一詞才與「神仙崇拜」的概念結合起來。這種「神仙崇拜」和「道家思想」少有相關聯，因爲「老子、莊子」都是以「平靜的心態」來對待死亡的；但是「道教」尊「老子」爲「祖師」，又追求「長生不死」，這和「老子」的「哲學思想」是有相悖之處的，將兩者完全混爲一談，是「認識」上的錯誤。「東漢」時期，以「道家思想」爲本的「王充」，著有「無神論」的作品《論衡》，對「漢末」流行的「神仙崇拜」思想，進行了全面批判，在「中國思想史」上獲得了很高地位。

三、「道教」的歷史

(一)「道教」的起源

「道教」是中國土生土長的宗教，與其它宗教不同，「道教」並非是一人一時一地所產生，是中國歷代各地不同的「文化、思想」相結合而成的宗教。

目前，大部分的「考古學家」，普遍認爲「道教」起源於中國古代，原始社會時期的各地的「巫術」和「鬼神信仰」，崇拜天地、自然與鬼神，而後各地的「巫術信仰（如鬼道、方仙道等）」再與「儒、道、釋、墨、五行、陰陽」等諸家學說相結合，創造出各地不同的民間「原始宗教」。

「原始宗教」再逐漸演變成「商周時期」的祭祀「上天」和「祖先」，再進一步演變成各種「尋找神仙」及「長生不老藥」的活動，逐漸產生了「方仙道、黃老道」等初期的「道教思想」。

到了「春秋戰國時期」，「原始宗教」經歷了顯著的演變，受到「諸子百家學說」的影響，尤其以「道、儒、墨」爲「顯學」。在「戰國時期」，許多地區出現了鼓吹「長生不老」和「不死之藥」的「方士（煉製丹藥以求得道成仙的術士）」，這成爲了後來「道教」提倡「服食丹藥成仙」思想的淵源，影響了道教「丹鼎派」的「外丹派」和「內丹派」兩派的發展。

總的來說，「道教」的歷史，遠可以追溯到「先秦時期」，而正式形成於「東漢」的中後期。

（二）促成「道教」產生的因素

早期「道教」的出現，經過了一個漫長的過程。從「戰國」時期，「方仙道」的興起，到西漢「董仲舒」的「天人感應理論」以及「讖緯（ㄔㄣˋ ㄨㄟˇ）學」的盛行，還有「黃老道家」的出現，對「道教」的產生，有很重要的影響。

「方仙道」是在「春秋戰國」時期，形成的一類專門「方術（古時指方士求仙、煉丹的方法；也指醫、卜、星、相等技術）」、「方技（舊時總稱醫、卜、星、相之類的技術。）」等「道術」的統稱，時稱「方術」，包括天文、醫學、神仙、占卜、相術、堪輿等技藝並宣傳服食、祭祀可以長生成仙的方法。

「董仲舒」是「西漢」著名的經學家、思想家和政治家，他提出一套神學理論的「天人感應理論」，成爲當時「君主」獲得「統治合法性」的一個依據，同時也是「儒生集團」制衡「君主」的一個「思想工具」。

「天人感應理論」起源自《洪範》，《洪範》就是「大憲」，近似於「國家憲法」之意。《洪範》說：「肅，時寒若」，「乂，時暘若」，意思是說：「君主」施政的態度，能夠影響天氣的變化。「董仲舒」在這個理論基礎上，提出「天人感應」之說。

「讖緯（ㄔㄣˋ ㄨㄟˇ）學」是「讖書」和「緯書」的合稱，「讖」是「秦漢之間」巫師、方士編造的預示吉凶的隱語，「緯」是「漢代」迷信附會「儒家」經義的一類書。

「黃老道家」是早期「道家思想」的一種組織，是「道家」中主張積極「入世」的重要分支，它把傳統的「歸隱而居」的「道家哲學」，用於治國，以實現富國強兵，因假託「黃帝」和推崇「老子」而得名。

「黃老道家」後來也變爲「道教」的開端。「老子」的門人，託言「黃帝」，並推崇「伊尹」和「姜太公」，主張「清靜、無爲、不擾民」，讓民衆「自化」，從而使天下安寧而治。

在「東漢」，還出現了以「修道煉養」解釋《道德經》的著作《老子想爾注》，這被認爲是「道家思想」，向「道教理論」過渡的一個標誌。

在東漢「明帝、章帝」之際（公元五八到八八年），益州太守「王阜」撰《老子聖母碑》，將「老子」神化爲「先天地之神物」，把「老子」和「道」合而爲一，視「老子」爲化生天地的「神靈」，成爲了「道教創世說」的雛形。

而「漢桓帝」更是親自祭祀「老子」，把「老子」作爲「仙道之祖」。爲謀塑造的便利，「工匠們」在那時候，就開始把「老子肖像」，由「拂塵」轉變成手執「蒲扇」，並傳說「老子」居住「大羅天」上的「太清仙境」。

後來，「老子」被「道教」尊稱爲「道德天尊」，俗稱「太上老君」，也是「道教」的最高尊神「三清道祖（指『玉清』之主『元始天尊』，『上清』之主『靈寶天尊』，『太清』之主『道德天尊』。這『三清尊神』是『道教』中，世界創造之初的大神，故號稱『三清道祖』。）」之一。

到了「魏晉南北朝」，「太上老君」之名更加流行。

另外，「佛教」傳入「中國」，也加速了「道教」的產生，「佛教」的「佛尊譜系」，直接啟發了「道教」，構建出完整的「道教神仙譜系」。

(三)「東漢」時期的「五斗米道」和「太平道」

早期「道教」形成的兩個「指標性事件」，一件是《太平經》的流傳，另一件是「五斗米道」和「太平道」的崛起。

《太平經》，又名《太平清領書》，是最早的「道教經典」，也是東漢「太平道」的典籍，共一百七十卷，相傳由「神人」授予方士「于吉」。在「東漢」至「唐代」，《太平經》在「道教」中，占有重要的地位，是漢末「太平道」的主要經典，被視爲傳達「天命」的「讖書（ㄔㄣˋ，記載預言應驗的書）」，構成《道經》「三洞四輔」中的「太平部」，輯入歷代的《道藏》，「宋代」以後逐漸爲人淡忘。

《太平經》詳細記載幾位「修道師徒」的對答，內容主張學仙修道，輔佐君王，行善積德，調和陰陽，教授「守一冥想」、服食符文等「道術」，綜合各種「道教觀念」與「神仙方術」，以治病袪邪，開創更有系統的「神仙理論」，成爲後世「道教思想」的基礎之一。

「東漢」末年，「五斗米道」和「太平道」，這兩個早期的「道教團體」開始興起，利用各種「咒語、符籙」等手段，來解決民間的各種問題，以及傳佈教義，並且遍佈於中國各地。這時期的

「道教」，主要活動於「下層社會」，並且用來作爲「武裝起義」的精神號召。

在西南蜀地「益州（在今成都）」，「張道陵」自稱得到「太上老君（老子）」授以「三天正法」，命爲「天師」，以《道德經》爲主要經典，奉「太上老君（老子）」爲「道祖」，從而創立了「正一道（又稱天師道、五斗米道）」。

後來，「張道陵」傳子「張衡」，「張衡」傳子「張魯」。「張魯」在「漢中」建立起政權，以「五斗米道」治民。最後，「曹操」攻打「漢中」，「張魯」聚衆而降，「曹操」厚待之，「五斗米道」得以保存並且流傳。

在「中原」，也有「張角」奉事「黃老道」，創立「太平道」，宣稱「蒼天已死，黃天當立」，以《太平經》爲主要經典，奉「中黃太乙（『太乙』是『楚地』信仰的最高神）」爲「主神」。

「張角」自稱爲「大賢良師」，當時豪門掠奪百姓，階級矛盾尖銳，「張角」勾畫了「太平世道」的藍圖，四處傳播「蒼天已死，黃天當立，歲在甲子，天下大吉。」的「讖語（預言）」，爲「發動起義」製造輿論。

當時，又逢疾疫流行，「張角」用「跪拜首過、符水咒說」爲人治病，「病者頗愈」，十年內「信徒」便發展到幾十萬。「張角」就組織民衆起事，建立「三十六方教區」，並各立「渠帥」分管教務，來反抗「東漢王朝」。

「張角」自稱「天公將軍」領導起義，但是由於「地方豪強」的鎮壓，「黃巾起義」失敗，

「太平道」從此銷聲匿跡，史稱「黃巾之亂」。

「正一道」和「太平道」的出現，是「道教」成爲有嚴密「思想體系」和「組織制度」教團的開始。在這種社會背景下，訂定「道教經書」的主要創始人物「張道陵」，綜合傳統的「鬼神崇拜、神仙思想、陰陽術數、卜筮巫術」等，並與「漢代」所崇尚的「黃老道思潮」逐漸融合。「道教」教派也於此時形成，初具「道教」的宗教形態。

(四)「魏晉南北朝」時期的「道教」

到了「三國」和「魏晉南北朝」時期，「政府」對於「道教」勢力擴大的問題，開始重視。一方面進行「鎮壓」；另一方面也加以「利用改造」。

例如：「曹操」一方面給予「張魯」及其子女、臣僚優厚的待遇，來籠絡群衆，一方面將「張魯」及其「教徒」北遷，來瓦解「五斗米道」的根據地，既讓「五斗米道」的影響擴展到「中原地區」，又使其組織混亂、思想紊亂。

而此時，一部分的「道教徒」也向「上層社會」靠攏，參與「宮廷政治」；一部分的「道教徒」專門從事「修煉」；另一部分的「道教徒」仍然在民間活動，爲「農民起義者」所利用，例如「黃巾之亂」。

「曹操」將「天師道（五斗米道）」北遷之後，便在「中原地區」廣泛流傳。到了「東晉」後期，「天師道（五斗米道）」又分裂爲「上清派」和「靈寶派」。

「葛洪、陸修靜、陶弘景、寇謙之」等人，將散佈於各地的「道教經典」和「科儀」重新整理，使得「道教」開始有較爲完整的「神話體系」和「科儀」，使得「道教」組織更爲完善。尤其在「北周」，「道教」得到了統治者的大力扶持，新興的「樓觀道」也由此大興，成爲直到「唐朝」以來的最大道派。

「道教」在「南北朝時期」，還造作了大量的「經書」，「道教經書」的分類方法「三洞四輔十二類」，就是這個時期形成的。同時，也大量興建「道觀」，進而促使了「道教戒律」的制定。

「魏晉南北朝」時期的「道教」，由於三個原因，出現了分化和發展：

(1)「道教」被許多「統治者」接受，大批「貴族人士」加入「道教」，出現了一些「天師道世家」。

東晉的「葛洪」是「丹鼎派」的集大成者，著有《抱朴子》、《神仙傳》，爲「貴族人士」道教奠定了理論基礎，並對後世「道教」的發展，產生了很大的影響。

「葛洪」對「戰國」以來的「神仙方術思想」作了系統的總結，構造了種種「修煉成仙的方法」，將「道教」的「神仙方術」與「儒家」的「綱常名教」相結合，建立了一套「長生成仙」的理論體系。

「葛洪」的《神仙傳》匯集群書所見的「老子傳記」，或稱「老子先天地生」，或稱其母懷孕七十二年生，生而白髮，故稱「老子」。亦有稱其母於「李樹」下生，生而能言，指樹而姓「李」，把「先天神」降格爲「後天神」。

⑵「貴族人士」把他們的思想，帶到「道教」中來，促使了「魏晉玄學」的盛行，此時「上清派」和「靈寶派」出現並迅速發展。

「阮籍、嵇康、何晏、王弼」等人以《易經》、《老子》、《莊子》爲「三玄」著書立說，形成了新的「道家流派」，稱爲「玄學」。「神仙方術」與「老莊玄學」相結合，極大地促進了「道教理論」的發展。

「東晉」興寧二年（公元三六四年），「楊羲」聲言南嶽「魏夫人」降臨，授予他「上清衆經」，便與弟子對「天師道」進行改革，創立「上清派」。

「上清派」以《大洞眞經》、《黃庭經》作爲主要經典，以「魏華存」爲祖師，尊奉「元始天王、太上道君」爲最高神，在修煉上主張「存思存神」，通過「煉神」達到「煉形」，不重視「符籙、外丹」。

另外，以傳授《洞玄靈寶部經》而得名的「靈寶派」，產生時間大致與「上清派」同時，創始人是「葛玄」。

「靈寶派」以《五篇眞文》、《度人經》爲主要經典，將「儒家倫理」與「修道方法」結合起來，強調「齊同慈愛、國安民豐」，修煉方法既繼承了「天師道」的「符籙科儀」，又受「上清派」影響，講究「思神誦經」。

⑶民間仍然傳播著「通俗形式的道教」，並不斷組織發動起義。「巴蜀地區」的「五斗米道」繼續發展，「西晉」時期的「李特、李雄」領導「關隴」的流民起義，得到「青城山」的

「天師道」首領「範長生」的大力支持。

而在「江南地區」的「道教」也日漸活躍，對於「君道」、「帛家道」、「李家道」和「杜子恭」一派的「天師道」，都有很大的影響。公元三九九年，「天師道」的信徒「孫恩、盧循」，領導了反對「東晉王朝」的起義，「道教」因此傳播到了「嶺南地區」。

在「魏晉南北朝」時期的「道教」分爲三派，「天師道」、「上清派」和「靈寶派」，在此時期也都通過整頓、改革，發展爲更成熟的宗教。

對「北朝道教」進行改造的是「寇謙之」，他宣稱「太上老君」降臨「嵩山」，命他改革「道教」，在得到北魏太武帝「拓跋燾（ㄊㄠ）」的大力支持後，以「儒家禮教」爲總原則，對「天師道」進行改革。絕對禁止利用「天師道」作亂；整頓組織，加強「科律戒規」；增訂「齋醮儀範」和「戒律」，用「忠孝仁義」作爲「道士」的行爲準則。

改革之後的「天師道」被稱爲「北天師道」，「太武帝」尊奉「寇謙之」爲「國師」，開創了「北魏皇帝」即位，都要至「道壇」親受「符籙」的制度。

後來，「北魏」分裂爲「北周」和「北齊」之後，「北齊」的「高洋」在天保六年（公元五五五年）下令禁絕「道教」，使「道教」遭受沉重的打擊。

北周武帝「宇文邕（ㄩㄥ）」建德三年五月「初斷佛、道兩教，經像悉毀，罷沙門、道士，並令還民」。根據《道書》稱，當時「太上老君」曾經遣使顯靈。時過一月，「北周武帝」即又下詔恢復「道教」，並且重視扶植「道教」，除了寵信道士「張賓」，還禮待「樓觀道」的道士「王延、嚴達」。「樓觀道」以「關尹子」爲祖師，堅信「老子化胡說」，重視《道德經》、《妙眞經》和《老子化胡經》，修煉上兼習「丹道」與「符籙」，從「北周」開始進入鼎盛時期。

對「南朝道教」進行改造的是和「天師道、上清派、靈寶派」都有淵源的「陸修靜」，他在「宋文帝」時期，採取下列的措施改革「道教」：

(1)編制《三洞經書目錄》爲「道教經典」的編纂，創立了「三洞、四輔、十二部」的體例；

(2)在總結「天師道」原有「齋儀」的基礎上，吸收「佛家」和「儒家」的儀式，以「勸善戒惡」爲宗旨，建立了「九齋十二法」的「齋醮儀範」；

(3)健全了「道官（掌道教之官）」按級晉升的制度，創立了道教的「服飾制度」。

「陸修靜」改革整頓以後的「天師道」，被稱爲「南天師道」，頗受「統治者」的青睞，「靈寶派」的影響力，也超過了「上清派」。

由於「寇謙之」和「陸修靜」的改革，使得「道教」的「教規教戒」和「齋醮儀範」基本定型，各種「規章制度」全面系統化。

另外，在「南朝梁」時期的「茅山宗」道士「陶弘景」，吸收「儒家」和「佛家」的思想，繼續改造充實「道教」的「神仙學說」和「修煉理論」。

「陶弘景」深受「梁武帝」的尊崇，被稱爲「山中宰相」，他對「道教」做出了巨大的貢獻：

(1)編撰《眞靈位業圖》，爲「道教」建立了一個系統的「神仙譜系」；

(2)通過編著《眞誥》，對「道教」的「傳授歷史」做了整理；

⑶發展了「道教」的「修煉理論」，主張「形神雙修、少私寡慾」；

⑷弘揚「上清經法」，開創了「茅山宗」。

總的來說，在「魏晉南北朝」時期，經過「葛洪、寇謙之、陸修靜、陶洪景」等人的努力和改革「道教」才能夠成爲與「佛教」並列的中國正統宗教之一。

「道教」在「魏晉南北朝」時期，雖然得到了很大的發展，但是在這個時期，「佛教」的發展卻更加迅速。外來的「佛教」和本土的「道教」，不可避免地進行了正面交鋒。因此，佛道之間也產生了鬥爭和融合。

「南朝齊」道士「顧歡」所撰的《夷夏論》，用「老子化胡、尊漢貶胡」來攻擊「佛教」，又有道士假借「張融」之名，撰寫《三破論》來諷刺「佛教」，而「佛教徒」也大量撰文，駁斥「道教徒」的觀點。

在鬥爭愈演愈烈的時候，也有許多人主張二者要互相調和。在這次的鬥爭中，「上清派」和「靈寶派」吸取了部分的「佛教思想」，以及「佛教」的「因果報應、三世輪迴、天堂、地獄」等理論。而當時的「佛教」，也吸取了一些「道教」的「神仙思想」等。

北魏道士「寇謙之」吸收「佛教」的「六道輪迴觀、業力因果、諸天地獄」等，改革「道教」的教義，又仿照「佛教」的「戒律」和「法會儀軌」，托文「太上老君」制定了「道教」的「戒律」和「破地獄」等部分科儀，廢除了「集體黃赤之術」、「交五斗米入道」、「男女合氣之術」等習俗與教理。

至此，「道教」建立了較爲完備的「教團體系」和「神仙體系」，「宗教形態」達到成熟的階段。「北魏」立「道教」爲國教，正式承認了「道教」是合法的宗教。

「佛教」產生的時間，比「道教」早得多，在傳入「中國」時，「佛教」已經發展得相當完備。因此，「道教」產生後，在很多方面都借鑑吸收了「佛教」大量的天文、算數、醫學等學問，並開始大規模的改革。

（五）「隋唐五代」時期的「道教」

「隋唐五代」時期，是「道教」的興盛時期。隋文帝「楊堅」實行「佛道並重」的政策，但是他相信「符籙科讖」，重用道士「張賓、焦子順」等人，並且興建宮觀。隋煬帝「楊廣」沿襲了這個政策，敬重「王遠知、孔道茂」等道士，還幻想「長生不老」，迷戀「金丹仙藥」。

此時期，「上清派茅山宗」北傳，與「樓觀道」相互結合。在「神仙信仰」上，奉「元始天尊」爲最高神；在「道教法術」上，以「符籙」爲主，也「煉製金丹」，「蘇元朗」撰寫《旨道篇》，從《參同契》中發掘闡釋「內丹學說」。

「隋朝」可說是「道教發展」的「轉折時期」，「隋朝」的「統治者」利用「道教」爲其服務，也爲「唐朝」的「統治者」樹立了「崇尚道教」的榜樣；「蘇玄朗」首倡「內丹術」，是「唐朝內丹學」迅速發展的開端；「隋朝道教」以「茅山宗」爲主，並且融會南北道派，爲「唐朝道教」以「茅山宗」爲主流的格局奠定了基礎。

「隋朝末年」，許多「道士」投靠「李淵」父子，並且編造「李氏爲王」的讖語神話，例如「樓觀派」道士「岐暉」和「茅山宗」領袖「王遠知」。

到了唐高祖「李淵」稱帝後，制定了尊奉「道教」爲「皇家宗教」的「崇尚道教政策」。他尊奉「老子（姓李名耳）」爲其祖先，宣稱自己是「神仙之苗裔」，表明「道大佛小」，頒佈《先老後釋詔》規定「老先、次孔、末後釋宗」。

唐太宗「李世民」採用道家「清靜無爲、垂拱而治」的治國政策，成就了「貞觀之治」的盛世。晚年「李世民」也熱衷於「長生方術」，大量服食丹藥。

唐高宗「李治」繼續奉行「崇尚道教政策」：

⑴尊奉「老子」爲「太上玄元皇帝」，首開給「老子」冊封尊號的先河；

⑵封「莊子」爲「南華眞人」，「文子」爲「通玄眞人」，「列子」爲「沖虛眞人」，「庚桑子」爲「洞虛眞人」，四子所著之書改稱《眞經》；

⑶尊《老子》爲「上經」，令王公官僚學習，規定爲「科舉考試」的內容；

⑷提高「道士」地位，在各地興建「道觀」。

「武則天」依靠「佛教徒」興起「武周革命」，大造輿論，故而削弱「道教」勢力。到了「唐中宗」和「唐睿宗」，又恢復「崇尚道教政策」。

唐玄宗「李隆基」開創了「開元盛世」，「道教」也在其推動下達到全盛，社會上「崇尚道教」的風氣，發展到極致。

「唐玄宗」的「崇尚道教政策」有：

(1)神話祖先「玄元皇帝」，掀起崇拜熱潮；
(2)提高「道士」的地位，使之享受皇家特權；
(3)規定「道舉制度」，以「四子眞經」開科取士；
(4)規定《道德經》爲諸經之首，並親自作注，頒佈天下；
(5)積極蒐集整理《道經》，編纂了歷史上第一部道藏《開元道藏》；
(6)大力倡導「齋醮（ㄓㄞ ㄐㄧㄠˋ，請僧道設齋壇，祈禱神佛。）」，製作「道教音樂」，制定「道教節日」。

「盛唐」優秀的「道士」輩出，他們從「哲學、丹道、齋醮」各方面大大建設了「道教」。以「重玄」思想註解《道德經》的「重玄學」，在「唐朝得」到大發展，代表人物是「成玄英」、「李榮」和「王玄覽」。

「重玄」一詞，始於老子「玄之又玄，衆妙之門。」。「重玄」又稱「雙玄」，意思是「精妙深幽的哲理」，是「兩晉隋唐時期」影響非常大的思潮。而「重玄」思想的「雙遣」工夫的文字概念，肇始於西晉的郭象《莊子．齊物論注》：「旣遣是非，又遣其遣。遣之又遣之以至於無遣」。

「重玄思想」是以「雙遣重玄」註解「道教經典」，以及《道德經》和《莊子》的一個學術思潮，並不屬於有「集團意識」的道教教派。

「成玄英」的「重玄之道」包羅了「宇宙論、政治論、人生論」諸多的內容，融合「道家」的

「老莊哲學」和「佛家」的「中觀哲學」、「儒家思想」，具有強烈的「思辨（哲學上指運用邏輯推導而進行純理論，純概念的思考，毫無客觀座標。）」色彩。

「李榮」的「重玄學」充滿了「中道精神」，認爲「道」是「體用一源、體用兼備」的。

「王玄覽」在《道體論》的指導下，闡述了「道物、有無、心性」等問題，提出了「修變求不變」的修仙理論。

「司馬承禎」著有《坐忘論》、《天隱子》，提出了「敬信、斷緣、收心、簡事、眞觀、泰定、得道」七個「修道層次」和「齋戒、安處、存想、坐忘、神解」五個「修仙漸門」，他的「安心坐忘、主靜去欲」的修煉方法成爲「宋元內丹學」的先驅。

此外，「孟安排、張萬福、李筌、吳筠」等人，也對「道教」的「教義、修煉、齋醮」各方面，做出了貢獻。

此時期的「道教學者」，也爲「科學技術」做出了巨大的貢獻。例如：「張賓」的「開皇曆」、「傅仁均」的「戊寅元歷」和「李淳風」的「麒麟歷」，推動了「天文曆法」的發展；「孫思邈」的《千金要方》對「醫藥學」和「養生學」有巨大的貢獻；「張果老」提出的「九轉丹成法」，促進了「煉丹術」和「化學」的發展。

此時期的「道教派別」，以「茅山宗」和「樓觀派」最興盛，備受「唐朝皇室」的推崇，「天師道」也開始活動於社會，各道派在「理論教義」和「齋醮儀式」上，呈現出相互交叉融合的特點。「元始天尊」在此時被奉爲最高神靈，「道教」修煉當中非常重要的「內丹」一詞，也形成於此時。

「安史之亂」使「唐朝」由極盛走向衰落，也使「道教」遭受破壞。但是，「中晚唐」的「統治者」繼續沿用「尊祖、崇本」的「崇尚道教政策」。

「唐肅宗、唐代宗、唐德宗」信奉「祈禳（ㄖㄤˊ）之術（是道教最富特色的法術。『祈』即『祈禱』，指禱告神明以求平息災禍、福慶延長：內容廣泛，幾乎覆蓋社會生活的一切方面。）」，「唐憲宗、唐穆宗、唐敬宗、唐文宗、唐武宗、唐宣宗、唐僖宗」信仰「神仙方藥」。

其中，「唐武宗」是在「中晚唐」中，最「崇尚道教」的皇帝。他採取的措施有：

⑴崇奉聖祖「老子」；

⑵親受「符籙」，寵信「道士」；

⑶築造「宮觀」，煉丹服藥；

⑷在會昌（公元八四一年到八四六年）年間，下詔「廢除佛教」。

「三清」的神名，在歷代中逐漸流變發展，至唐代才成爲定說。「唐武宗」時，「道教」依據先前的「神話」，將「老子」定位爲「三清尊神」之一「太上老君」的第十八個化身，爲「三清」的第三位。「三清」爲「玉清」元始天尊、「上清」靈寶天尊、「太清」道德天尊。

進入「五代十國」時期，由於兵禍連連，「道教」更是遭受劫難。但是，不少「帝王」仍然因襲「唐朝」的「崇尚道教之風」，例如後唐明宗「李嗣源」、後晉高祖「石敬瑭」、後周世宗「柴榮」、閩王「王璘」、前蜀「王建父子」等。

其中，後周世宗「柴榮」最「崇尚道教」，他神化自己取得帝位，對著名的道士「陳摶（ㄊㄨㄢˊ）」加以禮遇；同時，由於「佛教」的種種弊端，尤其是財政問題，他採取措施大規模毀壞「佛寺佛像」，限制「佛教」發展。

在「中晚唐」和「五代十國」時期，一些著名的「道教學者」，致力於道教「神話、理論、道術、齋醮」的研究和建設，爲維護「道教信仰」做了許多的努力。

例如：「杜光庭」對「道教建設」，作出很大的貢獻：

(1)將以往各種「老子」的「神話傳說」系統化，塑造「老子」成爲「道、神、人」三位一體＋的形象；

(2)對歷代研究《道德經》的情況，作了總結；

(3)從「神仙實有」、「仙道多途」和「歷代崇尚道教」方面宣傳「道教」；

(4)編集《洞天福地嶽瀆名山記》，闡述「道教仙界」；

(5)對「齋醮科儀」進行修訂，使「道教」的「齋醮科儀」變得成熟。

「中晚唐」時期，「外丹術」和「黃白朮（ㄓㄨˊ）」達到巔峰。「黃白朮」是煉丹術的重要組成部分。古代以「黃」比喻「金」，以「白」比喻「銀」，總稱「黃白」。企圖通過「藥物」的點化，變「賤金屬（銅、鉛、錫等）」爲「金黃色」、或「銀白色」的「假金銀」，又稱爲「藥金」或「藥銀」，卽各種「合金」。製取「黃白」的方技，卽稱爲「黃白朮」。「朮（ㄓㄨˊ）」是一種草名，菊科術屬植物的泛稱，「白朮」的根莖，可用作中藥。

「唐朝」的「內丹術」逐漸興起，並且呈現繁榮景象，促成「外丹術」向「內丹術」過渡的代表人物是「崔希範、彭曉、鍾離權」和「呂洞賓」。

「崔希範」的《入藥鏡》，提出只有修煉「精氣神」，才能「忘形養神」，而歸「長生久視」之道。

「彭曉」提出「金液還丹是白日沖天之道」，將《參同契》上的「概念」，重新用「內丹學」來定義。

「鍾離權」和「呂洞賓」的「內丹思想」，體現在《鍾呂傳道集》中，全書以「天人合一思想」爲基礎、「陰陽五行學說」爲核心，系統完整地論述了「內丹學說」。

(六)「北宋」時期的「道教」

宋太祖「趙匡胤」和宋太宗「趙光義」，繼承了「唐朝」信奉「道教」的政策。在奪取「後周」的政權時，「趙匡胤」利用道士「陳摶」等人，爲他爭取群衆的支持。

「趙匡胤」稱帝之後，他還登門向道士「劉若拙、蘇澄隱」請教「治世養生之術」。「趙光義」則崇尚「清靜無爲」的「黃老政治」，對「黃白朮、養生術」十分感興趣，不斷替「道教」修建「宮觀」，並且給予經濟上的優待。

「宋眞宗」時期，社會經濟發展繁榮，「澶淵之盟」刺激他重視「本土宗教」。「澶淵之盟」是指「北宋」與「遼朝（契丹）」之間，於「宋眞宗」景德二年（公元一〇〇五年），「宋眞宗」

與「遼聖宗」，雙方在「澶州郡（今河南省濮陽市）」訂立的和約，條約是確定宋、遼兩國的邊界。

「宋眞宗」用了大量精力，來扶植「道教」：

(1)宣揚「天神」降臨、《天書》下降，尊神明「趙玄朗」爲「聖祖」，並封禪「泰山」；

(2)大量興建「宮觀」，設置「宮觀提舉（職官名。宋代設立，專門主管特種事務。）」；

(3)制訂節日、敬神樂章，編纂《天宮寶藏》、《雲笈七籤》；

(4)喜好「神仙方藥、外丹黃白、養生之術」；

(5)加號「太上老君混元上德皇帝」，是歷代帝王對「太上老君」的最後一次加封。

此後，「宋仁宗、宋英宗、宋神宗、宋哲宗」繼承了「宋眞宗」的「崇尚道教政策」。

宋徽宗「趙佶」掀起了北宋第二個「崇尚道教政策」的高潮，實施了一系列「崇尚道教」的措施：

(1)宣揚「天神下降」的神話，自稱「教主道君皇帝」；

(2)大建「道觀」，在各地興建「神霄宮」；

(3)熱衷於爲「神仙人物」加封賜號，如封「玉皇上帝」爲「太上開天執符御歷含眞體道昊天玉皇上帝」，封「關公」爲「義勇武安王」，封「媽祖」爲「南海女神」等；

(4)模仿「朝廷」管理「品秩（是官制中與官職並行的身分等級制度，它按官職高低授予不同的政治待遇，以表明官員等級尊卑。）」，設立「道階、道職」，並大興「符籙道法」，與

「張繼先、林靈素、王文卿」等道士交好；

⑸提倡學習《道經》，設立「道學制度」和「道學博士」，列《內經》、《老子》、《莊子》等爲修習經典；

⑹重編道教歷史，編修《政和萬壽道藏》；

⑺實行「尊道貶佛」的政策。

在「北宋時期」，「道教」的「符籙道法」特別興盛，最有影響力的是「茅山、龍虎山、閣皂山」的「三山符籙」。其中，「茅山宗」的實力最強，組織最嚴密，「優質道士」衆多，與「統治者」關係密切。「龍虎宗」的「張天師」與「統治者」的聯繫逐漸加強，爲「正一道」的崛起奠定了基礎。

另外，新的「道派」也相繼出現，一是以「林靈素」爲代表的「神霄派」，二是以「饒洞天」爲代表的「天心派」，「南昌」的「許眞君信仰」也在興起。

在「北宋時期」，「外丹術」逐漸衰落，「內丹學」經過「陳摶」和「張伯端」的發揚而流行，合併成爲「道教修煉術」的主流和「道教理論」闡發的核心。

「陳摶」的思想主要有「易學、老學、內丹」三部分，將「黃老道家思想」、「道教修煉方術」和「儒家修養」、「佛家禪理」融爲一體，他的「易學著作」有《河圖》、《洛書》、《無極圖》，「內丹著作」有《指玄篇》、《入室還丹詩》。

「陳摶」的「內丹法」要點是，通過修煉「精氣神」，進而實現「小周天」和「大周天」，依次進入「煉精化氣、煉氣化神、煉神還虛」而「復歸無極」，煉成「金丹大道」。「張伯端」的《悟眞篇》取義於《道德經》、《參同契》，以「詩詞形式」總結了「北宋」以前的「煉丹術」重點，繼承「鍾離權、呂洞賓」的「道佛雙融、性命雙修」之說，而又以「先命後性」爲其特點，並對「陳摶」《無極圖》的思想進一步發揮，闡述明瞭「火候進退、性命之學、煉氣化神」等內丹祕訣，促進了「內丹學」的蓬勃發展，是「道教修煉術」上的一部承先啟後的重要經典。

（七）「南宋」時期的「道教」

到了「南宋」時期，「宋高宗」在「江南」興建「宮觀」，並任命大臣爲「宮觀提舉」，「宋孝宗、宋光宗、宋寧宗」沿襲「崇尚道教政策」。

「宋理宗」是最尊崇「道教」的皇帝，他進一步加強「崇尚道教」措施，給一些「神仙」和「著名道士」加以封號，優待「道派首領」，繼續興建「宮觀」，並對《太上感應篇》特別感興趣，推動了「道教勸善書」的興起。在「神仙信仰」上，把「紫微大帝」座下的「天蓬、天猷、翊聖、佑聖」四聖和顯靈保護「宋高宗」脫險的「崔府君」，作爲皇室的保護神加以祠祀。

在「南宋、金、元」時期，「道教」發生變革。在「華北」出現了「全眞道、太一道、眞大道」等新道派，「南方」如雨後春筍般地陸續出現了「符籙派、正一派、神霄派、天心派、清微派、東華派、淨明派、金丹派南宗」等新道派。

早期的「天師道、上清派、靈寶派」在「教義」和「道法」上也有革新。宣傳「儒、釋、道」三教合一，注重「內丹修煉」，是這個時期「道教」的主要特點。

兩宋時期，「儒教、釋教」的思想與「道教」逐漸融合，「儒、釋、道」三教合一的觀念開始興起，「得道成仙」的思想亦由「個人幸福」的追求，轉變爲「入世、救世」。由於兩宋的「庶民經濟」發達，各地「的民間信仰」與「道教」相互結合，「民間神祇」紛紛被「道教」吸收，產生了新一波的「造神」熱潮。

「南宋道教」以「符籙派」爲主，將「內丹」與「符籙」結合，吸收「禪宗」，附會「儒學」，除了傳統的「三山符籙派」之外，還衍生出新興的道派。

「北宋」末期第三十代天師「張繼先」創造「正一雷法」，使「正一派」表現突出，成爲官方指定的道教諸派首領。「張繼先」著有《大道歌》、《心說》，依據「天人感應思想」，將「身外雷法」和「體內煉氣」相互結合，以「馭神住氣」爲修道之要。「宋理宗」召見第三十五代天師「張可大」，命其掌管「三山符籙」，「正一派」正式成爲「江南符籙道派」的首領。

從「天師道」演化而來的「神霄派」，以傳「神霄雷法」而得名，代表人物是「王文卿、薩守堅」，主張「內煉」爲「外用符籙」之本。

「天心派」也是由「天師道」演化而來，代表人物是「雷時中」，「天心正法」強調「作法者」，必須內外兼修，「法術」才能靈驗。

由「上清派」衍化而來的「清微派」，自謂其「符籙」出自「清微天元始天尊」，代表人物是

「黃舜申」，以「內煉丹道」爲本，「外用符籙」爲末，強調「心與道合」。

「東華派」源自「靈寶派」，創始人是「寧全眞」，「東華靈寶法」注重「內煉功夫」，規定每天清晨必須「靜坐」，以「寂靜」來「合道通神」。

同樣從「靈寶派」分化而來的「淨明派」，奉「晉代」著名道士「許遜」爲教主，宣稱「許眞君（許遜）」降神傳授「淨明道法」，「淨明派」強調「忠孝道德」的實現，要求「修煉者」要以「忠孝」爲本。

「金丹派南宗」源自「鍾離權、呂洞賓」，宗承「張伯端、石泰、薛道光、陳楠」，實際創始人是「白玉蟾」。「金丹派南宗」繼承了「張伯端」主張「性命雙修、先命後性」的「內丹理論」，並把「理學」的「正心誠意」和「禪宗」的「明心見性」納入「修煉方法」中，並把「神霄雷法」與「內丹理論」結合起來，形成了獨具特色的「內丹理論」。

「白玉蟾」在「內丹修煉」方面，強調以「煉心」爲主，把「內煉的過程」和「祕訣」都歸結於「心性」，同時把「內丹修煉」劃分爲「三關十九訣」，在「靜定」之中，以神御氣，照察精氣而「煉精化氣、煉氣化神」，成就「金液大還丹」。與「金丹派北宗」的「全眞道」相比，「金丹派南宗」沒有固定的教團組織，不倡導出家。

（八）「金朝」時期的「道教」

「金朝」滅亡「北宋」之後，在「山東、河北」一帶出現了三個「漢族士人」創造的新道派

「太一道」、「眞大道」和「全眞道」。

「蕭抱珍」在「金熙宗」天眷（公元一一三八年到一一四〇年）年間，創立「太一道」，崇奉「五福太一」爲主神。「太一道」崇尚「符籙」，其所傳「三元法籙」是由「天師道符籙」演化而來，同時也著重「內丹修煉」。「蕭抱珍」也模仿「天師道祕傳」，規定「掌教者」必須改姓「蕭」，「太一道」以「度群生於厄苦」爲宗旨，注重「倫理關係」。

「眞大道」起初名爲「大道」，創教人「劉德仁」於「金熙宗」皇統二年（公元一一四二年）自稱「老君」降世授予《道德經》要言，立「九條戒法」，教人以「忠君孝親、誠以待人、愛生勿殺」，這樣的觀念在飽經戰火蹂躪的「北方」，得到百姓的共鳴，「大道教」遂遍及「中原」。「大道教」的教義獨具特色，不談「飛昇煉化、長生久視」，而提倡「自食其力、少私寡慾、一柱清香敬天地」，修煉以內丹「守氣養神」爲重。

「王重陽」創立的「全眞道」，繼承了「鍾離權、呂洞賓」二人的「內丹思想」。「金海陵王」正隆四年（公元一一五九年），「王重陽」遇到「神人」授之「修煉祕訣」，在「終南山」築「活死人墓」隱居修道，後來前往「山東」傳教，先後收「馬丹陽、譚處端、邱處機、王處一、劉處玄、郝大通、孫不二」七人爲徒，打起「全眞」的旗號，在「山東、陝西、河南」等地傳教。「王重陽」的著作有《重陽全眞集》、《立教十五論》，闡述了「全眞道」的「教理教義、內丹思想」等內容，開啟了「道教」發展的新時代。

「全眞道」的文化素養高，著述頗多，總體上仍然繼承了「鍾離權、呂洞賓」的「內丹思想」，並有鮮明的時代特徵：

⑴統合「儒、釋、道」三教，「儒門釋戶道相通，三教從來一祖風。」；

⑵以「全精、全氣、全神」爲「得道成仙」的最高境界，其修煉之道將「降伏心意、明心見性說」與煉化「精、氣、神」以「結丹」的傳統「內丹學」相互結合，代表作是「邱處機」所撰的《大丹直指》；

⑶以「苦己利人」作爲「宗教實踐原則」，實行「出家制度」。

「全眞道」掌教道士「丘處機」，對「道教」做了一次「宗教大改革」，仿照「佛教」的「五戒、八戒」，和「沙彌、比丘、菩薩三壇大戒」，制定了「五戒、八戒」，和「初眞戒、中極戒、天仙戒三壇大戒」，並且規定「淸信士」必須經「受戒儀式」，由一名「道士」主持「授戒」，才能算作「道教徒」。「全眞道」自此成爲「佛教化」最深的「道教派別」，其「神祇體系」亦吸收了「佛教」的「菩薩」。

「金朝」的「統治者」，爲了籠絡漢人，對各道派給予扶植，其中「金章宗」是最爲「尊崇玄道者」，與「太一道」三祖「蕭志衝」和「全眞道」掌教「王處一」來往密切，下令編纂了《大金玄都寶藏》。同時，「金朝」的「統治者」忌憚「下層群衆」利用「道教」作亂，也對各道派規定諸多限制。

（九）「元朝」時期的「道教」

「蒙古人」入主「中原」，建立「元朝」，爲了取得「漢族士人」的支持，對「道教」表示了尊崇。

「金朝」時期，「邱處機」率領弟子西遊「中亞」三萬五千里，機遇「成吉思汗」，對以「治國安邦」要以「敬天愛民」爲本，「長生久視」要以「淸心寡慾」爲要。「成吉思汗」十分崇敬「邱處機」，請其掌管「天下道教」，詔免道門賦役。「邱處機」回到「燕京（今北京）」後，即著手「立觀度人」，救濟飽受戰亂的廣大群衆，爲「全眞道」在「元朝」的大發展奠定了基礎。

「全眞道」經過「尹志平、李志長」相繼掌教，進入了鼎盛期：

(1)道門興旺，門徒衆多，高道輩出；

(2)以「燕京（今北京）」爲中心，修建了大量「宮觀」，遍及中原大地；

(3)「宋德方」主持重修了《玄都寶藏》。

另外，有一派「大道教」或稱作「眞大道教」，是「金朝」時期「劉德仁」創立的一個「道教」派別，到「元朝」末年絕傳。「劉德仁」自稱「太上老君」下降，授予《道德經》，開始傳教。大定年間，基本在整個「金國」範圍內傳播。

「大道教」內煉主張「守氣養神」，提倡自食其力，少思寡慾，不談飛升煉化，長生不老，並且把「儒家思想」納入自己的體系。此外，「大道教」有「出家制度」。

在元朝，「大道教」分化爲「天寶宮」和「玉虛宮」兩派。後來，逐漸歸併到「全眞道」中。

隨著「元朝」統一全國，「全眞道」也南下傳教，先來到「武當山」，再傳至「江南各省」，並與「金丹派南宗」逐漸合流，「李道純、陳致虛」等「南宗大師」，都主張並推動「金丹派南北宗」的合併。

「全眞道」和「金丹派南宗」都以「內丹理論」爲基礎，以東華帝君「王玄甫」、正陽帝君「鍾離權」、純陽帝君「呂洞賓」等爲始祖，有共同的理論淵源。「南宗」大師「陳致虛」提出的「五祖七眞」傳承系統，被廣泛認可。元惠宗時期（公元一三三三年到一三七〇年），「全眞道」和「金丹派南宗」正式合併，新的「全眞道」形成。

直到「元朝」統一「江南」以後，「道教」從「全眞道」一枝獨大的局面，轉變爲以「龍虎山」爲核心的「正一道」與「全眞道」相互制衡的發展態勢。

至元十四年（公元一二七七年），「元世祖」授予第三十六代天師「張宗演」官方承認的「天師頭銜」和統領「江南道教」的權力，「正一道」成爲南方道教的官府衙門。

同時「正一道」還形成了一個支派「玄教」，至元十三年（公元一二七六年）隨「張宗演」赴京的「張留孫」受到「元室」的寵信而留在「京城」，他利用政治地位日益鞏固的機會，從「龍虎山」徵調許多「道士」到「京城」，逐漸形成了一個「正一道」的支派，稱爲「玄教」。

「玄教」以「清靜無爲」爲本，以「慈儉不敢爲天下先」爲宗旨。在「政治上」尊榮顯貴，掌門人積極參加政治活動；在「思想上」儒學化，例如二祖「吳全節」推崇「理學」，力行「忠孝」；在「宗教內容」上，兼容各種新舊道派的「思想」和「道術」。「玄教」共歷經五代掌教，

「元朝」滅亡後，重新歸宗於「正一道」。

當時的「江南道教」派系，有「太一道、茅山宗、淨明道、神霄派、清微派、東華派、天心派」等。

公元一二四六年，「元世祖」召見「太一道」四祖「蕭輔道」，代表「太一道」正式得到「元朝」的認可。「太一道」傳到七祖「蕭天祐」後，逐漸融入了「正一道」。

「茅山宗」在「元朝」有一定的發展，其活動主要以「江、浙、蘇、杭」爲基地，兼及「福建、江西」等地，代表人物有「杜道堅、趙嗣祺」和「張雨」。

「元世祖」至元（公元一二六四年到一二九四年）末年，「南昌」道士「劉玉」重建「淨明道」組織，重新闡釋「忠孝淨明」的教義，追求道德的完善，用「懲忿窒欲、正心誠意」的修煉方法，達到「淨明境界」而「與道合一」。它的「入世精神」，被很多「士大夫」讚許，在「江西」十分盛行。

「神霄派」在「元朝」的傳人，主要是「莫月鼎」，主要活動於「蘇、浙、贛、閩、廣」等地，在民間影響很大。

「清微派」在「元朝」以「黃舜申」一系爲主，後來分爲「建寧」和「武當山」兩支，向南北傳播。「清微雷法」追求「天人合一、內煉」與「外法」相結合，同時還受「程朱理學」的影響。

「東華派」在「元朝」的主要傳人是「林靈眞」，後歸於「正一道」。

「天心派」在「元朝」的主要傳人是「雷時中」，他宣稱「路眞君」授其「混元六天如意道法」，故此派又稱爲「混元派」。

新舊的「符籙道派教義」和「法術」都很接近，各派之間相互融合的情形早已有之，於是各派逐漸合流歸於統一。

「元室」任命「張天師」掌管「江南道教」，使「正一道」成爲最具凝聚力的道派，大德八年（公元一三〇四年）「元成宗」敕封第三十八代天師「張與材」爲「正一教主」，並且各大道派逐漸合流，從此「正一道」正式成爲「江南道教」的最大教派。

從此，「正一道」和「全眞道」就成爲當時「元朝」的兩大道派。但是，「全眞道」到了「李志常」掌教的後期，由於「元朝」的「統治者」袒護「佛教」，「全眞道」許多《道經》被焚毀，「道士」被迫還俗，受到嚴重的打擊。

（十）「明朝」時期的「道教」

「明朝」的「統治者」對「道教」採取了「尊崇」的態度，管理上的措施也較爲完善。

明太祖「朱元璋」利用了許多「道教神話」，來渲染自己是上承天命的「眞龍天子」。在歷年征戰中，他得到了道士「周顚仙」、鐵冠道人「張中」等人的指點幫助。「朱元璋」親自爲《道德經》作注，並推崇「道家」清靜自然的「無爲之治」，並採用「休養生息」的治國方略。

「朱元璋」在「尊崇道教」的同時，爲了提防群衆利用「道教」作亂，「朱元璋」也建立了較爲完善的管理制度，在「禮部」下設置「道錄司」，作爲管理「道教」的最高機構，頒發「度牒制度（舊時官府發給僧尼的證明身分的文件）」來限制「道士」的數量。

洪武十五年（公元一三八二年），「朱元璋」設立「道錄司」總理全國「道教」，並罷黜「元朝」授予「正一道」張氏子孫爲「天師」的稱號，把「道教」分爲「全眞、正一」兩種來分別管理。從此，「道教」由官方正式劃分爲「正一道」和「全眞道」兩大派別。但是，歷代「明朝」的皇帝，對待「正一道」和「全眞道」的態度，完全兩極化。

「明朝」皇帝從「朱元璋」開始，對「全眞道」就不太重視，卻使得「全眞道」能夠「潛心自守」的修煉。「全眞道」形成了許多以「張三丰」爲祖師的派別，其中「武當派」發展最爲活躍。

「全眞道士」的著述很多，著名的「道教學者」有「張三丰、何道全、王道淵」。「張三丰」的代表作有《金丹直指》、《玄機直指》、《大道論》，他的「道教思想」強調「儒、釋、道」三教歸一。「張三丰」的「丹法」屬於「全眞道北宗」，主張「先性後命、性命雙修」，首重「築基修性」，進而「還丹修命」。

「正一道」雖然極其貴盛，但是極其腐敗無恥，而且在「教理教義」上毫無發展，存在著述的「道士」有「張宇初、趙宜眞」。「張宇初」的「道教思想」特點是：

⑴效仿「全眞道」，申明「道統源流」，主張「清靜無爲」，撰寫《道門十規》整頓當時的不良道風；

⑵強調遵循「性命雙修」之道，竭力將「內丹」與「符籙」統合爲一體；

⑶融合「儒、釋、道」三教，並極力向「儒學」靠攏，但是都收效甚微。

「正一道」傳到了第四十六代的正一眞人「張元吉」，因爲搶奪良家子女，逼取百姓財物，前後殺四十餘人，甚至有殺一家三口的事件。這些事件傳到朝廷，「明憲宗」聞後大怒，派人把「張元吉」逮捕，帶到「京城」問罪，會百官廷訊，最後論處死刑。

後來，明成祖「朱棣」發動「靖難之變」，在搶奪「皇位」的過程中，他利用「姚廣孝、袁珙、金忠」等道士，爲他出謀劃策、製造輿論，即位後更利用「道教」爲他鞏固統治地位。

「朱棣」多次遣人尋訪「全眞道」大師「張三丰」，同時又完善了「道士度牒」的考試制度。「朱棣」自詡爲「眞武大帝」的化身，於永樂十年（公元一四一二年）派遣三十萬軍民，在「武當山」建成龐大的「道教建築群」來供奉「護國有功」的「眞武大帝」，並賜名「武當山」爲「大嶽太和山」。「朱棣」對「玄武大帝」的禮奉，成爲「明朝」的定製，歷代皇帝經常派遣使者到「武當山」詣香上供。

「明仁宗、明宣宗」沿襲了加強「道教管理」的政策。到了「明英宗」統治時，海內富庶，朝野清晏，他繼承「朱棣」的遺願，於正統九年（公元一四四四年）命「邵以正」組織編纂了《正統道藏》，賜頒天下「道觀」。

「明代宗」賜「邵以正」「眞人」的封號，而且任用道士「蔣守約」爲「禮部尚書」。「明憲宗」即位後，更加崇尚「道教」，任命道士「李希安」爲「禮部尚書」，「李孜省、鄧恩常」等人，通過「傳升制」而獲得高官。

「明孝宗」即位幾年後，好尚方術，廣建齋醮，也任命道士「崔志端」爲「禮部尚書」。「明武宗」擴大了「道士度牒」的發放數額，明初定下的對於「道教」既優寵又抑制的政策被破壞殆盡。

明世宗「朱厚熜」是明朝皇帝中，「崇尚道教」最甚的一位皇帝。在位時以「奉道」爲首務，使「明朝道教」的興盛達到「登峰造極」的地步。他的「崇尚道教」表現主要有：

⑴寵信「道徒方士」，授予「高官厚祿」，除了尊重正一「張天師」外，還寵信「邵元節」和「陶仲」等道士；

⑵廣建「齋醮」，迷信「乩仙」，長年深居「西苑齋醮」祈禳，並利用「藍道行、羅萬象」等人，進行「扶乩」活動；

⑶耗費財物，建宮築觀，在京城及全國興建了大量「道觀」；

⑷愛好「青詞（道士上奏天庭或徵召神將的符籙。用硃筆書寫在青藤紙上，故稱。）」，提擢「工者，夏言、嚴嵩、徐階、李春芳、高拱」等人，因擅長撰寫「青詞」而被提拔，被稱爲「青詞宰相」；

⑸愛好「長生仙藥」和「玄學方術」，大批「道士」進獻各種「方術、方藥」；

⑹爲其父母和自己加封「道號」。

「明穆宗」鑑於其父「崇尚道教」過於浮濫，遂對「道教」採取了打擊、抑制的政策，但是他也愛好「服食丹藥」。

「明神宗」即位後恢復「崇尚道教」政策，對「張天師」進行冊封，在萬曆三十五年（公元一六〇七年）敕令「張國祥」天師編印《萬曆續道藏》，於萬曆四十二年（公元一六一四年）加封「關公」爲「三界伏魔大帝神威遠鎭天尊關聖帝君」。「明神宗」深受「道家黃老學說」和「世宗潛心修道」的影響，深居宮中二十八年不上朝。

「明朝」後期的「明光宗、明熹宗、明思宗」對「正一道」延續了利用、扶植的政策。

「明朝道教」發展的最大特色，是中後期的「道教世俗化」和「道教民間化」。在嘉靖（公元一五二一年到一五六六年）年間，「陸西星」開創了「內丹東派」，用淺顯易懂的「通俗語言」，來講述深奧玄妙的「丹法」，使「道教內丹」逐漸走向「民間」。「陸西星」的作品，收錄在《方壺外史》中，他是「性命雙修理論」的集大成者，使之「理論系統化」、「實踐明晰化」。

全眞道「龍門派」第八代傳人「伍守陽」著有《天仙正理直論》等，將「佛教」的「禪學」，引入「內丹修煉理論」中，強調「仙佛合宗」，認爲返還先天的「金丹、太極、圓覺」是一體的。

正德（公元一五〇六年到公元一五二一年）年間，「羅夢鴻」將「道家老莊思想」、「道教教理教義」與「佛教禪宗、淨土宗」以及「儒家的忠孝仁義」融合，創立了「羅祖教（亦稱無爲教）」，提出了「無生老母，眞空家鄉。」的簡明教義，受其影響的各種「民間宗教」雨後春筍般出現。

「民間宗教」基本上是由「道教」演化而來，「道教思想」的內容，被寫入「民間宗教」的《寶卷》經書中，「道教神仙」被納入其中，「符籙法術、齋醮科儀、內丹修煉」等，成爲「民間宗教」的內容。

在「明朝」時期，比較有代表性的「民間宗教」，例如：「白蓮教、黃天教、八卦教、紅陽教、混元教、一炷香教」等，都有濃厚的「道教色彩」。明清之際，大大小小的「民間宗教組織」多達百餘種，這是「道教」通俗化和世俗化的結果。

「明朝道教」對小說、戲曲、音樂、繪畫等文學藝術領域，也有廣泛的影響。「明朝」的四大奇書《水滸傳》、《金瓶梅》、《西遊記》、《三國演義》都具有濃厚的「道教神學」色彩。一大批以「道教神學、鬼怪神仙」爲主題的「小說作品」也很流行，例如：《封神榜》、《東遊記》、《南遊記》、《北遊記》、《飛劍記》等。在「戲曲」上，更有一大批以「道教神仙人物」爲題材的作品出世。

「明朝道教」的「教理教義、神仙信仰、倫理思想、科儀方術」也深入了民眾的日常生活。例如：「玉帝、老君、眞武、關帝、文昌、財神、媽祖、城隍、門神、土地、福祿壽三星」等道教的神明，在民間被廣泛祀奉。

當時在「明朝」的民間社會裡，出現一些以「道教倫理觀」和「忠孝節義觀」結合的「勸善書」，例如：《感應篇》、《陰騭（ㄓˋ）文》、《功過格》、《覺世經》等，在社會各階層中，深深的烙印和影響著人們的心理和行爲。

（十一）「清朝」時期的「道教」

進入「清朝」以後，「道教」的發展開始衰落，趨於停滯，在社會上的影響力也開始減弱。

「清朝」統一全國後，接受了「藏傳佛教」，對「道教」採取了嚴格的防範和抑制的政策，「道教」更加衰落，「道教」活動主要在「民間」。

清初的「順治、康熙、雍正」從「籠絡漢人」的角度出發，抑制的程度較爲寬鬆。「順治」冊封第五十二代天師「張應京」爲「正一道」的嗣教「大天師」，冊封「全眞道」龍門派領袖「王常月」爲「國師」。

「康熙」沿襲了冊封「張天師」的習俗，但是明令禁止「跳神、驅鬼」等道術活動，給「正一道」很大的限制和打擊。

「雍正」是「清朝」唯一優待「道教」的皇帝，他主張利用「儒、釋、道」三教爲統治服務，對「道教」的治世作用，持肯定的態度，寵信「正一道」道士「婁近垣」，也迷戀「仙丹方術」。

但是，從「乾隆」開始，「滿清皇室」對「道教」的貶抑越來越強。「乾隆」宣佈「藏傳佛教」爲國教，他將「正一眞人」的「品秩（官品與俸秩。）」，由二品降爲五品，對「道教」的活動限制不斷加強。

到了「嘉慶、道光」，對「張天師」的地位繼續貶降。

「鴉片戰爭」後，國家落後衰弱，「道教」更是江河日下。「咸豐、同治」年間的「太平天國運動」，沉重地打擊了「江南地區」原本昌盛的「道教」。

道士「婁近垣」是「清朝正一道」中，唯一能以「著述」流傳後世者，著有《龍虎山志》等。他提倡「三教合一」，特別融合「禪學」，主張「性命雙修」，從「無心、無住、無爲」爲要點的

「性功」入手，繼而「煉化精氣」來「得道成眞」。「清朝正一道」的地位很低，但是在民間的影響很大，「乾隆」廢除「度牒制度（舊時官府發給僧尼的證明身分的文件。）」後，「正一道」傳播到東北、新疆、台灣等邊遠地區。

「全眞道」在長期沉寂之後，以「龍門派」爲主體呈復甦之勢。「北京白雲觀」方丈「王常月」以「振興教門、光復祖風」爲己任，開始了振興「全眞道」的活動，吸引了大批「道士」到「北京」求戒，並且率領弟子南下傳教，在西南、東北、西北等地建立支派。

「王常月」是「龍門中興」之祖，他的「宗教思想」體現在所撰的《碧苑壇經》、《初眞戒說》上，將「內丹修煉理論」貫穿於「戒律說」中，強調「明心見性、無相法門」，「戒行精嚴」是他的「修道思想主體」，又是他振興「龍門派」的主要措施。

「全眞道」在「內丹學」上的成績斐然，「閔一得、劉一明」著書立說，發展「丹道」；「李西月」著有《三車祕旨》、《三豐全書》等，建立了「內丹西派」；「柳華陽」繼承了明末「伍守陽」的「內丹思想」，形成了「伍柳派」。「清朝全眞道」也走向了「世俗化」和「民間化」，兼行「齋醮祈禳」，謀取香火收入。

「鴉片戰爭」以後，「清室」加封了一些「道教神仙」，如「呂祖、文昌、關帝、媽祖」等，促進了「民間信仰」的盛行。各種「民間宗教」延續「明末」的熱潮，雖然派系繁多，思想複雜，但是都與「道教」的思想和組織有很大的關係，從某種意義上可稱爲「變相的道教」，例如：「義和團、黃天教、紅陽教、八卦教、混元教、天理教」等。

「鴉片戰爭」以後，「道教」的發展每況愈下，「宮觀、道士」的數量急劇減少。而且由於「統治者」對「道教」重視程度的降低，迫使「道教」向「民間」發展，「義和團運動」就是這種情況下的反映。此外，「民間」的「廟會活動」很熱烈。

「鴉片戰爭」以來，「中國」淪爲「半封建半殖民地」的社會，「道教」亦受到「帝國主義」的壓迫和「西方思想」的衝擊。「道教」進一步衰敗，在「中國五大宗教（佛教、道教、天主教、基督教、伊斯蘭教）」中，降爲教團勢力和政治影響最弱的一個宗教團體。

在此時期，許多「道士」的「文化素質」低下，「宗教知識」缺乏，「道教組織」鬆散，各地聯絡和團結不夠緊密。但是，仍然有一批「道士」，潛心修煉，著書立說，課徒傳戒，使「道教法脈」得以延續。

（十二）「民國」時期的「道教」

「中華民國」建立之後，取消了「正一道」首領「正一眞人」的封號，政府對「道教」沒有財政支持。

因爲「崇洋」的思想興起，在「新文化運動」和「五四運動」中，「陳獨秀、魯迅、錢玄同」等人把「道教」視爲「封建迷信」大肆抨擊，「道教思想」因此受到極大的衝擊。

公元一九二八年，「國民政府」頒佈「神祠廢存標準」，決定廢止「老君、三官、呂祖、文昌、城隍」等祠廟，「道觀」數量大幅減少。

民國時期，「道教」爲了適應時代的變化，也曾仿效西方的社會組織，企圖建立全國性的「道教組織」。公元一九一二年，成立了「中央道教總會」和「中華民國道教總會」；公元一九四七年，「全眞道」的「李理山」和「正一道」的「張恩溥」商議成立「中國道教會」，但是由於「教派」和「地域」等因素，各種「道教組織」，最後都曇花一現。

「民國時期」的著名「道教學者」有「陳攖寧」和「易心瑩」。「陳攖寧」主編了《揚善半月刊》和《仙道月報》，在二十世紀三十年代提出了獨樹一幟的「仙學」理論，認爲「仙學」以「神仙信仰爲」基礎，是包括「外丹」和「內丹」的一門實驗性質的學術。「陳攖寧」的「仙學」，建立在「傳統道教」的基礎之上，又被賦予時代特色，通過弘揚「中華傳統文化瑰寶」，達到「復興中華民族」的目的。

（十三）「現代中國」的「道教」

「中華人民共和國」成立以後，在公元一九五六年，「瀋陽太淸宮」方丈「岳崇岱」、「四川青城山常道觀」監院「易心瑩」、道教居士「陳攖寧」等二十三位道教界的著名人士發起，並廣泛聯絡「全國道教徒」，倡議成立「中國道教協會」，同時成立了「中國道教協會籌備委員會」。這個倡議，立卽得到了「全國道教徒」的熱烈響應，也得到了「人民政府」和「社會各界」的支持和關心。

公元一九五七年，全國各「名山宮觀」、「道派」及「道教學者」共計九十二名代表匯集「北京」，舉行了「中國道教界」的「第一次全國代表會議」，正式宣布「中國道教協會」成立，選舉了由「全眞道」和「正一道」道教領袖組成的「中國道協第一屆理事會」，「岳崇岱」當選爲「會長」，會址設在「北京白雲觀」。「中國道教協會」的成立，實現了「全國道教徒」的大聯合、大團結。

但是，在「文化大革命」時期（公元一九六六年到一九七六年），「道教」成了「破四舊」的對象，衆多的「道士」被迫害，許多「宮觀」被拆毀。「正一道」被取締，「全眞道」的道士被強迫還俗。「道教」在「反右鬥爭、大躍進、人民公社化」等政治運動中，受到波及。古老的「道教」走到毀滅的邊緣。

直到公元一九七八年，「鄧小平」提出「改革開放」以後，推行「宗教信仰自由政策」，「道教」才逐漸恢復。

公元一九八〇年，「中國道教協會」在重新恢復工作不久，即召開了「第三次全國代表會議」。會議確定了今後「道教」工作的重點、修改了「中國道教協會章程」、選舉了「中國道教協會第三屆理事會」。這次代表會議，是「道教」歷史上的一次重要會議，使得「道教」得以走上正常的發展軌道。

「改革開放」後至九〇年代初，「中國道教協會」先後舉辦五期的「道教知識專修班」和一期「道教知識進修班」，共培養「道教」人才二〇六名，其中大多數已經成爲今天道教界的骨幹力量。

公元一九九〇年，「中國道教學院」正式成立，這是「中國道教史」上第一所現代院校，標誌著「道教人才」培養工作，邁上了一個新台階。目前全國「道教界」已經設立十所「道教院校」，開設「經義講習、宮觀管理、道醫養生」等多個專業，涵蓋「碩士研究生、本科、專科」等三個層次。

「中國道教學院」的成立，是「中國道教」第一次有了培養高級專門人才的學校。「道教文化」的研究得以延續，「全眞道」的「傳戒」和「正一道」的「授籙儀典」得到恢復，各地的「宮觀」得到恢復和新建，各種「道教齋醮、慈善活動」開展，「中國道教」迎來了發展的全新時期。

公元二〇一〇年，「中國道教協會」召開「第八次全國代表會議」，選舉「任法融」道長，爲新一屆「中國道教協會」會長。

目前，「中國道教」有「全眞道宮觀」與「正一道宮觀」之分，「道教宮觀」共有九千餘座，被列爲「道教全國重點宮觀」的有二十一處。

「全眞派」的道士出家，在「宮觀」內過「叢林生活」，不食葷，重「內丹修煉」，不尚「符籙」，主張「性命雙修」，以「修眞養性」爲正道。

「正一派」的道士，一般有家室，不忌葷，以「施行符籙」爲主要特徵（畫符念咒、驅鬼降妖、祈福禳災）。

（十四）「現代台灣」的「道教」

早在「三國時期」，吳大帝「孫權」就派遣「衛溫、諸葛直」，率領甲士萬人出海尋求「蓬萊仙山」，來到了「台灣島」。

「明朝」時期，「道教」正式傳入「台灣」，「福建、廣東」等沿海地區的民眾遷移到「台灣」，也帶來了「媽祖娘娘、保生大帝、臨水夫人、開漳聖王」等地方信仰神明。

「台灣」在「日治時代」末期，許多民眾信奉「道教」，以表明自己的民族立場。因此，「道教」備受打壓，「道教宮觀」屢遭損毀，必須兼供「佛像」或「民間神祇」才得以保全，這種「佛道不分」的混雜現象延續至今。

公元一九四九年，「正一道」第六十三代天師「張恩溥」跟隨「國民黨」來到「台灣」，與當地「道教界」相結合，使「台灣道教」出現了新局面。

公元一九五〇年，「張恩溥」設立了「嗣漢天師府駐台灣辦事處」和「台灣省道教會」，公元一九六八年立了「中華民國道教會」。

公元一九六九年，「張恩溥」過世後，傳於堂姪「張源先」，是爲第六十四代天師，「張源先」於公元二〇〇八年仙逝。第六十五代「天師」，由「張意將」承襲。

今日，在「台灣」有兩大「道教」派系．「太一宗」和「正一宗（正一道）」。「太一宗」爲「私人宮廟」，以「道士壇」爲主，以「太上老君」爲祖師，至今已有四十八代傳承；而「正一宗」則奉祀祖師爲「張道陵」天師，傳承有六十五代。

「台灣太一宗」並不是由「中國大陸」傳到「台灣」的派系，而是「台灣人」自己在「台灣」

設立的「私人宮廟」。雖然是在「台灣」設立的「私人宮廟」，但是「台灣太一宗」的源頭，和「中國太一宗」是一樣的。

另外，「台灣道教」的小派別有：「法主公派、普庵派、閭山派、徐甲派、三奶派」。還有專門「誦經」的小派別：「清微派、禪和派、全眞派，靈寶派」。而「中國全眞道」亦於近幾年「大陸」宗教改革開放後，才傳入「台灣」。

自公元一九八二年，「一國兩制方針」提出後，「台灣道教界」與「大陸道教界」之間的聯繫逐漸加強，不斷有團體和個人回「大陸」朝拜「祖庭（宗祖佈教傳法之處）」、「奉請神像」及「請求受籙」。

「台灣道教會」成員，分爲以「宮、觀、祠、廟、堂、壇」等宗教場所「團體會員」和居士、道士、相士等「個人會員」。

「台灣道教」以「正一道」爲主體，具有濃郁的台灣地方特色，「道士」分爲「紅頭師公（紅頭道士）」和「烏頭師公（黑頭道士）」，注重「齋醮科儀」，從事「風水命理」等道術活動。

「台灣當局」主張「民間宗教」合法化、公開化，納入「道教」範疇以便於管理，這使得「台灣道教」的教派情況十分複雜，包括「天師道、一貫道、軒轅教、理教」等教派和「媽祖娘娘、關聖帝君、保生大帝、王爺千歲」等信仰。其中，宣揚「五教合一」的「一貫道」在公元一九八六年開禁後，發展十分迅速。

根據公元二〇一二年，「台灣內政部」公佈的數據，台灣共有一萬五千二百一十一座登記在案的「宗教廟宇」，其中「道教宮觀」占百分之七－八，約有一萬二千座，在各大宗教中遙遙領先。另外，還有數以萬計的未登記的「民間祠廟」。

「道教」在「台灣南部」較爲興盛，並且以「媽祖廟」和「王爺廟」居多，「台南市、高雄市、屏東縣」的「道教宮觀」都超過一千多座，「台灣」的「道教信衆」超過一千萬人。

第二單元

「道教」的人物

一、「道教」的重要人物

在歷史上，「道教」出現過許多的知名人物，並且留下他們的「修道心得」，撰寫許多重要的著作。要了解「道教」，一定要認識這些「道教」的重要人物，並且閱讀他們的著作，才能夠深入理解「道教」的內涵。

「道教」在歷史上出現的知名人物如下：老子、列禦寇、魏伯陽、于吉、左慈、宮崇、張角、葛洪、魏華存、許遜、寇謙之、陸修靜、陶弘景、孫思邈、司馬承禎、呂洞賓、陳摶、曾慥、施肩吾、王文卿、張伯端、王重陽、全眞七子（馬鈺、譚處端、劉處玄、丘處機、王處一、郝大通、孫不二）、白玉蟾、張三丰、伍守陽、柳華陽、黃初平、林默、陳靖姑、陳守元、林靈素、冷謙、陸西星、劉一明、李淳風、朱思本、袁天罡等人。

想要了解「道教」的內涵，在這些「道教」的知名人物中，有十四位重要人物，是一定要認識的，一一介紹如下：

（一）老子

「老子」（公元前五七一年到公元前四七一年），姓「李」，名「耳」，字「伯陽」，外字「聃」，世人尊稱稱爲「老子」。

「老子」生於「東周」的楚國苦縣厲鄉曲仁里（今河南省鹿邑縣），師從「殷商」末期的大臣「商容」，於東周春秋時期，在周朝的「守藏室（國家圖書館）」，擔任「柱下史（館長）」，以博學而聞名，是中國「春秋時代」的思想家、哲學家、文學家和史學家，最後隱居在邢臺的「廣陽山」。

春秋末年，天下大亂，「老子」棄官歸隱，遂騎青牛西行。到靈寶「函谷關」時，受關令「尹喜」之請，著作《道德經》，後來成爲「道家」和「道教」的經典。

「老子」的學說，後來被「莊周、楊朱、列禦寇」等人發揚光大，後人奉爲「道家學派」的開教宗師。《史記‧老子韓非列傳》中，有記載「孔子」向「老子」請教關於禮的問題。「老子」主張「無爲而治、天人合一、清靜無爲」的統治理念，和「莊子」同樣是「道家」的重要人物，合稱爲「老莊」。

「老子」被尊爲「道家」與「道教」的始祖，被「道教」尊爲「太上老君」。又是「東方三大聖人（老子、孔子、六祖惠能）」之首，「唐朝」追認「老子（李聃）」爲李姓的始祖。

(二) 列禦寇（列子）

「列禦寇」（公元前四五〇年到公元前三七五年），「春秋時期」的「鄭國」人，道家學派的先驅者，人稱「列子」。「列子」是「戰國前期」的「道家」代表人物，古帝王「列山氏」之後，是道學家、思想家、哲學家、文學家、教育家。

「列子」主張「貴虛」，認爲「萬物」不是從「有」中產生，而是從「無」中生有。「列子」認爲的「虛」，是一種「本體論」，認爲「虛」才是整個世界的本源，是這個世界的本體。而作爲人，就應該學習「虛的特徵」，打破「物我的二元對立」，達到「虛我合一，萬物一元。」的最高境界。

「列子」於《史記》無傳，其名散見於《莊子》、《管子》、《晏子》、《墨子》、《韓非子》、《呂氏春秋》等書。「列子」成名於《列子》一書，主旨在於宣揚不可「炫智於外」，而應該「養神於心」，達到「天而不人，順從自然，無用之用」的境界。

「列子」是介於「老子」與「莊子」之間，「道家學派」承前啟後的重要人物，是「老子」和「莊子」之外的又一位「道家學派」代表人物。「列子」學本於「黃帝、老子」，主張「清靜無爲」。相傳他曾向「關尹喜」問道，拜「壺丘子」爲師，後來又先後師事「老商氏」和「支伯高子」，修道九年之後，他就能「御風而行」。「唐玄宗」天寶年間，詔封「列子」爲「沖虛眞人」，「宋徽宗」宣和年間，封「列子」爲「沖虛觀妙眞君」。

(三) 魏伯陽

「魏伯陽」（公元一五一年到二二一年），名「翱（ㄠˊ）」，字「伯陽」，號「雲牙子」，會稽「上虞」人（今浙江省紹興市上虞區），尚書「魏朗」之子，是「東漢」著名的「煉丹家」，是目前已知，最早一位有著作傳世的「煉丹家」。

「魏伯陽」曾經率領三位弟子「周燮（ㄒㄧㄝˋ）、馮良、虞巡」進入上虞「鳳鳴山」的「鳳鳴洞」煉丹服食。

「魏伯陽」所著的《周易參同契》，五行相類，共三卷，是現存最早系統闡述「煉丹理論」的著作，來源於「黃老」與《周易》，並參考古代「煉丹術」及「煉丹古書」，假借爻象，以論作丹之意，後世奉爲「萬古丹經之王」，奠定了「道教丹鼎學說」的理論基礎，在世界科技史上也占有重要地位。

（四）葛洪

「葛洪」（公元二八三年到三四三年），字「稚川」，號「抱朴（ㄆㄨˇ）子」，人稱「葛仙翁」，丹陽句容（今屬江蘇省）人，是「晉朝」時代的陰陽家、醫學家、博物學家、製藥化學家和煉丹術家，著名的「道教」人士。他在中國哲學史、醫藥學史以及科學史上，都有很高的地位。

「葛洪」的叔祖父是「三國時代」的方士「葛玄」，他曾跟隨煉丹士「左慈」學習「煉丹」及「長生術」，是南方的道教領袖。「葛洪」著有《蟜室老人文集》、《涉史隨筆》等。

（五）寇謙之

「寇謙之」（公元三六五年到四四八年），字「輔眞」，「上谷郡」昌平縣（今北京市昌平區）人，家族因避難遷居「馮翊郡」萬年縣（今陝西省西安市臨潼區），「寇謙之」對「天師道」進行了重大的改革，對「道教」的歷史影響深遠，是「北天師道」的代表人物。並力主排斥「佛教」，促使了北魏「太武帝」滅佛。

「寇謙之」宣稱，在北魏「明元帝」神瑞二年（公元四一五年），「太上老君」會降臨「嵩山」，傳給他「天師」之位，還說「太上老君」賜給他《雲中音誦新科之誡》三十卷，讓他「清整道教，去除三張僞法（指張陵、張衡、張魯），租米錢稅及男女合氣之術」。「專以禮度爲首，而加之以服食閉煉。」還說自己學得「服氣導引之術」，能夠「辟穀（不食五穀）」。

「寇謙之」下山後，獲得當時信奉「天師道」的宰相「崔浩」的支持，從而受到北魏「太武帝」的賞識。太武帝「崇奉天師，顯揚新法，宣布天下，道業大行。」從而成爲了「帝王師」。

「寇謙之」又「引佛入道」，宣揚「六道輪迴」，模仿「佛教儀節」，主張「立壇宇、作功德、誦經、持戒、修行成仙」等。經過他改革後的「天師道」爲了和以前的「天師道」相區別，被稱爲「北天師道」或「新天師道」。

「寇謙之」的著作有託「太上老君」降授的《雲中音誦新科之戒》，該書是關於「道教經韻音樂」最早的文字記載，原書已佚失，即《雲中音誦新科之戒》的殘本。另有託名「老子」玄孫「李譜文」，降授的《錄圖眞經》。

(六) 陸修靜

「陸修靜」（公元四〇六到四七七年），字「元德」，諡號「簡寂先生」，吳興東遷縣（今浙江吳興東）人，三國吳丞相「陸凱」的後裔，「南北朝」時代的「道士」，道教「上清派」的宗師。「陸修靜」先後隱居於「雲夢山、廬山」等地，爲「劉宋皇帝」召見和供養，講經說法，使「道教」盛極一時。

「陸修靜」編纂道經目錄《三洞經書目錄》及《靈寶經目》，判別當世《靈寶經》的眞僞，訂立「道經」三分的「三洞」架構，是爲「道教史」上最古的「道經目錄」。他苦心研究道教科儀，根據《靈寶經》的內容，編訂「道教」的「齋儀」與「傳授儀」，確立《靈寶籙》的「授籙制度」，程序次第皆有所本，成爲後世「道教科儀」的典範。

「陸修靜」曾經嘗試改革當時腐敗的「天師道制度」，加強「天師道」的組織與「道民」的連繫，經「陸修靜」改革後的「道教」，成爲「南朝天師道」的正宗。

「陸修靜」與唐代道士「張萬福、杜光庭」並稱爲「科教三師」，宋代獲追封爲「丹元眞人」，並受「茅山宗」尊爲第七代宗師。至今「道士」仍宣稱他們所修建的「齋儀」，源出自「陸修靜」。

「陸修靜」的著作甚多，現存於《道藏》的有六種：《太上洞玄靈寶衆簡文》、《洞玄靈寶五感文》、《陸先生道門科略》、《太上洞玄靈寶授度儀》、《洞玄靈寶齋說光燭戒罰燈祝願儀》、《太上洞玄靈寶法燭經》。

（七）陶弘景

「陶弘景」（公元四五六到五三六年），字「通明」，自號「華陽隱居」，賜號「貞白先生」，丹陽秣陵（今江蘇省南京市江寧區）人，「南朝」的道士、醫學家、文學家與書法家，博學多才。

「陶弘景」善於描寫自然風景，精通醫藥與天文知識，兼修佛、道二教，特別尊崇「東晉」時出世的《上清經》，成爲道教「上清派」的代表人物。「南齊」時，他擔任親王的侍讀多年，有感官職低微，索性辭官隱居不仕，率弟子棲隱「茅山」，專心修道，卻因「梁武帝」經常派人向他諮詢國事，故有「山中宰相」的美譽。

「陶弘景」長期煉製丹藥，鑄煉寶刀，撰有《眞誥》、《登眞隱訣》、《本草經集注》等「道教」與「醫學」重要著作，受元代「茅山宗」追尊爲第九代宗師。

（八）孫思邈

「孫思邈」（公元五四一年到六八二年），唐朝京兆華原（今陝西耀縣孫家塬）人，相傳爲楚大夫屈原的後人，是著名的「醫師」與「道士」。他是中國和世界史上著名的醫學家和藥物學家，被譽爲「藥王」，「宋朝」追封「妙應眞人」，「道教」尊爲「天醫妙應廣援善濟眞君」，被奉爲「醫神」。

「孫思邈」十分重視民間的醫療經驗，不斷積累走訪，及時記錄下來，終於完成了他的著作

《千金要方》。

「唐朝」建立後，「孫思邈」接受朝廷的邀請，與政府合作開展醫學活動。「唐高宗」顯慶四年（公元六五九年），完成了世界上第一部國家藥典《唐新本草》。

（九）呂洞賓

「呂洞賓（公元七九八到八八〇年）」，原名「呂嵒（ㄧㄢˊ）」，字「洞賓」，道號「純陽子」，綽號「回道人」，中國道教仙人，「八仙（漢鍾離、李鐵枴、張果老、何仙姑、藍采和、呂洞賓、韓湘子、曹國舅）」之一，「五恩主（扶鸞信仰的說法，指：關羽、呂洞賓、張單、王靈官、岳飛）」之一，「五文昌（文昌帝君、文魁帝君、文選帝君、文衡帝君、文尼帝君」）」之一的「文尼帝君」，「全眞派」的「五陽祖師（王玄甫、鍾離權、呂洞賓、劉海蟾、王重陽）」之一，「鍾呂內丹派」和「三教合流思想」的代表人物。在所有的「道教」宗派中，被廣泛供奉，在「全眞道」被視爲先祖，是「五陽祖師」中的「純陽祖師」。

「正一道」認爲「呂洞賓」是「雷法大師」，能以「符籙」驅使「雷神」及「鬼神」，稱之「雷霆太行眞君」。「靈寶派」認爲「呂洞賓」傳播「靈寶教法」，被奉爲「靈寶一炁眞君」。

「佛教」禪門「臨濟宗」，認爲「呂洞賓」早年修行佛法，鑽研《金剛經》，稱之爲「圓通自在心印文尼菩薩」。總尊號爲「玉清內相金闕選仙純陽演正警化孚佑帝君三曹主宰興行妙道天尊」。

「呂洞賓」可說是中國知名度最高的神仙，同時也是「託夢、科考、文具、淘金、釀酒、礦業、理髮、斬爛桃花之神」，亦有「醫神、武神、財神」的性質。

「呂洞賓」的作品極多，但是絕大部分是詩詞歌賦，其他如《太乙金華宗旨》、《五品仙經》、《八品仙經》等都是委託「呂洞賓」之作。

（十）陳摶（ㄊㄨㄢˊ）

「陳摶（公元八七一年到九八九年）」，字「圖南」，號「扶搖子、白雲先生、希夷先生（「夷」指視而不見，「希」指聽而不聞）」，知名的道教人士、占卜師，常被視爲神仙，尊稱爲「陳摶老祖、希夷祖師」等。

「陳摶」是五代末，宋朝初期的人，其生平事跡和出生時地衆說紛紜，眞僞難辨，一說普州崇龕縣人（今重慶市潼南縣崇龕鎭），一說華州華陰人（今陝西華陰一帶）。祖籍譙郡（今安徽亳州一帶），一說亳州眞源縣（今河南省鹿邑縣）人。

「陳摶」主張以「睡眠」來休養生息，時常一眠數日，辟穀斷食，人稱「睡仙」。相傳《紫微斗數全書》及《無極圖說》皆爲「陳摶」之創作。

（十一）張伯端

「張伯端（公元九八七年到一〇八二年）」，字「平叔」，名「成」，號「紫陽」，因此被尊爲「紫陽眞人」，又稱爲「悟眞先生」，北宋台州臨海（今屬浙江）人，知名的道教學者。據說，遇到「全眞教」北五祖之中的「廣陽眞人（劉海蟾）」而得道，成爲「全眞派」「南宗五祖（張伯端、石泰、薛道光、陳楠、白玉蟾）」的第一祖。

「張伯端」自幼博覽三教經書，涉獵諸種方術，在「成都」遇到「廣陽眞人（劉海蟾）」授予「金丹藥物」和「火候之訣」，著作有《悟眞篇》，爲道教「南宗內丹修煉」的主要經典之一，又作《玉清金笥青華祕文金寶內煉丹訣》（《青華祕文》）三卷和《金丹四百字》一卷。晚年「自成都歸於故山」，返回江南傳道。

「張伯端」主張「三教合一」，試圖以「道教的「修煉性命之說」，融合儒釋道三教。《四庫全書》將其所著《悟眞篇》與漢代「魏伯陽」的《周易參同契》並稱「丹經王」。

（十二）王重陽

「王重陽（公元一一一三年到一一七〇年）」，原名「中孚」，字「允卿」，本來是金朝的「諸生（古代經考試錄取而進入中央、府、州、縣各級學校，包括太學學習的生員。）」，後爲「武官」，改名「世雄」，字「德威」。入道後改名「嚞（ㄓㄜˊ）」，一名「喆」（ㄓㄜˊ），字「知明」，道號「重陽子」，故稱「王重陽」，綽號「王害瘋」，京兆咸陽大魏村（今屬陝西咸陽市秦都區）人，中國道教「全眞派」的創始人，被尊爲全眞五祖之一。

「王重陽」有七個主要門人，稱爲「七眞」或「全眞七子」，分別是：馬鈺、譚處端、劉處玄、丘處機、王處一、郝大通、孫不二。

「王重陽」以「內丹修煉」爲基礎，提倡「三教合一」，主張「無心忘言，柔弱淸靜，正心誠意，少思寡慾，出家修行。」；因內修「求返其眞」，主張「功行雙全」，以期「成仙證眞」，所以叫做「全眞」。

「王重陽」在修行上，主張「出家投庵」，創立了「道士出家住觀」的「教團形式」。「王重陽」本人在修行之初，就捨棄妻女，離家修行，他在度化已經成家立室的「馬鈺、孫不二」夫婦時，亦勸導他們出家皈依，因此強調「出家修行」是「全眞道」創立初期的一大特色。

《重陽立教十五論》是「王重陽」的重要著述，該書論述了「全眞道」創教的基本宗旨，規定了嚴格的修道戒規，融合「儒釋道」三家精華，爲研究「全眞道」的重要經典文獻，收入《正統道藏》正一部。

（十三）白玉蟾

「白玉蟾（公元一一三四年到一二二九年）」，字「如晦、紫淸」，號「海瓊子、武夷散人」，祖籍「福建閩淸」，生於瓊州瓊山（今海南島），「南宋」的道士。主張「性命雙修」，是內丹理論家、道教「金丹派」南五祖之一。一般認爲，「白玉蟾」組織了「金丹派南宗」的教團組織，爲「南宗」的實際建立者，「道教」的「神霄派」也奉他爲本派祖師之一。

據說「白玉蟾」後來到「儋耳山」修道，並遇見道教「金丹派南宗」四祖「陳楠」，「陳楠」

授之以「丹法、雷法」。後來，「宋寧宗」詔征赴闕，召對稱旨，封爲「紫淸明道眞人」。「白玉蟾」建立「建宗傳法」之所，四方學者，來如牛毛，改變了「張伯端」至「陳楠」以來，「南宗」一脈單傳的歷史。

「白玉蟾」的著作甚多，有《玉隆集》、《上淸集》、《武夷集》、《道德經章句注》行世。後來，由「彭鶴林」纂輯「白玉蟾」的著作爲《海瓊玉蟾先生文集》。又有「謝顯道」等編《海瓊白眞人語錄》、「彭鶴林」編《海瓊問道集》等。《道法會元》收錄有「白玉蟾」多篇「雷法」著作。

(十四) 張三丰

「張三丰（公元一二四七年到一四五八年）」，本名「全一」，字「君寶」，號「三丰」，遼西懿州人（一說福建省邵武人），南宋末明初的「道士」，「明英宗」封他爲「通微顯化眞人」。

「張三丰」於湖北均縣「武當山」修道，供奉「玄天上帝」爲主神。另外，「張三丰」也是「武當派」武術的開山祖師。

「張三丰」抱持「三教合一」的思想，學貫「儒、釋、道」三教，更精研於「理學」。「張三丰」認爲「道」爲三教共同之源，「儒、佛、道」都講「道」，它們的功用都是「修身利人」，「儒離此道不成儒，佛離此道不成佛，仙離此道不成仙」，儒家「行道濟時」，佛家「悟道覺世」，道家「藏道渡人」。

「張三丰」內丹的著作甚豐，有《金丹要旨》、《金丹祕訣》、《金液還丹歌》、《無根樹二十四旨》、《地元真仙了道歌》等「明代」即已刊行。後有《張三丰先生全集》，共八卷。由清朝「李西月」編著，是明清道教「隱仙派」的作品匯集，主要章節有：《大道論》、《玄機直講》、《玄譚全集》、《玄要篇》、《無根樹詞》、《雲水前集》、《雲水後集》等。

二、「道教」的「神明」

(一)「道教」的「神」與「仙」的區別

古代的中國，人們敬畏大自然的神祕力量，形成對天自然的崇拜，日月星辰、風雨雷電等，都成爲人們崇拜的「神」。

在「道教」誕生之前，中國就有對於「神仙」的記載。

《莊子．逍遙遊》有云：「藐姑射之山，有神人居焉，肌膚若冰雪，綽約若處子，不食五穀，吸風飲露，乘雲氣，御飛龍，而游乎四海之外。」神人不吃凡間的五穀，只吸風飲露，並且還能騰雲駕霧，御龍飛天。

《山海經．大荒西經》也有關於「神人」的記載：「有神十人，名曰女媧之腸，化爲神，處栗廣之野，橫道而處。」。

「道教」是一個崇拜多神的宗教，在「道教」的「神仙體系」裡，有諸多的神仙，既有「先天的尊神」，也有「後天的仙眞」，而且還吸收了很多「民間傳說的神」。

「道教」有「神仙」的傳說，其實「神」與「仙」是有區別的。

「神」分爲兩種，一種是自然界的風雨雷電、山川河嶽等「自然之神」，如雷神、水神、火神等；一種是無形無相的「道」的化身而來的「人格神」，如道教的三位至尊之神「三淸」，即「道經」所說的「一氣化三淸」。

另外，「神」一般是「司職」的，每位神在「道教」的神仙體系裡，都有不同的「司職」。例如：「雷部」的「普化天尊」，作爲「雷部」的最高神，不但統御整個「雷部」的神靈，還「主天之災福，持物之權衡，掌物掌人，司生司殺」；道教的主神之一「太乙救苦天尊」，則聞聲救苦；僅次於「三淸」的「玉皇大帝」，更是統御「十方三界」和「四生六道」。

「仙」則是「凡人」經過「修行」及「悟道」，從而達到「長生不死」的人。我們看「仙」字，拆開來就是「人」和「山」兩個字，在「山」裡修行的「人」，最後就成了「仙」。

根據《說文解字》的說明：「仙：長生仙去。從人從山。老而不死曰仙。仙，遷也。遷入山也。故其制字人旁作山也。」從這裡我們可以知道，「仙」是由「人」而來的。

而「仙」與「神」不同，「仙」沒有官職，十分的逍遙自在。自古人們都渴望「飛升成仙」，在「仙境」過著無憂無慮的逍遙日子。

「仙」是有很多種類的，「道教」根據「丹道修行」的高低，又將「仙」分爲「鬼仙、人仙、地仙、神仙、天仙」等五種仙，簡述如下：

⑴鬼仙：又稱為「靈鬼」，陰中超脫，是最低層次的仙。

⑵人仙：修眞的人，不悟大道，道中得一法，法中得一術，信心苦志，終世不移。「八邪（病因名，指風、寒、暑、濕、飢、飽、勞、逸。）」之疫不能危害，多安少病。

⑶地仙：不需要感悟「大道」，止步於「小成之法」，只不過修成「長生住世」，不會因為人間壽數而死。

⑷神仙：因為「地仙」厭居塵世，用功不停，「抽鉛添汞」而「金精煉頂」。「玉液還丹」，「鍊形成氣」而「五氣朝元」，「三花聚頂」。功行圓滿而忘形，「胎仙」自然化出。「陰氣」滌盡，而「陽氣」洗鍊精純，身外有身，脫質升仙。

⑸天仙：「地仙」厭居「三島（指傳說中的蓬萊山、方丈山、瀛洲山，三座海上仙山。亦泛指仙境。）」而傳道人間，道上有功，而人間有行，功行滿足，受「天書」以返「洞天（指神仙居住的地方，意思是洞中別有天地。）」，是為「天仙」。既為「天仙」，若以厭居「洞天」，效職以為「仙官」：下曰「水官」，中曰「地官」，上曰「天官」。於天地有大功，於今古有大行。官官升遷，歷任「三十六洞天」，而返「八十一陽天」，而返「三清」虛無自然之界。

「道教」的「神明」，可以依照位居「先天無極界」、「先天太極界」和「後天現世界」三個層次來區分介紹。

(二)「先天無極界」的「神明」

(1)先天一炁：

「先天一炁」又稱爲「元始祖炁」，是指生大、生地、生人、生萬物的「原始之炁」，是構成「天地萬物」的基本元素。另外，「先天一炁」又稱爲「元炁、祖炁、腎炁、眞鉛」等。

「老子」在《道德經》第四十二章說：「道生一，一生二，二生三，三生萬物。」這是「老子」的宇宙生成論，表示「道」生萬物，是從少到多，從簡單到複雜的一個過程。

「道」自「虛無」生「一炁」，再從「一炁」產生「陰、陽」，「陰、陽」再合成「萬物」。

(2)元始天王：

「元始天王」，是「道教」的神仙名號，卽中國神話中的「盤古」。到了「南北朝」時期，逐步確立「元始天尊」成爲「道教」最高的神明。

「元始天王」的稱呼，開始於晉朝「葛洪」在《枕中書》中說：「昔二代未分，溟涬鴻蒙，未有成形，天地日月未具，狀如雞子，混沌玄黃，已有盤古眞人，天地之精，自號元始天王，游乎其中。」

(3)三清道祖：

在「道教」的「三清大殿」中，供奉著神態莊嚴的三位尊神，這就是道教的最高神「三清道祖」，卽：「玉清元始天尊、上清靈寶天尊、太清道德天尊」。

《道德經》第四十二章說：「道生一，一生二，二生三，三生萬物，萬物負陰而抱陽，沖氣以爲和。」由「無名大道」化生「混沌元氣」，由「元氣」化生「陰陽二氣」，陰陽之相和，生天下萬物。

《道德經》第十四章又說：「視之不見名曰夷，聽之不聞名曰希，搏之不得名曰微。此三者不可致詰（究問；推究），故混而爲一。」認爲「一化爲三，三合爲一，用則分三，本則常一。」後來「道教」以此衍化出居於「三清勝境」的三位尊神。

「三清尊神」在「道教」的神仙體系中，居於最高的位置，而「三清尊神」的名號，是歷代逐步演化而成的。

「三清」的名稱，最早開始見於南梁「陶弘景」所撰的《眞靈位業圖》。該書排列「神仙」序位，分爲七個層次，每一層設一個「中位」。第一中位，「上合虛皇道君」，號「元始天尊」。第二中位，「上清高聖太上玉晨元皇大道君（爲萬道之主）」。第三中位，「太極金闕帝君」，姓李（壬辰下教太平主）。第四中位，「太淸太上老君（爲太淸道主，下臨萬民）」，上皇太上無上大道君。

其中較爲明顯地提出了「上淸、太淸」的名稱，但是「三淸」的名位次序尚未確定，並且第三位爲「金闕帝君」，「太上老君」卻居於第四中位。

《道教義樞》卷七引《太眞科》說：「羅生玄元始三氣，化爲三淸天也：一曰清微天玉清境，始氣所成；二曰禹余天上清境，元氣所成；三曰大赤天太清境，玄氣所成，從此三氣各生。」

根據《雲笈七籤》和《道法會元》等道書的記載，淸微天「玉淸境」，混洞太無元，其氣始青，眞道升聖境，「天寶尊」治之；禹余天「上清境」，其氣元黃，仙道升眞境，「靈寶尊」治之；大赤天「太清境」，其氣玄白，人道昇仙境，「道天尊」居之。

《雲笈七簽》卷三《道教本始部》裡說：「此四種民天，卽三界之上，災所不及四種民天上有『三清境』。『三清』之上卽是『大羅天』，『元始天尊』居其中，施化敷教。『天寶君治』在『玉清境』，『清微天』也。『靈寶君治』在『上清境』，卽『禹余天』也，『神寶尊治』在『太清境』，卽『大赤天』也。」

又根據《集說詮眞》引《讀書紀數略》說：「『三清』者『玉清聖境』，『元始』居之；『上清聖境』，『道君』居之；『太清仙境』，『老君』居之。」

以後，「三清」的神名，逐漸流變發展，至「唐代」才成爲確定。

《道藏．太平部．三洞珠囊》卷七引《老君聖蹟》云：「此卽『玉清境』，『元始天尊』位，在三十五天之上也。此卽『上清境』，『太上大道君（靈寶天尊）』位，在三十四天之上也。『太清境』太極宮，卽『太上老君』位，在三十三之上也。」於是「三清」就成爲「道教」的最高神。

(4)斗姥元君：

「斗姥元君」又稱作「斗母」或「斗姆」，是「道教」的女神，也是「北斗衆星」之母。「斗姥」的「斗」，指的是「北斗衆星」；而「姥」的本義，是老年婦女的俗稱，這裡指「母親」或「老母」，是「北斗衆星之母」，主宰衆星。

「斗姥元君」的「法像」，額上有三隻眼睛，肩上四顆頭分別面向四方，正中兩手合什，其餘六臂分別執持日、月、寶鈴、金印、弓、戟等法器，總共有三目四頭八臂。

「斗姥元君」在「道教信仰」中，出現的很晚，但是地位卻很崇高，因爲「斗姥元君」原本是「佛教」的「摩利支天菩薩」信仰。後來，「摩利支天菩薩」信仰傳入「中國」後，被「道教」所敬奉，融入對「北斗星宿」的崇拜，「道教」加以吸收，尊稱爲「先天斗姥紫光金尊摩利支天大聖圓明道姥天尊」，簡稱作「斗姥元君、斗姥、斗姆、斗母」等。尊爲「斗姥」，即「北斗衆星之母」，所以「斗姥元君」比「北斗群星」更爲爲尊貴。

「摩利支」意譯爲「陽炎、威光、陽光」，「摩利支天菩薩」是佛教「二十四諸天」之一的「護法神」。「漢傳佛教」大多認爲此菩薩爲「觀世音菩薩（準提觀音）」的化身，「密宗」則視爲是「多羅觀音（度母）」的化身，具有廣大的功德之力，能夠消災、除障、增福、滿願。在「佛教」的造像，「摩利支天菩薩」一般是呈現「天女」的形像，三面、三目、八臂，座下有金豕，通常被安奉在佛寺的「大雄寶殿」之中。

「道教」認爲，混沌未開之前，有一股「太虛無形陰氣」，就是「斗姥元君（紫光夫人）」，與一股「太虛無形陽氣」，就是「元始天王」，兩股氣結合誕育「九皇」，即「貪狼」、「巨門」、「祿存」、「文曲」、「廉貞」、「武曲」、「破軍」等七曜星，加上「左輔」和「右弼」合爲「九皇」。由「斗姥元君」化生的「九皇道體」，就是「北斗九辰星君」。

「道經」說「斗姥元君」居「大梵天宮」，綜日月星辰，微斗極之母。有「天皇大帝」和「紫微大帝」襄（輔助）之。綜領「七元星君」，輔助「玉皇上帝」管理「星斗群眞」，功沾三界，德潤群生」。爲「道家」之法主。

《宋史》記載：「宋高宗」被「金兵」所困時，聞空中有「輦豕（ㄋㄧㄢˇ ㄕˇ，豬拉著車）」聲，仰見「斗姥天尊」，四頭八臂乘「七豕（七頭豬）」之車，現紫金巨光，大施法力，而扶危護駕。「斗姥」自是靈顯神通之後，乃爲世人祀奉日隆，崇爲「斗極至尊之神」，以能消災解厄，保命延生。「斗姥元君」在「道教」的地位非常崇高，是「先天一炁」之「陰神」，其轄下有「太極天皇大帝、紫微大帝、北斗七星、南極長生大帝、純陽孚佑帝君、五斗星君、二十八星宿神、十二宮神星君、六十甲子太歲星君」等，是宇宙衆星之母親。

「拜斗」是「道教」獨有之科儀。爲世人對星宿的崇拜而生的敬仰，與人的「生死禍福」有關。「北斗星君」掌管「消災解厄」，「南斗星君」掌管「延壽施福」。故「拜斗」是一種爲人「消災解厄、祈福延壽」之科儀，亦稱之爲「朝眞禮斗」。

「拜斗」以「斗姥元君」爲主神，另奉「九皇元君」及『五斗星君』，「九皇」主宰「十二生肖」之元神，因人體由「十二元神」支配，所謂「元神光采，瑞氣臨身，元神昏暗，諸病叢生」。

⑸西王金母：

「西王金母」簡稱「西王母」，又稱爲「王母娘娘」、「瑤池金母」、「金母元君」、「西靈王母」、「無極聖母」。是「中國神話」和「中國民間信仰」的女神，也是「道教」的女神仙。

「西王母」是中國最古老的女性神祇，早在中國「殷商」的「卜辭」中，有記載祭祀「東母（司管生育的東方之神『碧霞元君』）」和「西母（司管死亡的西方之神『西王母』」）就出現

「西母」的稱號。

先秦時期的古籍《山海經》，就多處記載「西王母」的事蹟。

《山海經．大荒西經》：「西海之南，流沙之濱，赤水之後，黑水之前，有大山，名曰崑崙之丘。有神人面虎身，有文有尾，皆白，處之。其下有弱水之淵環之，其外有炎火之山，投物輒燃。有人戴勝，虎齒，有豹尾，穴處，名曰西王母。」

這是最早描述「西王母」容貌的記載，其狀如人，但又長相奇特，以豹尾虎齒且善嘯的形象出現。後來，逐漸演變爲人形姿態的神靈，成爲中國神話中最重要的女神之一。

《山海經．西山經》：「嬴母之山又西三百五十里，曰玉山，是西王母所居也。西王母其狀如人，豹尾虎齒而善嘯，蓬髮戴勝，是司天之厲及五殘。」

在《山海經》中，「西王母」是掌管「天之厲（天災和疫病）」和「五殘（五種類的刑罰）」的凶神，其形象爲人形、頭髮蓬亂、頭上「戴勝（戴玉琢之華勝。爲古神話人物西王母的服飾。）」、豹尾、虎齒且善嘯。

《山海經．西山經》云：「又西二百二十里，曰三危之山，三青鳥居之。」，另外《山海經．海內北經》云：「西王母梯幾而戴勝。其南有三青鳥，爲西王母取食。」又有《山海經．大荒西經》云：「三青鳥赤首黑目，一名曰大鵹，一名小鵹，一名曰青鳥。」

傳說「西王母」駕臨前，總有「青鳥」先來報信。「三青鳥」是中國古代神話中的「神鳥」，色澤亮麗、體態輕盈。傳說爲女神「西王母」的使者，共有三隻，又稱爲「三鳥」。「三青鳥」是

「鳳凰」的前身，本爲多力健飛的猛禽，後來逐漸傳爲色澤亮麗，體態輕盈的小鳥，是具有神性的吉祥之物。在古代的文學上，「青鳥」是被當作「傳遞信息的使者」，後人將它視爲傳遞「幸福佳音」的使者。

「北宋時期」編寫的《太平御覽》卷之三十八又言：「西王母者，神人也。人面蓬頭髮，虎牙豹尾，善嘯，穴居，名西王母，在崑崙山下。」在「北宋」時期，「西王母」被形容成，統領著一群妖怪，被稱爲「萬妖之母」。

從「戰國時代」到「西漢」，「西王母」已經脫離「豹尾虎齒」的原始形象，成爲「女帝王」形象。

《穆天子傳》卷三記載：「天子賓於西王母。乃執白圭玄璧，以見西王母好獻錦組百純，素組三百純，西王母再拜受之。乙丑，天子觴西王母於瑤池之上。西王母爲天子謠，曰：白雲在天，丘陵自出。道裡悠遠，山川間之，將子無死，尚能複來。天子答之曰：予歸東土，和治諸夏。萬民平均，吾顧見汝。比及三年，將複而野。西王母又爲天子吟曰：徂彼西土，爰居其野。虎豹爲群，於鵲與處。嘉命不遷，我惟帝女。彼何世民，又將去子。吹笙鼓簧，中心翱翔。世民之子，惟天之望。」

這段書卷記載說，「周穆王」到西方巡遊時，路過「西王母」所在的國度，就把一百匹「錦緞」和三百匹「白綢」作爲獻禮，進獻給「西王母」。「西王母」接受了「周穆王」的獻禮，並在「瑤池」宴請了「周穆王」。

「西王母」說她喜愛居住在荒野，與虎豹爲群，與喜鵲爲伴，守此一方，她是「天帝之女」。她所說的「將子無死」，代表了她作爲「長生女神」所擁有的能力。這段「周穆王」作爲「西王母」的貴賓，一同暢飲於「瑤池」的情節，被後世傳承，《竹書紀年》和《史記．趙世家》也都描寫了「周穆王」拜見「西王母」的故事。

在「東漢時期」的「班固」所撰的《漢武故事》、《漢武帝內傳》以及其他一些「六朝小說」中，都描述有「漢武帝」與「西王母」的故事。「漢武帝」是中國歷史上，有名的信仰「仙道」和「長生不老」的皇帝。

文獻中說，在七月七日深夜二更時，「西王母」駕乘著「紫雲車」，降臨到「漢武帝」的宮殿。「漢武帝」將「西王母」迎接到宮殿後，「西王母」則贈予「漢武帝」七顆「仙桃」與之享用。「西王母」的「仙桃」，又稱爲「蟠桃」，種植於「崑崙仙山」上的「蟠桃園」裡，三千年才結一次果實，擁有「起死回生、長生不老」的功效。傳說只要吃一個仙桃，就能夠延長三千年的壽命。

在《漢武帝內傳》中，首次描寫了「西王母」的絕世容顏：

「王母上殿東向坐，著黃金褡襡，文采鮮明，光儀淑穆。帶靈飛大綬，腰佩分景之劍，頭上太華髻，戴太眞晨嬰之冠，履玄瓊鳳文之舄。視之可年三十許，修短得中，天姿掩藹，容顏絕世，眞靈人也。」

「西王母」居「崑崙山」之間，有城千里，玉樓十二。據說「西王母」居住在一個用「美玉」

雕琢而成的晶瑩剔透的「九重宮殿」裡，宮殿外有蜿蜒一千米的金色城牆，「男神」們住在宮殿的右翼，左翼居住的是美麗的「仙女」和「女神」。

早在「漢初」，就流傳著「西王母」掌管「不死之藥」的傳說，「劉安」在《淮南子．覽冥訓》中稱：「羿請不死之藥於西王母，姮娥竊之以奔月。」。

直到「漢代」，「道教」興起以後，「道教」開始推崇「西王母」，「東晉」時期的文人編纂出，「西王母」是「道教」第一尊神「盤古眞人（自號元始天王）」和「太元聖母」之女的神話，「西王母」的身分也再次發生轉變。

「西王母」轉變成爲諸女仙的領袖，掌管諸女仙的女神。「九天玄女」也成爲「王母娘娘」駕下的一名女仙。「西王母」還被描述成是，輔佐「黃帝」的「保護神」，她差遣「九天玄女」下凡協助「黃帝」戰勝「蚩尤」。

另外，還有《山堂肆考》和《集書詮眞》引《通考全書》中稱，「八仙」之一的「鐵拐李」是「西王母」把仙術傳授於他，點化他得道成仙的。

「道教」吸收「西王母」的信仰後，宣稱所有的「女性修仙」，最後都要去拜見「西王母」。「西王母」掌管「女仙們」的仙籍，「東王公」則掌管「男仙們」的仙籍。

⑹東王木公：

「東王公」，亦作「東王父、東華帝君、東父、東君、木公、扶桑大帝、青童君、青提帝君」等，是中國神話上的仙人，傳統上與「西王母」相對應：「西王母」統率天界的衆「女仙」，而

「東王公」則統率所有「男仙」。

「東王公」一詞，最早見於「西漢」海昏侯「劉賀」的墓中，出土衣鏡上的《衣鏡賦》。

在道教晉朝「葛洪」的《枕中書》中，道號稱之爲「扶桑大帝」，《枕中書》稱他爲「元始天王」與「太元聖母」所生。

《枕中書》云：「昔二儀未分……已有盤古眞人，天地之精，自號元始天王……復經二劫，忽生太元玉女……仰吸天元，號曰太元聖母。元始君經一劫，乃一施太元母，生天皇十三頭，治三萬六千歲，書爲扶桑大帝東王公，號曰元陽父。」

在西漢「東方朔」所撰的《神異經》裡，《東荒經》篇和《中荒經》篇，有提到「東王公」的事蹟。

《東荒經》：「東荒山中有大石室，東王公居焉。長一丈，頭髮皓白，人形鳥面而虎尾，載一黑熊，左右顧望。恆與一玉女投壺，每投千二百矯，設有入不出者，天爲之噓；矯出而脫悟（誤）不接者，天爲之笑。」

《中荒經》：「崑崙之山，有銅柱焉，其高入天，所謂天柱也。圍三千里，周圍如削。下有石室，方百丈，仙人九府治之。上有大鳥，名曰希有，南向，張左翼覆東王公，右翼覆西王母。背上小處無羽，一萬九千里。西王母歲登翼，上之東王公也。」

東漢《吳越春秋》云：「越人立東郊以祭陽，名曰東皇公；立西郊以祭陰，名曰西王母。」

唐朝《墉城集仙錄》云：「在昔道氣凝寂，湛體無爲，將欲啟迪玄功，生化萬物，先以東華全眞之氣，化而生木公焉。木公生於碧海之上，蒼靈之墟，以主陽和之氣，理於東方，亦號曰王公焉。」

道教典籍《道藏．三洞經》記載：「東王父者，青陽之元氣也，萬神之先也。衣五色珠衣，冠三縫，一雲三縫之冠。上有太清雲曜五色，治於東方，下在蓬萊山。姓無爲，字君鮮，一雲君解。人亦有之，在頭上頂巔，左有王子喬，右有赤松子，治在左目中，戲在頭上。其精氣上爲日，名曰伏羲。」

道教典籍《道法會元》卷之二記載：「東華木公上相青童道君，陽炁自然之神，男仙之主，居方諸青宮童初之府，青天童華宮童都府。」

漢末「道教」興起，「東王公」和「西王母」同時被吸收進「道教」裡，並且爲他們創作出身，「葛洪」認爲「東王公」和「西王母」是「盤古」和「太元聖母」所生，但是有些「道經」卻認爲「東王公」是「先天東華之氣」的化生。

「道教」認爲，「東王公」與「西王母」共理「陰陽二氣」，是育養天地萬物的「兩儀神」。

在「漢代」民間裡，「東王公」與「西王母」相應。同時，受到秦漢時期的「登仙思想」，「東王公」與「西王母」一起做爲死後成仙世界的主神。

「東王公」和「西王母」被吸收入「道教」之後，「道教」繼承了「漢代」民間的觀念，認爲「東王公」主管一切「登仙得道」「男子」的「仙籍」；「西王母」掌管一切「登仙得道」「女子」的「仙籍」。並且認爲，「學道之人」升天時，要先拜「東王公」後，再謁「西王母」，才進入「三清」拜「太上老君、元始天尊、靈寶道君」，最後面見「天帝」。

在「宋代」，「全眞教」將「東王公」奉爲「全眞教」的祖師，「東王公」在「道教」的排名比「西王母」高。到了「明清」時期，「民間道教」則認爲「西王母」與「東王公」齊平。

(三)「先天太極界」的「神明」

(1)玉皇上帝：

「玉皇上帝」，尊稱「昊（ㄏㄠˋ）天金闕無上至尊自然妙有彌羅至眞玉皇赦罪錫福大天尊玄穹高上帝」，通稱「玉皇大天尊、玄穹高上帝」，簡稱「玉皇、玉帝」，俗稱「玉皇大帝、天公」，爲「道教」「先天太極界」的最高統治者。「玉皇上帝」源自中國自古以來信仰的「昊天上帝」，地位僅次於「三清」，爲「三清」所化生出的「先天尊神」，而在「先天太極界」統轄宇宙衆神。

「玉皇」這個名稱，比「太上老君」出現要晚一些。「魏晉」時期，有「玉皇道君」與「高上玉帝」兩位大神，但是到了「唐代」，「道教」的許多派系，把「玉皇上帝」視同爲「儒家」的「昊天上帝」，廣受尊奉爲主管天地之神。

到了「宋代」，「玉皇上帝」的信仰更盛，「宋眞宗」上「玉皇」聖號曰「太上開天執符御曆含眞體道玉皇大天帝」，「宋徽宗」又加上「昊天」字樣，爲「太上開天執符御歷含眞體道昊天玉皇上帝」，故簡稱「昊天玉皇上帝」。

關於「玉皇上帝」身世的由來，根據《高上玉皇本行集經》的記載，久遠以前，有個名爲「光嚴妙樂」的國家，國王名爲「淨德」，王后名爲「寶月光」。「淨德王」與「王后」年老無子，於是令「道士」舉行「祈禱儀式」，達半年之久。後來，「王后」夢見「太上道君」與「其他神仙」抱一個「嬰兒」賜予，夢醒後而有孕。懷胎一年，於丙午歲正月九日午時誕生於王宮。

「太子」生性仁慈聰敏、並且樂於布施，受到全國百姓的愛戴。繼承王位不久後，「太子」捨棄王位，去「普明香嚴山」中修道、施藥、講經，經過三千兩百劫，始證得「金仙」，號「清淨自然覺王如來」，又經過億劫，始證得「玉帝」。

「道教」認爲，「玉皇上帝」爲衆神之王，在「道教」神階中的地位極高。「道經」中，稱「玉皇上帝」居住在「昊天金闕彌羅天宮」，妙相莊嚴，法身無上，統御諸天，綜領萬聖，主宰宇宙，開化萬天，行天之道，布天之德，造化萬物，濟度群生，權衡三界，統御萬靈，無量度人，爲「天界至尊之神」，萬天帝王。簡而言之，「道教」認爲：「玉皇上帝」總管三界（天上、地下、空間），十方（四方、四維、上下），四生（胎生、卵生、濕生、化生），六道（天、人、魔、地獄、畜生、餓鬼）的一切陰陽禍福。

「道教」認爲，每年的臘月廿五，「玉皇上帝」要降臨下界，親自巡視察看各方情況。依據衆生道俗的善惡良莠，來賞善罰惡。這一日民間多設香案擺供品接「玉帝」。

正月初九爲「玉皇上帝」的聖誕，傳言天上地下的各路神仙，在這一天都要隆重慶賀。「玉皇上帝」在其誕辰日的下午，回鑾返回「天宮」，這時「道教宮觀」內，都要舉行隆重的慶賀科儀。

主祀「玉皇上帝」的廟宇，常稱爲「天公廟、天公壇、玉皇宮、玉皇觀、玉皇廟、玉皇殿、玉皇閣、淩霄寶殿等」，後四者亦常成爲寺廟中，崇祀「玉皇上帝」的處所名稱。

⑵四御：

「御」是對皇帝的敬稱，也有「治事」的意思。「四御」是指在「先天太極界」的尊神中，輔佐「玉皇上帝」的四位尊神，所以又稱「四輔」。「四御」是居於「三清」之下，位於萬神之上，主宰天地萬物的四位天神，他們是：「北極紫微大帝」、「南極長生大帝」、「勾陳上宮天皇大帝」、「承天效法后土皇地祇」。

「四御」的稱號，都是「宋眞宗」和「宋徽宗」時期所加。《道法會元》稱「三清」和「四御」爲「七寶」，爲統率天地萬神者。

「四御」是從「六御」簡化而來，「道教」最早尊奉的「三清」之下有「六御」，即統御萬天的「玉皇大帝」、統御萬神的「勾陳大帝」、統御萬星的「紫微大帝」、統御萬靈的「青華大帝（又稱太乙救苦天尊）」、統御萬類（雷）的「長生大帝」、統御萬地的「后土皇地祇」。

「六御」的說法，源於中國古代「六合」的觀念，所謂「六合」，是指宇宙的空間的上、下、四方（東、西、南、北）。南宋「劉用光」所撰的《無上黃籙大齋立成儀》中，對「六御」的排列順序爲：「玉清上帝、上清上帝、太清上帝」、「昊天至尊玉皇大帝」、勾陳上宮天皇大帝、中天紫微北極大帝、東極太乙救苦天尊（卽青華大帝）、南極長生大帝、后土皇地祇。前三尊爲「三清」，後六尊則構成了上（玉皇）、下（后土）、四方的「六合」佈局。「道教」稱之爲「昊天六御宸尊」，加上「三清」，合稱爲「九皇御號」。

後來，爲了符合「道經」「四輔（太清、太平、太玄、正一）」的分類，去掉了「玉皇大帝」和「青華大帝」，成爲今日的「四御」。卽：「中天紫微北極太皇大帝、南極長生大帝、勾陳上宮天皇大帝、后土皇地祇」。

下面簡介「四御」的來歷：

①北極紫微大帝：

「北極紫微大帝」的信仰，來自於中國古代的「星辰崇拜」，「北極」是「北極星」的簡稱，又稱爲「北辰、天樞」，位於「北極中天紫微宮」。「紫微大帝」的職責爲：執掌天經地緯、日月星辰，統率三界星神和山川諸神。「紫微大帝」能呼風喚雨，役使雷電鬼神。

②南極長生大帝：

「南極長生大帝」爲「元始天尊」元神的分身，「南極長生大帝」的職責爲：專制九霄三十六天，統領三十六天尊，協助「玉皇」執掌四時氣候，能呼風喚雨，役使雷電鬼神，亦控制萬物禍福生發之樞機，故號「都雷教主霹靂伽耶天尊」。上座掌神霄玉清府號「玉清眞王」，總攬三十二天八區，而號統「天元聖天尊」；於浩劫中能濟度群生，普化衆生，下化身「九天應元雷聲普化天尊」，爲「雷霆神部」之祖，同時位列「神霄九宸大帝」之首。

③勾陳上宮天皇大帝：

「勾陳上宮天皇大帝」與「北極紫微大帝」一樣，源白於中國古代對「星辰」的崇拜。「勾陳」是天上「紫微垣（ㄩㄢˊ）」中的星座名，呈現勾狀，靠近「北極星」，共六顆星組成。

「勾陳上宮天皇大帝」簡稱「勾陳大帝、天皇大帝」，職責是輔佐「玉皇」權衡南、北兩極和「天、地、人」三才，協助「中天北極」並主持人間「兵革權衡」之事。

④后土皇地祇：

又稱爲「后土娘娘」，「后土信仰」源自於中國古代對「土地」的崇拜。古代人們生活有賴於「土地」，故「親於地」，並且加以「美報、獻祭」，遂有「后土崇拜」，大約開始於「春秋時期」。「后土皇地祇」爲主宰「大地山川」之神，其職責是掌管「山岳土地」變化及「諸山神、地祇」和「三山五嶽大帝」等大神，並節制「劫運之事」。

⑶五老天君：

「五老天君」又稱爲「五方五老、五炁天尊」，由「元始天王」所化而來，分別爲「東方青帝青靈始老九炁天君」、「南方赤帝丹靈眞老三炁天君」、「中央黃帝玄靈黃老一炁天君」、「西方白帝皓靈皇老七炁天君」和「北方黑帝五靈玄老五炁天君」。他們比較低調，和「三官大帝」一樣，在「道教」的神仙信仰裡退居幕後。

「五老天君」亦稱「五帝」，是「中國民間信仰」和「道教」初期的「五方神靈」。「五老天君」是「三清」還沒有成爲主流之前，地位最高的五位神仙，本來是歷代帝王祭祀的對象，後來納入的神仙體系。

「道教」稱「五老天君」，在「天中」則稱爲「五老上帝」，在「天文」則稱爲「五帝座」及「五方五星」，在「神靈」則稱爲「五方五帝」，在「山嶽」則稱爲「五嶽聖帝」，在

「人身」則稱爲「五臟神君」。

「五老天君」與「元始天尊」一樣，非「後天」學而得眞者，爲天地開闢之前的「先天神靈」，所以又稱爲「元始五老、五行之始、五氣之祖」。在「道教」的神仙體系中，「五老天君」沒有具體的職司，但是地位崇尊。

(4)北極四聖：

「北極四聖」又稱爲「四聖眞君」，卽指「天蓬元帥眞君、天猷（ㄧㄡˊ）副元帥眞君、翊（ㄧˋ）聖保德眞君、靈應佑聖眞君」四位神將，是「北帝」的部下，又稱爲「北極四聖眞君、北方四元帥」。

「北帝」可以指「北極紫微大帝」，也可說是「北陰酆（ㄈㄥ）都大帝」。此二尊「北陰酆都大帝」爲「北極紫微大帝」與「幽冥」的化身，爲「幽冥酆都界」中的最高總領。「北帝」率領「北極四聖」衆部將帥及衆多陰兵，在「酆都羅山」鎭守，制約「幽冥」。

「道教」說，因爲衆生造作惡業，不修道德，至感妖魔邪鬼，枉害生人。「元始天尊」哀憫衆生，故大興慈悲，特遣九大延祥滌厄「四聖眞君」，下降世間，掃除邪鬼，救護群生，彰顯大道，「四聖眞君」永鎭「玉皇大帝」殿前。

「道教」將「四聖眞君」視作「護法神」來崇奉，開始於「隋唐」以後。「宋朝」的「神霄派」則將「四聖眞君」與「雷部」歸結爲道派的重要神眞之一。「宋朝」以後，「黑煞將軍」被「翊聖保德將軍」所取代，「北極帝星」的地位穩定，全賴「四大元帥」護衛，故「四大元帥」亦稱作是護佑天際的大神將軍，常在「玉皇上帝」或「紫微大帝」的廟宇作鎮殿都衛。

到了「明朝」時，則信仰「眞武大帝」，位格相當於「四御」之一的「紫微大帝」。在「明朝」，「眞武大帝」的信仰，已經遠遠超過「北極四聖」。

(5)天府四相：

「天府四相」是通明天宮「凌霄寶殿」輔佐「玉皇上帝」的四大宰相，分別爲：泰玄上相「張道陵（卽正一教主）」、玉淸上相「尹喜（卽樓觀教主）」、天樞使相「許遜（卽淨明教主）」、天機內相「陸通（卽接輿眞人）」。

「天府四相」簡介如下：

①泰玄上相「張道陵（卽正一教主）」：

「張道陵」，字「輔漢」，原名「陵」，正一盟威道創始人，「太上老君」授以「三天正法」，命爲「天師」，後世尊稱爲「老祖天師、正一眞人、三天扶教大法師、高明上帝、張天師」。著作《老子想爾注》，弟子有三千多人，設立「二十四治」，奠基「天師道」。

「張道陵、葛玄、許遜、薩守堅」合稱爲「四大天師」，「天師」之名，開始見於《莊子·徐無鬼》文曰：「黃帝再拜稽首稱天師而退。」原來是「尊敬之辭」，在「道教」變成一種「稱號」。開始用「天師」這個稱號，來稱呼「張道陵」，最早見於《晉書·郗超傳》。

②玉淸上相「尹喜（卽樓觀教主）」：

「尹喜」，字「文公」，號「文始先生、文始眞人、關尹」。是先秦「天下十豪」之一，

「周朝」的大夫、大將軍、哲學家、教育家，甘肅天水人，自幼究覽古籍，精通曆法，善觀天文，習占星之術，能知前古而見未來。

「尹喜」官至周代「大夫」，周敬王二十三年，天下將亂，辭去大夫官職，轉任「函谷關令」，在公元前一三〇一年遇見「老子」，得授《道德經》，後隨「老子」化胡「西域」。《莊子．天下》把他和「老子」並列，稱爲「古之博大眞人」。

③天樞使相「許遜（卽淨明教主）」：

「許遜」，字「敬之」，江西南昌縣（今屬江西）長定鄉益塘坡人，祖籍汝南（今河南許昌），其父「許肅」於「東漢」末年，率家避戰亂，遷居到「南昌」。吳赤烏二年（公元二三九年），「許遜」出生於南昌縣益塘坡（今麻丘鄉）。

「許遜」是「晉代」著名的「道士」，道教「淨明派」的祖師，尊稱「許天師」。「道教」尊爲「許眞君」，在「道教」流派中，與「張道陵、葛玄、薩守堅」共稱爲「四大天師」。晉太康元年（公元二八〇年）舉孝廉，出任「旌陽令」，後棄官東歸，於「西山」中修道煉丹，著書立說，創立「太上靈寶淨明法」，白日飛升。

④天機內相「陸通（卽接輿眞人）」：

「陸通」，字「接輿」，「春秋」時楚國人。《論語．微子》曰：「楚狂接輿歌而過孔子曰：『鳳兮鳳兮！何德之衰？往者不可諫，來者猶可追。已而，已而！今之從政者殆而！』孔子下，欲與之言。趨而辟之，不得與之言。」

翻譯成白話：「楚國」的狂人「接輿」唱著歌，從「孔子」車前走過，他唱道：「鳳鳥啊！鳳鳥啊！你的德行爲什麼衰退了呢？過去的事情已經不能挽回了，未來的事情還來得及呀！算了吧！算了吧！如今那些從政的人都危險啊？」「孔子」下車，想和他交談。「接輿」趕快走開了，「孔子」無法和他交談。

後來，「陸通」和妻子隱居在「四川」的「峨嵋山」，壽數百歲。「道書」說，後來遇見「太上老君（老子）」度化他，夫妻兩人皆成仙。「陸通」證位「眞人」，稱爲「天機內相」。

⑹三官大帝：

「三官大帝」是三位上古大神，卽「天官」、「地官」和「水官」，「三官大帝」分別有不同的神職：「天官賜福，地官赦罪，水官解厄」。在「道教」的「神仙體系」還未確認以前，「道教」和「民間」一直廣泛的信仰「三官大帝」。

簡介「三官大帝」如下：

①「天官」：居「紫微宮」，爲「上元賜福天官堯帝」，上元九炁賜福天官，生日爲正月十五日「上元節」。「天官」爲「玄都元陽一品」，稱爲「曜靈元陽大帝」，「紫微帝君」主宰衆生善惡之籍，致諸仙升降之司。

②「地官」：居「北都宮」，爲「中元赦罪地官舜帝」，中元七炁赦罪地官，生日爲七月十五日中元節。「地官」爲「青靈洞陽二品」，稱爲「洞靈清虛大帝」，青靈帝君主宰三界十方

九地，掌理八極四維五嶽，考衆生高福之機，核男女善惡之籍。

③「水官」：居「青華宮」，爲「下元解厄水官禹帝」，下元五炁解厄水官，生日爲十月十五日下元節。「水官」爲「暘谷洞元三品」，稱爲「金靈洞陰大帝」，「暘谷帝君」主管江河淮海水域萬靈，掌死魂鬼神之籍錄，衆生功過之條，超拔幽冥之苦。

這裡簡介一下「三元（上元、中元、下元）」的意思。

「三元」爲中國的傳統節日，一般的解釋，「元」是「農曆十五」的意思，「三元」是「上元節、中元節、下元節」的合稱，分別是：上元（元宵節，農曆正月十五日）、中元（中元節，農曆七月十五日，俗稱「七月半」或「鬼月」）、下元（農曆十月十五日）。

早期「道教」的「太平道」，尚無「三元」之說。大約在「北周」末年成書的「道教」類書《無上祕要》中，「三元」一詞才見著錄。該書卷二十七《上清神符品》引《洞眞三元玉檢布經》稱，受佩「三元玄壇玉檢紫文」之人，佩身九年，就有可能「乘三元之軿上升三元之官。」。該經收入《道藏》洞玄部本文類，全稱《上清三元玉檢三元布經》。

到了「南北朝」時期，「道教」開始將「三官」和「三元」聯繫在一起。《道藏》的《太上洞玄靈寶三元玉京玄都大獻經》，收入「洞玄部本文類」。該經有題解和註釋「三元」，作者不詳，注稱：「三元者，元，本也。但以上三官爲萬物之行本，故曰三元。」，題解稱：「一切衆生，生死命籍，善惡簿錄，普皆系在三元九府，天、地、水三官考校功過，毫分無失。所言三元者，正月十五日爲上元，卽天官檢勾；七月十五日爲中元，卽地官檢勾；十月十五日爲下元，卽水官檢勾。

一切衆生皆是天地水三官之所統攝。」」。

(7)東極青華大帝：

「東極青華大帝」，又稱爲「太乙救苦天尊、尋聲救苦天尊、青玄九陽上帝」等，通稱「太乙救苦天尊」。「太乙救苦天尊」與「南極長生大帝」同爲「玉皇上帝」的左右侍者。民間文學神話裡的「太乙眞人」的原型，就是「太乙救苦天尊」。

「太乙救苦天尊」居住在「青華長樂界」的「妙嚴宮」，可引渡「受苦亡魂」往生。對於積德行善、曉道明玄而功德圓滿之人，「太乙救苦天尊」會乘「九獅之仙馭」，散百寶之祥光，接引其登天成仙。

人們在危難之時，只要唸誦「太乙救苦天尊」的聖號，「太乙救苦天尊」卽尋聲救苦，前往解救。誦唸「太乙救苦天尊」的聖號，可解憂排難，化兇爲吉，功行圓滿，白日昇天。他大慈大悲，尋聲救苦救難，每月的三日和九日降臨人間，普救衆生。

「太乙救苦天尊」在「道教」中具有崇高的地位，在信徒中有極爲深厚的信仰基礎。尤其在「道教」的「度亡齋醮科儀」上，「法師」不論使用何種科儀，無一不請「太乙救苦天尊」加持。這是由於「太乙救苦天尊」久遠的大願力，發起慈悲心度一切不幸墮入「地獄」的「亡魂」所致。

「太乙救苦天尊」統領「青玄左府」的一切「眞仙」，掌握三界救苦之事（仙界長生、人間救苦、冥界度亡）。不但能普度「亡者」，亦能救護「生者」，恩澤衆生。爲了普度衆生，他有很多的化身。

「太乙救苦天尊」最著名的是化身爲「十方救苦天尊」，分別是：「東方玉寶皇上天尊、南方玄眞萬福天尊、西方太妙至極天尊、北方玄上玉宸天尊、東南方好生度命天尊、東北方度仙上聖天尊、西南方太靈虛皇天尊、西北方無量太華天尊、上方玉虛明皇天尊、下方眞皇洞神天尊」。

⑻普化天尊：

「普化天尊」的全名是「九天應元雷聲普化天尊」，是「中國民間」和「道教」尊奉的神仙，爲「南極長生大帝」的化身。作爲「雷部」的最高天神，掌管「雷神組織」，總部爲「神霄玉清府」，下設三省九司、三十六內院中司、東西華台、玄館妙閣、四府六院及諸各司，各分曹局。「九天雷公將軍、八方雲雷將軍、五方蠻雷使者、雷部總兵使者」都是「普化天尊」的手下，諸司中有三十六名「雷公」，代天打雷，都聽「普化天尊」的號令。

「普化天尊」主生殺枯榮、善惡賞罰、行雲布雨、斬妖伏魔、號令雷霆。上照天心大道，下濟幽冥群苦。

《道法會元》卷八二《雷霆三師心錄》云：「黃帝本爲雷神之子，母曰附寶，感電光繞鬥樞而生。軒轅爲紫微煙都帝君，此又主判雷霆之祖帝也。」將「黃帝」認爲是雷霆之祖帝，爲日後「雷法」的「召神遣將」，提供了理論上的支持。

在民間社會，民衆往往將傳說中的「黃帝」稱爲「九天應元雷聲普化天尊」。「道士」凡是要施「雷法道術」，都必須經過「神霄玉清府」，修習「雷法」者，必須供奉「雷祖」。

古人對「雷公、雷神」的崇拜，早已有之。但是，在神系中設置「雷部」，並由「九天應元雷聲普化天尊」主其事，應當是「北宋」末年的事情。「北宋」時期，「道教」的「神霄、淸微」諸派，崇尙施行「雷法」，於是「雷之功能」不僅在於施雨，而且擴大到了主宰天之禍福，持物之權衡，掌物掌人，司生司殺。

《九天應元雷聲普化天尊玉樞寶經》就說，要對「不忠君王，不孝父母，不敬師長者，卽付五雷斬勘之司，先斬其神，後勘其形，以致勘形震屍，使之崩裂。」

(9)五嶽大帝：

「五嶽大帝」是古代中國傳說中的「山神」，「道教」將「五嶽」納入「神仙體系」，並且將他們神格化爲五位帝君，分別是「東嶽泰山大帝、南嶽衡山大帝、西嶽華山大帝、北嶽恆山大帝和中嶽嵩山大帝」。

「五嶽大帝」的職責各自如下：

①東嶽泰山，天齊仁聖大帝：職責：掌人間賞罰、貴賤、冥司主事。
②南嶽衡山，司天昭聖大帝：職責：掌江河、湖海、走獸。
③中嶽嵩山，中天崇聖大帝：職責：掌土地、山川、林木。
④西嶽華山，金天願聖大帝：職責：掌五金、冶鑄，羽禽飛鳥之事。
⑤北嶽恆山，安天玄聖大帝：職責：掌星辰分野。

值得一提的是，「中國民間」祭祀「泰山神」，認爲「泰山」是人死後，「靈魂」的歸宿地，「泰山神」則是陰間鬼魂的最高主宰。

⑽玄天上帝：

「玄天上帝」，本稱「玄武大帝」，「宋真宗」大中祥符五年（公元一〇一二年），爲避諱宋聖祖「趙玄朗」之名，而改稱爲「眞武」，全稱「北極鎭天眞武玄天上帝玉虛師相金闕化身蕩魔永鎭終劫濟苦天尊」，通稱「北極玄天上帝」，常被簡稱爲「玄帝、北帝、黑帝、眞武大帝」。

「玄天上帝」又有「玄武神、眞武神、元武神、玄武大帝、元天上帝、開天大帝、北極大帝、北極佑聖眞君、北極蕩魔天尊、北極玄武」等稱呼；俗稱「上帝公、上帝爺公、上帝爺、帝爺、帝爺公」等。

「玄天上帝」是「紫微大帝」座下的「四聖眞君（眞武將軍、天蓬元帥、黑煞將軍、天猷副元帥）」之一，其象徵「二十八星宿」中的「北宮玄武」，爲統理「北方」的「道教」大神。「北方」在五行之中屬水，能統領所有水族與水上事物（故兼任海神），又因爲「北方」在五色中屬於「黑色」，又稱爲「黑水帝」。

「玄天上帝」亦是「明朝」的「鎭邦護國之神、降妖伏魔之神、戰神」，「明朝」官府建了許多「玄天上帝廟」，並由官方祭祀。「玄天上帝」據說擁有消災解困，治水禦火，護持武運及延年益壽的神力，故頗受擁戴。

在「台灣民間」，有三個有關「玄天上帝」的著名傳說。

第一個「台灣民間傳說」，傳說「朱元璋」與「陳友諒」交戰落敗，逃入「武當山」，藏身在一間「破廟」內躲避追兵。「朱元璋」在逃入「破廟」之前，門口被一張「大蜘蛛網」給擋住了

「朱元璋」眼看情勢危急，後有追兵，便扯破「大蜘蛛網」，躲入「破廟」內，躲了一夜。

第二天，敵兵找到了這間「破廟」，有人便要進入「破廟」內搜查，結果被「朱元璋」扯破的「大蜘蛛網」，在他進入「破廟」藏身後，竟然又被「蜘蛛」修復如舊，得以騙過追兵的眼睛，平安脫險，而這間「破廟」，就是「眞武廟」。因此，「朱元璋」登基後，立即下旨重修「眞武廟」，重塑神像，獻上「北極殿」的匾額，封「眞武大帝」爲「玄天上帝」，從此「明朝」各個皇帝都奉「玄天上帝」爲護國神祇，民間則尊稱爲「北極玄天上帝」。

第二個「台灣民間傳說」是「借劍傳說」，話說「玄天上帝」爲了收服「龜蛇二妖」，向「呂純陽祖師」借用「七星劍」。但是，收伏「龜蛇二妖」之後，「玄天上帝」卻沒有返還「七星劍」。「呂純陽祖師」說，「七星劍」會自動飛回他的劍鞘內，所以「玄天上帝」日夜以手提此劍，以免「七星劍」飛歸原主。

「玄天上帝」又稱爲「玄武大帝」，所謂「玄武」，最初原本指的是「龜」，因爲「北方七宿」排列的形狀，就像一隻「龜」，所以「北方七宿」就稱爲「玄武」。到了「漢代」，出現「螣蛇（ㄊㄥˊ，古代傳說中一種能飛的蛇）」纏繞「玄武大帝」的圖騰，說「玄武七宿」之下，另有「螣蛇星」，但是其實「螣蛇星」只是「玄武七宿」中的一個「星官」而已。不過「螣蛇纏繞玄武大帝」的印象卻已經深植人心。

「玄武七宿」的人格化，在「春秋時代」已經開始形成。不可諱言，「玄天上帝」在「唐朝」第一次被正式冊封爲「玄武大帝」，顯然祂最初是由「玄武七宿」人格化而來。而「龜蛇」的傳說，到了「唐朝」，已經「龜蛇合體」成爲「龜蛇二妖」。「玄天上帝」一足「踏龜」，一足「踏蛇」的形像，都是標誌著「螣蛇纏繞玄武大帝」的圖騰象徵，而這又形成了第三個「台灣民間傳說」。

第三個「台灣民間傳說」是「屠夫剖腹」，而這個傳說，源自於「清朝」閩南地區「施鴻保」所撰寫的《閩雜記》。該書稱「玄天上帝」爲福建泉州人士，因爲母親喜食豬肉，而成爲「屠夫」，經常殺生。後來，深感罪過而在河邊剖腹，清洗自己的「內臟」和「腸子」，以示懺悔，結果「屠夫」升天成神。而留下來的「內臟」和「腸子」，就幻化成「龜蛇二妖」，在人間作亂，才有後來「玄天上帝」收服「龜蛇二妖」，變成「龜蛇二將」的故事。

⑾五文昌：

「五文昌」，又稱爲「五文昌夫子、五文昌帝君」，是「道教」奉祀的五位神明，即「文昌帝君、魁星星君、朱衣神君、純陽帝君、文衡帝君」。相傳此五神皆有「護持文運」的職能，而成爲「士人學子」敬奉的對象，故合稱爲「五文昌」。

「五文昌」簡介如下：

①文昌帝君：全稱「文昌梓潼帝君」，簡稱「梓潼帝君、文昌君」。據傳是「晉朝」的殉國將領「張育」，原本是四川「梓潼地區」的「鄉土神」，後來被認爲是保護文運與考試的神祇。中國有「北孔子、南文昌」之說，可見南方「文昌帝君」信仰的盛行。

②魁星星君：又稱爲「大魁夫子、大魁星君、魁斗星君、大魁星君」等，因爲「魁星」有「屈

曲相鈞，似文字之書。」的說法，所以被「道教」認爲是主宰「文運（文學的氣運）」之神，凡是參加考試者，無不尊敬。後人對「魁星」的塑像，右腳踩「鰲頭」，象徵「中第（專指科舉考試及格）」，左腳踢「星斗」，手握筆。「鰲頭」是指皇宮大殿的石階，刻有「鰲頭像」，考中「狀元」的人，才可以踏上。在「唐宋時期」，「翰林學士」等官，承旨朝見皇帝時，立于刻有「巨鰲」的「殿陛石」正中，因此稱入「翰林院」爲「上鰲頭」。

③朱衣神君：又稱爲「朱衣夫子、文選帝君」，相傳此神穿著紅衣，能細辨文章的優劣。「宋朝」名儒「歐陽修」曾經看見「朱衣神」顯靈，感嘆：「文章自古無憑據，惟願朱衣暗點頭。」。有些廟宇將「朱衣夫子」的神位，改爲「朱熹夫子」的神位，應是誤傳，因爲「歐陽修」的年代早於「朱熹」。但是，「明清」以「程朱理學」取士，祭祀「程朱理學」大儒「朱熹」，也是相當合理。

④純陽帝君：又稱爲「文尼帝君、孚佑帝君」，即「呂洞賓眞人」。「呂洞賓」出身士人，後來修道飛升。傳說「呂洞賓」時常護佑應考的士子，以「黃粱夢」點醒趕赴科舉的「盧生」，故向「呂洞賓」祈求之後，許多人會在廟中或神像旁睡覺，期待「呂洞賓」示夢於人。

⑤文衡帝君：又稱爲「關聖帝君、文衡聖帝、關公」，「三國時代」的知名將領，喜愛讀《左氏春秋》，以其忠義參天，受到儒家學子的信奉。在民間信仰中，「關聖帝君」是專管文學的神靈，「朱衣神君」的轉世化身。如民間流傳的《桃園明聖經》云：「吾（關聖帝君）乃

紫微宮裡朱衣神，協管文昌武曲星。」故被尊爲「五文昌」之一。

⑿五斗星君：

即「北斗星君、南鬥星君、東鬥星君、西鬥星君、中鬥星君」的合稱。「道經」稱「北斗落死，南斗上生，東斗主冥，西斗記名，中斗大魁，總監衆靈。」世人如果「禮斗朝眞」，便可消災解厄，增福延年。「五斗」屬於「紫微垣」，是東、南、西、北、中五方的斗宿星，以「北斗」爲主，「南斗」次之，再次爲「東斗、西斗、中斗」。

「五斗星君」的簡介如下：

①北斗星君：主掌解厄延生，「北斗」有七位星君，分別是「第一天樞陽明貪狼星君，第二天璇陰精巨門星君，第三天璣眞人祿存星君，第四天權玄明文曲星君，第五玉衡丹元廉貞星君，第六闓陽北極武曲星君，第七瑤光天衛破軍星君」。

②南斗星君：主掌延壽度人，「南斗」有六位星君，分別是「第一天府星，爲司命星君；第二天梁星，爲司祿星君；第三天機星，爲延壽星君；第四天同星，爲益算星君；第五天相星，爲度厄星君；第六七殺星，爲上生星君」，總稱「六司星君」。

③東斗星君：主掌紀算保命，「東斗」有五位星君，分別是「第一蒼靈延生星君，第二陵延護命星君，第三開天集福星君，第四大明和陽星君，第五尾極總監星君」。

④西斗星君：主掌紀名護身，「西斗」有四位星君，分別是「一宮白標星君，二府高元星君。三典皇靈星君。四將巨威星君」。

⑤中斗星君：主掌保命，「中斗」有三位星君，分別是「第一赫靈度世星君，第二斡化上聖星君，第三沖和至德星君」。

⒀四靈星君：

即「青龍、白虎、朱雀、玄武」的合稱，而統領「二十八宿星」。「四靈星君」源於中國古代的「星宿信仰」，「四靈」，是古人把每一方位的「七宿星」聯繫起來，而成爲四種「靈獸」的形象。

因爲古人對「天象」有「東方蒼龍、西方白虎、南方朱雀、北方玄武」之說。古人將其「形象」與「陰陽五行」的五方五色，相配運用於「軍容軍列」，成爲行軍打仗的「保護神」，如《禮記．曲禮上》云：「行，前朱雀而後玄武，左青龍而右白虎，招搖在上。」

「道教」借用此說，將「青龍、白虎、朱雀、玄武」作爲「護衛神將」，以壯威儀。《抱朴子．雜應》引《仙經》云：「左有十二青龍，右有二十六白虎，前有二十四朱雀，後有七十二玄武。」後來，「四靈星君」被人格化，其聖號，據《北極七元紫延祕訣》云：「『青龍星君』號爲『孟章神君』；『白虎星君』號爲『監兵神君』；『朱雀星君』號爲『陵光神君』；『玄武星君』號爲『執明神君』。」。

「四靈星君」和「二十八宿星君」的簡述如下：

①青龍（東）：角、亢、氐、房、心、尾、箕。

②玄武（北）：鬥、牛、女、虛、危、室、壁。

③白虎（西）：奎、婁、胃、昴、畢、觜、參。

④朱雀（南）：井、鬼、柳、星、張、翼、軫。

「四靈星君」和「二十八宿星君」的簡介如下：

①青龍星君：東方七宿，以「東方」屬「木」色「青」，宿座有如「龍形」，故以「青龍星君」統領「角宿天門星君、亢宿天庭星君、氐宿天府星君、房宿天駟星君、心宿天王星君、尾宿天雞星君、箕宿天律星君」等「七星君」。

②玄武星君：北方七宿，以「北方」屬「水」色「黑」，宿座有如「龜蛇」相纏，所以由「玄武星君」統領「斗宿天廟星君、牛宿天機星君、女宿天女星君、虛宿天卿星君、危宿天錢星君、室宿天廩星君、壁宿天市星君」等「七星君」。

③白虎星君：西方七宿，以「西方」屬「金」色「白」，宿座有如「虎形」，故以「白虎星君」統領「奎宿天將星君、婁宿天獄星君、胃宿天倉星君、昴宿天目星君、畢宿天耳星君、觜宿天屏星君、參宿天水星君」等「七星君」。

④朱雀星君：南方七宿，以「南方」屬「火」色「赤」，宿形有如「鳳鳥形」，故以「朱雀星君」統領「井宿天井星君、鬼宿天匱星君、柳宿天廚星君、星宿天庫星君、張宿天秤星君、翼宿天都星君、軫宿天街星君」等「七星君」。

⒁太歲星君：

「歲」是「天皇氏時代」創制的「紀元歲星」，後也發展成為民間信仰的神靈。「太歲」以

「六十甲子」的「干支紀年法」，做爲運轉的週期，共計六十位「歲神」，每年有一位「歲神」當值，在當年當值的「太歲」，謂之「值年太歲」，是一歲之主宰，掌管當年人間的吉凶禍福。

在中國的民間信仰，每年都有「衝犯太歲」的「生肖」，如屬該「生肖」者，需要祭祀「太歲神」一年，以求「太歲神」保佑自己，消災免禍。

「太歲」也是「道教」信仰中，「太歲神」的簡稱，是「道教」值年神靈之一，一年一換，當年輪值的「太歲神」叫做「值年太歲」。「太歲神」在所有神中，影響力最大，素有「年中天子」之稱，掌管人世間一年的吉凶禍福。

「太歲信仰」源於古代中國民間的「天體崇拜」，與「歲星（木星）」有一定的關係。古人觀測天象，認爲「歲星（木星）」十二年運行一周天，便將「黃道」分爲十二等分。「戰國」以後，爲了計時方便，於是虛設「太歲」爲左旋，而與「歲星（右旋）」運行的實際方向相反，並以每年「太歲」所在的部分來計年。

大約自「秦、漢」時起，人們則把「太歲」所在方位視爲「兇方」，無論是誰，都不敢與「太歲」所在的「兇方」相對立，如建屋造房，或遷徙、婚嫁等，否則就算是在「太歲頭上動土」，將可能招致禍殃。後人又將「太歲」人格化，「元、明」以後，由國家列入祀典，依歲時奉祀，祈禱「太歲星君」輔國安民。

按照「道教經典」的記載，「太歲星君」美六十年輪臨人間當值，由「斗姥元君」統率，審查人間善惡，司「本命」禍福。每個人都由自己的「太歲星君」護守「本命」。

「太歲星君」由「斗姥元君」統御，共計有六十位，姓名如下：

甲子太歲（金辦將軍）、乙丑太歲（陳材將軍）、丙寅太歲（耿章將軍）、
丁卯太歲（沈興將軍）、戊辰太歲（趙達將軍）、己巳太歲（郭燦將軍）、
庚午太歲（王清將軍）、辛未太歲（李素將軍）、壬申太歲（劉旺將軍）、
癸酉太歲（康志將軍）、甲戌太歲（施廣將軍）、乙亥太歲（任保將軍）、
丙子太歲（郭嘉將軍）、丁丑太歲（汪文將軍）、戊寅太歲（曾光將軍）、
己卯太歲（龍仲將軍）、庚辰太歲（董德將軍）、辛巳太歲（鄭但將軍）、
壬午太歲（陸明將軍）、癸未太歲（魏仁將軍）、甲申太歲（方傑將軍）、
乙酉太歲（蔣崇將軍）、丙戌太歲（白敏將軍）、丁亥太歲（封濟將軍）、
戊子太歲（鄒鏜將軍）、己丑太歲（潘佐將軍）、庚寅太歲（鄔桓將軍）、
辛卯太歲（範寧將軍）、壬辰太歲（彭泰將軍）、癸巳太歲（徐華將軍）、
甲午太歲（章詞將軍）、乙未太歲（楊仙將軍）、丙申太歲（管仲將軍）、
丁酉太歲（唐傑將軍）、戊戌太歲（姜武將軍）、己亥太歲（謝燾將軍）、
庚子太歲（虞起將軍）、辛丑太歲（楊信將軍）、壬寅太歲（賢諤將軍）、
癸卯太歲（皮時將軍）、甲辰太歲（李誠將軍）、乙巳太歲（吳遂將軍）、
丙午太歲（文哲將軍）、丁未太歲（繆丙將軍）、戊申太歲（徐浩將軍）、
己酉太歲（程寶將軍）、庚戌太歲（倪祕將軍）、辛亥太歲（葉堅將軍）、

壬子太歲（丘德將軍）、癸丑太歲（朱得將軍）、甲寅太歲（張朝將軍）、乙卯太歲（萬清將軍）、丙辰太歲（辛亞將軍）、丁巳太歲（楊彥將軍）、戊午太歲（黎卿將軍）、己未太歲（傅黨將軍）、庚申太歲（毛梓將軍）、辛酉太歲（石政將軍）、壬戌太歲（洪充將軍）、癸亥太歲（虞程將軍）。

⒂太陽星君：

又稱爲「太陽公、太陽神、日神」，是「中國民間信仰」和「道教」尊奉的「太陽神」，主掌「太陽」。「道教」尊稱「日宮炎光太陽星君」，又稱爲「大明之神」，俗稱「太陽帝君、太陽公」。

「太陽」爲衆陽之宗，記歲時之準，昔有「朱明、大明、陽烏、金烏、金輪」等別稱。

⒃太陰星君：

俗稱「太陰娘娘、月姑」等，全稱爲「上清月府黃華素曜元精聖後太陰皇君、月宮黃華素曜元精聖後太陰元君、太陰元君孝道明王靈寶淨明黃素天尊」。

在台灣，「太陽星君」常與「太陰星君」作爲「玉皇上帝」的「配祀神」，民間則往往認爲「太陰星君」即是「嫦娥」。

（四）「後天現世界」的「神明」

由於「先天太極界」的「神明」，實在太多，篇幅有限，無法一一簡介，所以只挑選大家在宮廟裡，常見到的二十尊神明來做介紹。

⑴張府天師：

「張天師」是「道教」的「正一道」龍虎宗各代傳人的稱謂。「正一道（即天師道）」由「張道陵」創立，後世稱他為「祖天師」，其子「張衡」為「嗣師」，其孫「張魯」為「系師」，人稱曰「三師」。其傳人為其「子孫世襲」，後人皆稱「世襲者」為「天師」，因為是「張姓」，故「世襲者」都被稱為「張天師」。從元世祖「忽必烈」開始，官方上正式承認「天師」的稱號。

此前的「天師」稱號，則一直是「張道陵」子孫自稱，以及民間的稱呼，從未被官方正式承認過。從「元朝」開始，「張天師」開始總領「江南道教」，並在「元朝」中後期，各種「符籙道派」，都集合在周圍，形成「正一道」。

⑵天醫眞人：

是中國民間信奉的「醫神」，是「唐朝」的「孫思邈」，著名的醫藥學家、道家人物，被稱為「天醫妙應眞人」。傳說「孫思邈」退隱「太白山」的時候，曾經救治一隻「青蛙」，這隻「青蛙」是「龍子」所變化，「龍王」為感謝「孫思邈」，於是召請到「龍宮」，受到禮遇，並且贈送「孫思邈」「龍宮藥方」三十種。

又在隱居「終南山」的時候，曾經救治一隻「老虎」，從虎喉中取出「金差釵」，因為這隻「老虎」吃了一個「女人」，喉嚨被「女人」頭上的「金差釵」卡住。

⑶虎將軍（虎爺）：

是「虎神」，是中國民間信仰的一種神祇，最早是「土地公」或「城隍爺」的座騎，後來演變成「諸神明的座騎」，並有守護村莊、城市與廟境之功能。許多「神明」的座騎野是「老虎」，但是與此處的「虎將軍（虎爺）」不同，時常遭到混淆。其他的「虎神」傳說，如：「張道陵天師騎虎入山」、「保生大帝醫治虎喉」、「玄壇眞君座騎亦爲虎」等。

一般宮廟大多將「虎將軍（虎爺）」供奉於神桌底下，以雞蛋及簡單的肉類加以奉祀。唯獨「新港奉天宮」將「虎將軍（虎爺）」奉於神桌之上。而「新港奉天宮」的「虎爺」，相傳甚爲靈驗，許多廟宇的「虎將軍（虎爺）」，都是由「新港奉天宮」分靈所得。

(4)司命灶君：

又稱爲「灶君、灶神、灶王爺、灶神星君」，在中國古代，差不多家家戶戶的「灶間」，都設有「灶王爺」神位，人們稱這位尊神爲「司命灶君」，傳說他是「玉皇大帝」封的「九天東廚司命灶王府君」，負責管理各家的灶火，因而受到崇拜。

「灶神」之所以受人敬重，除了因掌管人們飲食，賜於生活上的便利外，「灶神」的職責，是「玉皇大帝」派遣到人間考察一家善惡之職的官。十二月廿四日就是「灶神」離開人間，上天向「玉皇大帝」稟報一家人這一年來所作所爲的日子，又稱爲「辭灶」，所以家家戶戶都要「送灶神」。正月初四再把「灶神」接回來，此之謂「接灶」或「接神」。

(5)王靈天君：

又稱爲「王靈官」，是「道教」的護法「三十六天君」之首，赤臉髯鬚，身披金甲紅袍，三目怒識，腳踏風火輪，右手執鞭，左掌結手訣，神態極其威武勇猛，爲「道教」的護法神將。「道經」稱：「火車靈官王元帥、豁落靈官王天君、玉樞火府天將王靈官、隆恩眞君。」「王靈官」常奉祀於山門之中，鎮守道觀。

「王靈官」原是「玉樞火神」，降化凡間成爲山靈精烋的「湘陰廟神」，鐵面朱髮，當時並無姓名，其間三十代天師「虛靖眞人」的弟子「西河薩眞人」，眼見其廟祀血食太甚，有傷天和，就用「飛符之法」燒了那廟，而將「王靈官」燒成了「火眼金睛」。

「王靈官」無故被焚，心中憤恨不平，乃上奏天庭，「玉帝」就賜予「慧眼」和「金鞭」，並准其跟隨「西河薩眞人」，察其犯有過錯時，就可以報仇。經過了十二年以「慧眼」觀察，見「西河薩眞人」無過可尋，一直跟到福建省，才拜「西河薩眞人」爲師，誓佐行持，「西河薩眞人」劈乾坤爲「王」字，做爲「王靈官」的姓，奏達天庭，賜金印，錄爲「雷部三五火車雷公」，又稱「豁落靈官」，遂爲道教護法監壇的首神。

⑹天上聖母：

中國古代神話中的「海神」，又稱爲「媽祖、天妃、天后、娘媽」等等，是中國歷代船工、海員、旅客、商人和漁民共同信奉的神祇。「媽祖」原名「林默」，福建省興化軍莆田縣（今福建莆田）人，排行家中老么，民間傳說「媽祖」出生時不啼哭，因而取名爲「默」。文獻記爲「默娘」，而「娘」字爲舊時對單名女子的通稱，故「媽祖」的原名是「林默」，暱稱爲「默娘」。

「媽祖」自幼有異能，聰慧過人、沉默寡言，是當地知名的「仙姑」。相傳「媽祖」兼修「佛教」和「道教」，童年卽茹素，時爲「禪宗」和「蓮宗」的信徒，五歲就能持誦《普門品》，並夢見「觀世音菩薩」拿「優缽羅花（青蓮花）」給她，十歲時開始研究「道教」，十三歲時受「玄通眞人」教示，學會了「道教」的「玄微密法」。

「媽祖」少年時研讀《金剛經》，後來拜「大悲庵淨光上人」爲「阿闍黎（上師）」，教以「大乘、密教」，授以「三昧耶戒」，在「大悲庵」學習過「密教」的「穢跡金剛咒語」、「綠度母眞言」。

「媽祖」十六歲時，與朋友們以井爲鏡，井中有一威武「金甲大神」手執一對「銅符」，緩緩昇上，其他人紛紛逃遁，「媽祖」鎭定跪拜，神人將手中「銅符」交予「媽祖」，駕雲而去，「媽祖」得此「銅符」，從此法力更高，騰雲駕霧，呼風喚雨，廿八歲仙遊上界。

「媽祖」羽化成仙之後，傳言她常以一位「穿紅衣的長髮素顏美女形象」在海浪風湧時顯靈，能使颱風轉向，保祐船隻平安航行，沿海船員與漁民對她的崇拜，逐漸形成信仰，乃至於「越南」與「朝鮮半島」的水手，皆尊其爲「護國庇民」的「海洋女神」，而閩南一帶的「臨濟宗禪師」，視之如「慈航觀音」之化身，時常傳播其信仰。

「清朝」康熙十九年（公元一六八〇年），「媽祖」被賜封「護國庇民妙靈昭應弘仁普濟天妃聖母」，康熙二十三年（公元一六八四年）又被賜封爲「護國庇民妙應昭應普濟天后」，「天上聖母」和「天后」從此便成了「媽祖」的聖稱。

(7)月老：

全稱「月下老人」，尊稱爲「月老公、月老爺、月老星君、月老神君」等，是「道教」的神祇之一，爲掌管「男女姻緣」之神。形象常被塑造成白鬍長鬚，臉泛紅光的慈祥老者；左手持著《姻緣簿》，右手拄著拐杖。

「月下老人」的典故，出自於唐朝「李復言」所撰的《續幽怪錄．定婚店》。

唐朝元和二年，杜陵有個叫「韋固」的書生，去「清河」訪友，途中借宿在「宋州」宋城縣南店客棧。

有一夜遇到一位鬚髮銀白的「老翁」，坐在台階上，倚著「布袋」對月翻書。「韋固」悄悄過去窺看，卻一字不識，便對「老翁」說：「小生熟讀經書，怎麼一字不識？」

「老翁」笑笑說：「此非人間凡書，你如何識得？上面所載，是天下男女匹配的婚牘。」

「韋固」半信半疑，又問布袋裏裝的什麼東西。

「老翁」說：「是爲紅線，用來繫夫妻兩人的腳，一男一女降生時，就已經拴住了，以後即使仇敵之家、貧富懸殊、醜美不等、相隔萬里，也必成夫妻。」

「韋固」益發驚奇，再問：「小生的妻子應是哪位千金？」

「老翁」翻了翻書說：「宋城南店北面賣菜陳婆的女兒，今年才三歲，十六歲時與你結爲連理。」

「韋固」暗想，她十六歲時，我已過而立之年了，哪有差這麼多歲的？於是問老翁說：「可否得見未來的娘子？」

「老翁」領著他進入一個菜市場，看到有個瞎了一隻眼的婦人，抱著一個「小女孩」蹣跚而來。

「老翁」指著「小女孩」說：「這就是你的娘子。」

「韋固」生氣地說：「若我知書達理之人，豈能娶鄉野老婆子家的粗俗女兒，不如殺了她吧。」

「老翁」哈哈大笑說：「已是赤繩繫足的了，豈可逆轉？」言畢飄然而去。

「韋固」哪裏肯信？令「僕人」殺了「小女孩」，「僕人」膽小，只刺傷了「小女孩」的眉間，就拔腿逃之夭夭。

以後年復一年，雖然有「好事之人」為「韋固」提親說媒，卻都未成功。轉眼十多年過去了，「韋固」家未成而業已有，在相州刺史「王泰」的手下，當了「參軍官」。

「王泰」欣賞他才學過人，將「女兒」許配給了他，擇定黃道吉日拜堂成親。新娘「王氏」年方二八，美若「瑤池仙子」下凡來，「韋固」非常滿意，夫妻相敬如賓。

可是，那新娘眉目間總貼著一朵「彩色紙花」，晚上睡覺時也不取下，沐浴後還要重新貼上。「韋固」忍不住詢問原由。「妻子」回答說，小時候被歹徒刺傷，貼「紙花」以掩飾傷疤。

「韋固」暗暗吃驚，再問「妻子」身世，「王氏」如實道來。「王氏」襁褓中時父母雙亡，跟著靠賣菜為生的奶媽「陳氏」艱難生活。後來「陳婆」打聽得她的叔叔「王泰」當了「刺史」，便送與「王泰」收養。「王泰」當作親生女兒一般對待，撫養至十六歲時，把她嫁給「韋固」。

聽完「妻子」的敍說，「韋固」大爲詫異，想起了當年在「龍興寺」前遇見「老翁」對月翻書一事，認定這「月下老人」正是主管「人間婚姻」的「媒神」，逢人便津津樂道這樁奇遇，至遠近皆知。

「宋城縣宰」知道這件事後，把那間客棧取名爲「定婚店」。稍後，學人「李復言」便把這則傳聞取名爲「定婚店」，收錄在《續幽怪錄》一書中，由是世代相傳，男女老少咸知，「月下老人、月老」即是「婚姻介紹人」。

(8)註生娘娘：

又稱爲「送子娘娘、註生媽」，是「中國民間宗教信仰」中，掌管「生子」的神。「註生娘娘」是閩南、台灣一帶最受尊奉的「生育之神」，主職掌管婦女的懷孕、生產的神仙，是許多不孕婦女或懷孕婦女的信仰寄託。

「註生娘娘」源自「明朝」的《封神演義》述稱：「註生娘娘」乃是「龜靈聖母」的門徒，「雲霄、碧霄、瓊霄」三姊妹。「三仙姑」共掌「混元金斗」，即「產盆」，專擅先後之天，凡所有仙凡人聖，諸侯天子，貴賤賢愚，落地先後，金斗轉劫，故又稱以「混元金斗」。

「商周」時期，「三仙姑」曾聯手幫助「周武王」抵抗「紂王」，陣亡後，受封爲「註生娘娘」，奉「玉皇大帝」金牒，專管人間「入胎、出生」之事。

又傳說「姜子牙」大封諸神時，卻未將三人列封，「三仙姑」遂投訴於「玉帝」，「玉帝」將三人敕封爲「註生娘娘」，掌人間「胎兒生育」之事。

「註生娘娘」頭不戴紗帽，因爲她從來沒有被「歷代的皇帝」冊封，所以共有梳卷髻髮。她左手拿著《生育簿》，右手執筆。

民間相信，「人之生死」由「命中註定」，且由「南斗」注生，「北斗」注死。而子女之授予是靠「註生娘娘」庇助，她掌管婦女的生育，每一個婦女該生幾個兒子，幾個女兒，她的《生育簿》上都有記載。所以，只要她一查，便知道該讓婦女生男或育女，或是接受祈願予以刪改。

(9)順天聖母：

即「陳靖姑」，又稱爲「臨水夫人、天仙聖母、臨水陳太后」。「陳靖姑」（公元七六七年到七九一年）出生於福建省福州市「倉山區」。「陳靖姑」被譽爲「救產、護胎、佑民」的「婦女兒童保護神」，是「福建」最有影響力的陸上女神。

根據《閩都別記》、《福州府志》等史料記載，父親陳昌爲朝廷戶部郎中，陳靖姑受家庭影響，十三歲去「閭（ㄌㄩˊ）山」學法，十五歲學成歸來。

當時，在「古田城」外有一條大蟒蛇，時常出來傷害小孩，蛇緊緊纏住孩子，致其窒息而亡。「陳靖姑」知悉後，搖身變成一牧童，徑往市郊而來，蛇精見有小孩在此玩耍，喜不自勝，旋即化一陣黑旋風捲來，正要纏住小孩時，陳靖姑現回原身，與蛇精展開了一場驚心動魄的惡鬥，終將蛇精斬於古田縣「臨水井」中，因此她被後人尊爲「臨水夫人」。

又因其夫「劉杞」擔任「羅源巡檢」時，「陳靖姑」助夫破奇案，「唐昭宗」封她爲「護國臨水夫人」，「宋太宗」又封她爲「順懿」，清朝「咸豐皇帝」則封她爲「順天聖母」，歷代褒封達二十多次。

⑽福德正神：

「福德正神」，民間俗稱土地公，也有稱爲「福德爺、伯公、大伯爺、后土」或簡稱「土地」。「福德正神」的造型幾乎都是白鬚、白髮，笑容可掬，地方員外打扮，一手拿元寶，一手執如意或枴杖，充分表現出慈祥溫和的長者風範。

「福德正神」屬於「民間信仰」中的「地方保護神」，是具有福德的「善鬼神」。「福德正神」也是「道教」諸神中地位較低，也是與人民較親近的神祇。

關於「福德正神」的傳說有很多，這裡列舉一例。「周公」執政時，在「鎬（ㄍㄠˇ）京」爲官的上大夫「唐勛（ㄒㄩㄣ）」病死，其家執事「張福德」，保護唐家少爺「唐肅」，奉壽木回「洛邑」。沿路遇到「猛虎」及「蟒蛇」攻擊，「張福德」兩次捨身救主，雖然殺了「猛虎」跟「蟒蛇」，但是抵達「洛邑」之後負傷而亡。「唐肅」爲了報恩，親手書一神位「福德正魂香位」日日祭拜，「唐肅」因經商有成，稱爲商業鉅子，而此事才廣爲流傳。

攝政王「周公」稱：「此福德莫爲『魂』，宜爲『正神』也。」時爲秋日，「周公」在夜中夢見「張福德」來叩首謝恩。於是「周公」奏請「周成王」，八月十六日詔封「張福德」爲「福德正神」，並讓他統領「山中猛虎，巖裏靈蛇」，成爲「土地之神」。

故民間以「虎」爲「土地神」座騎，「蛇」爲「土地神」使者。「張福德」之妻當時年方十八，在唐家孀居，爲「張福德」守節至八十而亡，周朝亦旌表之，後封之爲「福德夫人」，世人稱爲「土地婆」。

民間信仰中，「土地神」是各地不同的，也是有任期限制的。甚至有德之人死後，可被「玉皇上帝」封爲土地神。如蒲松齡在《聊齋誌異》書中，就有一位溺死於河中的「王六郎」鬼魂，頗有慈愛之心，不忍以一位抱著嬰兒的婦女爲替身，被「玉皇上帝」任命爲山東「招遠鄔鎭」的「土地神」。

⑾酆（ㄈㄥ）都大帝：

「酆都大帝」在「道教」神話中，又稱「酆都北陰大帝、北太帝君、九幽拔罪天尊」，是古代中國神話傳說中的「地獄之神」，主管「冥司（陰間）」，他的職責是統管「酆都（地名，在四川。）」之下的「羅酆六天」的「六天鬼神」，是「中天北極紫微大帝」在「幽冥界」的化身。

「酆都大帝」所管轄區域是「酆都」，即「地獄」，內分有「六官」，其專責處理「陰間」事物。古語說：「十惡不赦及大奸大惡的人及鬼怪魑魅等都要關進此地酆都地獄，永不能超生天界。」，「十殿閻君」是「酆都大帝」的下屬，在「幽冥地府」的十殿中各司其職。

「酆都大帝」居住在「酆都山」，就在現中國西南部「重慶市」附近的「酆都縣」。傳說中，這裡是通往「地獄」的大門。直到今天，「酆都」這個地方還被中國人稱爲「鬼城」。

由於「佛教」的興盛，民衆認爲「地藏菩薩」進入地府救度一切受苦衆生，故稱爲「幽冥教主」。「酆都大帝、十殿閻君」等神，都對「地藏菩薩」善加護持。

⑿十殿閻王：

「十殿閻羅」，也稱「十殿閻羅、十殿閻君、十宮冥君、十府冥君、十代冥王、冥宮十王、冥府十王、冥京十王、地府十王」等，卽十位「閻羅王」。

「十殿閻王」是於「唐朝」時期，「佛教中國化」而衍生出來的「陰司信仰」，在下轄「城隍土地、府縣境主、文武判官、日夜遊巡、陰陽諸司、牛頭馬面、黑白無常、夜叉鬼卒」等諸部鬼吏，負責審判陰魂，給予受報投入「六道輪迴」。

「十殿閻王」最早出自於「唐朝」僞經《地藏十王經》，講述人在「中陰身」時，在「幽冥」所過「閻君」殿閣。而今《玉曆寶鈔》所記載，「十殿閻王」各有其主要專職，掌管「八重大地獄（民間訛傳爲「十八層地獄」）」，每一重的大地獄有十六個「遊增地獄」，總計一百二十八個地獄。唯《玉曆寶鈔》所記載與「道教典籍」略有出入，《地藏十王經》與「道教典籍」常爲「八殿平等王、九殿都市王」，《玉曆》則反之。

「佛教」在「古印度」興起時，吸收了許多「婆羅門教」的神祇，並且隨著「佛教」傳來東土。「佛經」記載中，以「閻摩羅闍」爲首的「諸鬼王眷屬」等衆，都是具有威德福報的「大鬼王」，「東土僧人」翻譯佛經時，有將其譯爲「閻羅王」。隨著歷朝歷代的演變，輾轉從「一尊閻王」化爲「十位閻王」。

「十殿閻王」是民間流傳主管「地府十殿」的十個掌控者，其說始於「唐末」。「十殿閻王」，其名分別爲：一殿秦廣王、二殿楚江王、三殿宋帝王、四殿仵官王、五殿閻羅王、六殿卞城王、七殿泰山王、八殿都市王、九殿平等王、十殿轉輪王。

⒀城隍：

「城隍」，又稱爲「城隍爺、城隍神、城隍爺公、城隍老爺、城隍尊神、城隍菩薩」，據說原本是從「城牆」與「護城河」演變而來的「自然神」，後來演變爲「人格神」，並有「陰間行政官、司法官」的職責。

「城隍」是守護一方城池的神仙，祂只是一個「神職」，每個地方都有不同的「神明」擔任「城隍神」。

「城」爲城牆、「隍」指沒有水的護城河，卽「壕溝」。「城」和「隍」二個字同時出現，最早可以追溯到《易經‧泰卦》的「城復於隍，勿用師。」，但是此處的「城」與「隍」是用來比喻「君王」與「臣子」。

由「漢代」開始，「城隍」的祭祀活動不斷提升，各地人民更尊封已死的「功臣名將」或「英雄豪傑」爲「城隍」。在「南北朝」的「城隍」，普遍爲民間的信仰。「唐朝」的「城隍信仰」大盛，各地廣爲建廟，並且已經出現求晴祈雨、招福避禍、禳災諸事的《祭城隍文》。

到了「宋代」，由於「祭祀城隍」列入「國家祀典」，故「城隍廟」普及各府、州和縣。而這時的城隍神也開始世俗、人格化，有些信徒開始將一些歷史名人尊奉爲「城隍」。其後「元朝」，除在元「大都（今北京）」建「城隍廟」外，更封「城隍」爲「佑聖王」。

到了明太祖「朱元璋」時，對「城隍」特別崇敬，更冊封京師、府、州、縣四級城隍，各級「城隍神」都有不同爵位和服飾，各地最高官員需定期主祭。「朱元璋」曾下令各級官員赴任時，要向「城隍」宣誓就職。及至「淸朝」，「城隍」祭祀同樣列入祀典，制度大至依循「明朝」，一年春秋季祭祀兩次。

「城隍」的官職部屬，下轄有「文武判官、各司大神、甘柳將軍、範謝將軍、牛馬將軍、日夜遊神、枷鎖將軍」等神。

⒁保生大帝：

「保生大帝」是中國的「醫神」，又稱爲「大道公、吳眞人」，本名「吳夲（ㄊㄠ）」，字「華基」，「北宋」福建路泉州府同安縣積善裏白礁村（今漳州台商投資區角美鎮白礁村）人。「吳夲（ㄊㄠ）」於採藥之時，羽化飛昇，後被朝廷追封爲「大道眞人、保生大帝」。

「保生大帝」是「福建省」歷史悠久的民間信仰，生前爲濟世良醫，受其恩惠者無數，其醫術高明，醫德高尚，聞名遐邇，民間稱其爲「吳眞人」，尊爲「神醫」，鄉民建廟奉祀尊爲「醫神」。

⒂三山國王：

「三山國王」是「廣東粵東地區」及「台灣潮州籍」民衆所尊奉的地方守護神。「三山」指的是揭西縣河婆鎭北面的「獨山」、西南面的「明山」和東面的「巾山」。

相傳，「三山國王」本爲「隋朝」的「連、喬、趙」三人，因救聖駕有功而封王，鎭守粵東的「潮州、惠州、梅州」交界處的三座名山（巾山、明山、獨山）。

傳說在「隋朝」大業年間，此三山出現神蹟，遂受到當地百姓祭祀，「三山國王」的祖廟在廣東省揭陽市揭西縣河婆街道。

唐朝開始，「三山神」就成爲「當地山神」，「潮州人」對「三山神」普遍頂禮膜拜，每年都要定期祭祀三山神，其職能在禳災納福，爲一般民衆服務爲主。相傳「唐朝」中期，「韓愈」貶任「潮州刺史」，適逢「潮州」水患不斷，民不聊生，於是他便向「三山國王」祈求。果然，三天後雨過天晴，「韓愈」隨卽尊奉「三山」爲神。

到了「宋朝」，這「三山神」協助「宋太宗」打天下，使得宋師太原大捷，受到太宗「趙光義」的褒封：封「巾山」爲「清化威德報國王」，封「明山」爲「助政明肅寧國王」，封「獨山」爲「惠威弘應豐國王」，其地域影響大體侷限於「潮汕」。

經過歷代帝王的褒封，「三山神」由「將軍、元帥、護國王」等封號，變爲「三山國王」，體現了「封建王朝」對「忠義烈士」的推崇和民衆對「英雄豪傑」的感佩。

⒃開漳聖王：

「陳元光」，字「廷炬」，號「龍湖」，「唐朝」將領，曾任「漳州刺史」兼任「漳浦縣令」。河南光州（今河南省固始縣陳集鄉陳集村）人，墓呈圓丘形，墓前碑文爲：「唐開漳陳將軍墓」。

「陳元光」是「漳州、潮汕」與「畲族（ㄕㄜ，中國少數民族，主要分佈於福建省、浙江省）」史上的關鍵人物。「福建漳州人」與「台灣」和「新加坡」的「漢族閩南漳州」移民後代，均尊稱他爲「開漳聖王、聖王公」，爲「漳州府」住民，包含「漳州福佬人」和「漳州客家人」的精神信仰，其信仰圈亦擴及到「廣東潮汕」地區。

「陳元光」十三歲「鄉試」第一名，那年隨父親「嶺南」行軍總管「陳政」出征到「福建」，治理「嶺南地區」。「唐高宗」儀鳳二年（公元六七七年），「陳政」卒於任上，年方弱冠的「陳元光」襲職，代父領兵，封「玉鈐衛翊府左郎將」，平息廣東「陳謙」與「蠻僚」首領「苗自成、雷萬興」等「寇亂」，閩南一帶遂安定。「陳元光」被晉陷爲「正議大夫」，詔封爲「嶺南行軍總管」。

當時，「陳元光」所處的「漳州」，是少數民族與漢族混居的區域。「陳元光」認爲僅憑武力鎮壓，是「兵革徒威於外，禮讓乃格其心」，而且「誅之不可勝誅，徙之則難以盡徙」，「功愈勞而效愈寡」。於是，呈請皇帝在「泉州、潮州」之間設郡縣，以加強對該地區的統治。

「唐垂拱」二年（公元六八六年），「陳元光」奏請在「泉州」與「潮州」之間設立「漳州」。垂拱四年（公元六八八年），朝廷下詔，准奏在原「綏安地段」創建「漳州」，管轄「漳浦、懷恩」二縣，「漳浦」附州爲縣，任命「陳元光」爲「漳州刺史」，兼任「漳浦縣令」。

此後，「陳元光」平定「閩粵三十六寨」，建堡屯兵，安定邊陲。使北至「泉州」，南至「潮州」，西至「贛州」，社會安定，百姓安居樂業。後來，把中原地區先進的生產方式和耕作技術，引進到這個地方，種植水稻和麻、甘蔗、香蕉、荔枝、龍眼、花卉等經濟作物。

「唐睿宗」景雲二年（公元七一一年），苗自成、雷萬興之子又於潮州聚眾反抗朝廷，敵眾潛達岳山。「陳元光」聞訊率輕騎抵禦，因援兵晚到，被敵將「藍奉高」用刀刺傷，後於撤退途中死亡。「漳郡」黎民，聞之如喪考妣，爲之哀號。
「陳元光」開拓「漳州」時，麾下有「六輔將軍」，分別是：輔昭將軍「許天正」、輔勝將軍「李伯瑤」、輔順將軍「馬仁」、輔義將軍「倪聖分」、輔顯將軍「沈毅」、輔美將軍「沈彪」。
「陳元光」開發「漳、潮地區」的業績，受到歷代朝廷的褒崇。「唐朝」的「唐玄宗」賜贈「陳元光」爲「豹韜衛大將軍、臨漳侯、潁川侯」。
「宋徽宗」賜與「陳元光」「威惠廟」的匾額，「宋孝宗」加封「陳元光」爲「靈著順應昭烈廣濟王」。「明朝」又改封他爲「昭烈侯」。「漳州地區」人民把他尊爲「開漳聖王」，崇祀他的廟宇遍及閩台，僅「漳浦」境內「聖王廟」就有近百座，臺灣崇祀他的廟宇也有三百多座。台灣以「開漳聖王」爲主神的廟宇有八十六座，歷代香火甚旺。

⒄五府千歲：

「五府千歲」是「台灣道教」與「台灣民間」信仰中，非常普遍的神祇。「千歲」即「王爺神」的統稱，是「玉皇上帝」所派巡按人間，鑒察善惡以施降福禍的大神。在台灣，「千歲信仰」主要分布於台灣西南沿海，與台灣漢人的移民潮遷徙而有關。
「五府千歲」意爲「五位王爺神」。台灣的「五府千歲」中，有許多種姓氏類別的組合，最普遍的一組：是指「李、池、吳、朱、范」五位千歲（指隋唐時期的英雄：李大亮、池夢彪、吳孝寬、朱叔裕、范承業等五位大唐功臣，而唯獨李王於舊唐書有其史事。李王仙遊後，太宗皇帝追贈兵部尙書、秦州都督，俗身陪葬唐昭陵）。奉祀此組神祇，有名的廟宇相當多，如台南市北門區

「南鯤鯓代天府」祖廟及「麻豆代天府」齊名爲「王爺廟」。

「千歲信仰」的由來，可追溯到「唐朝」或更早「秦漢」年代。傳說「王爺（千歲）」共有三百六十多位，共一百三十二姓之多，大部分多與「瘟神」有關，即「王爺（千歲）」是管理、傳播「瘟疫」的神明。

台南北門鄉「南鯤鯓代天府」，建於「清朝」康熙元年（公元一六六二年），又稱爲「南鯤鯓廟」，也是台灣「五府千歲」的開台首廟，因此又有「開山廟」之稱。

「南鯤鯓王」的信徒主要分佈在沿海一帶，當時人民的主要生活產業，就是依賴捕魚爲主，加上當初「五府千歲」的由來傳說，源自於海上，因此居民相信「南鯤鯓王」能夠保佑出海平安，如今台灣「雲林、嘉義、台南、高雄」一帶，均有從「閩南地區」的分靈祭拜，每年進香人潮更是不計其數。

「五府千歲」有多種組合，例如：「李、池、吳、朱、范」，這是台灣最常見的「五府千歲」組合。

關於「五府千歲」的由來，有許多不同版本的歷史傳說。根據《南鯤鯓代天府沿革》的記載，「五府千歲」是「隋朝」末期的人氏，「隋煬帝」執政時荒縱無道，戰爭四起，百姓生活非常困苦。當時「李、池、吳、朱、范」五人，是結拜爲生死之交的異姓兄弟，知道「隋煬帝」不是他們所欲輔佐的明君，於是變賣家產，賑濟百姓，五兄弟相偕投靠「唐高祖」，幫助「唐高祖」打敗「隋煬帝」，建立「唐朝」。

唐武德五年（公元六二二年），「李、池、吳、朱、范」五兄弟奉命領兵平定「廣州」，路過「九江」時，又智擒叛賊「輔公佑」，回京之後，「唐高祖」嘉許其功勞，賞賜奴婢。但是五兄弟生性仁慈，不但使百名奴婢迴歸故里，又贈送金銀，從此五兄弟的仁慈以及豐功偉績傳遍各地。

⒅清水祖師：

「清水祖師」法號「普足」，俗名「陳昭應」，本籍「福建永春」，是「北宋」時代，福建泉州「安溪」的高僧。由於在「蓬萊山（今屬安溪縣蓬萊鎮）」的「清水巖」修道，鋪橋造路，廣施醫藥，被尊稱爲「清水祖師」，又稱爲「蓬萊祖師、麻章上人」，俗稱「祖師公」。「普足禪師」圓寂後，求雨驅蟲，屢禱屢靈，「南宋」宋孝宗時，成爲朝廷敕封的神靈，直到「宋寧宗」追封爲「昭應廣惠慈濟善利大師」。

原屬於「佛教禪宗」的「清水祖師」，逐漸民間化、道教化（道教信徒稱之爲「黑帝化身清水眞人」），被福建省泉州市的「安溪人」視爲地方最重要的「守護神」，是「安溪諸聖」之首。許多「安溪人」以「種茶」爲業，再加上「清水祖師」以「求雨」聞名，也被視爲「安溪鐵觀音」的「保護神」。

在閩南，「清水祖師」是重要的鄉土神靈。隨著「安溪」移民來台灣，「清水祖師」的信仰，在台灣也蓬勃發展，在公元一九九四年時，有「清水祖師」爲主神的廟宇有九十八座，「大台北地區」就有六十三座，尤其是「大文山地區」。「大台北地區」可說是「清水祖師」信仰最盛之地，三峽「長福巖祖師廟」、艋舺「清水巖」、淡水「清水巖」、瑞芳「龍巖宮」，號稱「大台北四大祖師廟」。

⒆中壇元帥：

「中壇元帥」全稱「中壇元帥太子爺、中央祭壇元帥、中壇元帥大天尊、中壇元帥李法主」等，是中國著名道教神仙「哪吒（ㄋㄜˊ ㄓㄚ）三太子」的神位封號之一。

「閩台地區」民間自古以來，「哪吒太子」的信仰興盛，在東南沿海一帶被尊爲「鎮水之神」。「哪吒」是道教「閭（ㄌㄩˊ）山派」的「中壇李法主」，在「道教」中統屬於「五營神將」之首的「主帥護法大神」。主要出自於「道教」經典《寶誥大全》和《中壇元帥眞經》的記載。

「中壇元帥」是《寶誥大全》和《中壇元帥眞經》書載的神號，台灣「道教信仰」的官封，此封號是屬於中國道教「天神哪吒」的神位遵號，是「道教」神祇的尊稱和頭銜。

「哪吒」最初的形象，是由「佛教」的護法神將「那吒」演變而來，最終的形象，定格爲「中國神仙」。在成爲民間神祇之後，就被正式列入了「道教神譜」。《道藏》典籍如：《道法會元》、《寶誥大全》與《三教源流搜神大全》均將「哪吒」正式收錄爲「教護法神」道。

「哪吒太子」是「五營神將」裡的「中營主將」，是統領「五營」神兵神將的統帥。「五營神將」又名「五營神兵、五營將軍」，以中壇元帥「哪吒」爲首，是所有神將的首領，在台灣常以「電音三太子」的形式表演出席或慶祝神誕日。

所謂「五營神將」的「五營」，是指「東營九夷軍」、「南營八蠻軍」、「西營六戎軍」、「北營五狄軍」、及「中壇三秦軍」。這「五營」中是以「中壇三秦軍」的首領爲主，統帥其他四營，「哪吒」正是坐守「中營」的元帥，因此就有了「中壇元帥」的稱呼。這「五營神兵」的神職，是保護「道教」諸廟壇、神境和民間村莊的護法神，抵禦邪魔妖惡。

民間最熟悉的「哪吒」故事，出自於《中壇元帥眞經．太上老君說三太子妙言哪吒是》。話說「哪吒」是「北俱蘆洲」，毘沙宮輪轉聖王「李靖」之子，其母懷胎三年才出生「哪吒」，生於九月初九，出生九日卽飛升到「西牛賀洲」靈鷲山「雷音寺」朝拜「如來佛祖」，七歲那年的二月十八日受戒爲「優婆塞」，傳授佛法，五月十八日習成下山。

後由於戲水時誤殺了「東海龍王」的三太子，三月三日，「毘沙宮」遭「四海龍王」大軍圍困，「哪吒」以自殺盡孝，避免株連親人，將自己「寸磔（ㄓㄜˊ，碎解肢體，古代的一種酷刑。）」而死，死前大呼：「削骨還父、割肉還母，不愧父母，恐愧如來」，一心念佛，蒙佛接引，「佛祖」同情「哪吒」爲了孝道而枉死，其實命不該絕，六月六日以「蓮花」將「哪吒」復活，終於修成正果，顯化「震旦（古中國）」。

⑳恩主公：

所謂的「恩主」是「鸞堂信仰」的名詞，也就是「救世主」的意思，代表「神明」能保佑蒼生化災解厄。「台灣」所謂的「恩主神」共有「關羽、呂洞賓、張單、王善、岳飛」。而「關羽」爲五恩主之首，所以「台灣」一般民衆，亦稱「關羽」爲「恩主公」，也因此稱「關帝廟」爲「恩主公廟」，在台北縣三峽鎭就有間醫院取名爲「恩主公醫院」。

在「台灣」，祭祀「關羽」的廟宇也相當普遍，除了一般武廟、小型宮廟、神壇將其作爲主祀外，也有稱爲「恩主公廟」的大型關帝廟，其中以台北「行天宮」最富盛名。

「關羽」，約生於「東漢桓帝」年間，字「雲長」，河東解縣人（今山西運城市），是「東漢」末年「劉備」的重要將領。「關羽」死後受民間推崇，又經歷代朝廷褒封，被人奉爲「關聖帝君」，簡稱「關帝君、關帝」。「佛教界」一般奉其爲「護法神」之一，稱爲「伽藍菩薩」。民間普遍認爲「關羽」與「劉備」、「張飛」是結義兄弟，「關羽」排行第二，俗稱其爲「關老爺、關二爺、關二哥」等等。

三、「道教」常用術語

在「道教」的經書裡，有非常多的「術語（專有名詞）」，不懂這些「術語（專有名詞）」，就無法看懂「道教」的經書。下面列出五十二個「道教」常用的「術語（專有名詞）」，讀者了解其意涵，才有辦法看懂「道教」的經書。

（一）雷法：

「雷法」是「道教」聲稱可以「召喚風雷，降妖伏魔，祈晴雨、止澇旱」的一種法術。該法將「內丹」與「符籙、咒術」融爲一體，既講「存思、存神、內丹修煉」，又講「祈禳齋醮、符籙咒法」，是「道教」諸方術的融合體。

《道法會元》卷一《法序》說：「了一心而通萬法，則萬法無不聚於一心，返萬法而照一心，則一心無不定於萬法。」認爲只要「行法者有」很深的「內煉工夫」，就可召喚風雷，祈晴雨。

（二）先天一炁：

「先天一炁」又稱爲「祖炁」，是指在天地產生之先，混沌未開、陰陽未判之時，生天生地生人生萬物的「原始之炁」。人在下生之時，此炁卽由天地之間降人人身。欲求長生，須保此炁。老子《道德經》曰：「道生一」，卽爲生此「先天一炁」。

（三）一陽初動：

「修煉者」經過一定的功夫，收心入靜，調節身心，使得身中生發出新的「生炁」，此「生炁」卽爲「陽炁」，稱爲「一陽」，又稱爲「一候」。在《周易》而言，其象爲「震爲雷」，卽「一陽爻」生於「二陰爻」之下，或「地雷復」，卽「一陽爻」生於「五陰爻」之下，此「一陽爻」，卽代表「一陽初動之炁」，又稱「一陽來復」。王重陽《五篇靈文》曰：「凝神下照坤宮，杳杳冥冥，而得眞炁發生，神明自來，謂一陽生而爲復也。」。

（四）活子時：

「子時」卽半夜十一點至一點之間，「活子時」卽「一陽初動之炁」從「下丹田」「氤氳（ㄧㄣ ㄩㄣ，指溼熱飄蕩的雲氣，煙雲瀰漫的樣子。）」升起。又因此「一炁」之發生，未必就在眞正時間上的「子時」，故稱爲「活子時」。崔希範眞人《入藥鏡》曰：「一日內，十二時。意所到，皆可爲。」卽指「活子時」而言。

「活子時」是「小周天功法」的現象，透過排除雜念，讓形神安靜，集中意念，然後「一念歸中（眉間玄關）」，凝神入「氣穴（下丹田）」，緩緩調息入細，丹田中的精氣漸漸旺盛。當靜極之時，正有動象，於恍惚「杳冥（ㄧㄠˇ ㄇㄧㄥˊ，幽暗，奧祕莫測。」）之中，感覺「下丹田」氣動，卽爲「活子時」，此時的「精氣」稱爲「小藥」。

「活子時」來時，男性會有「陽舉（陰莖勃起）」的現象。「陽舉」不是有慾念而舉，而是自無而生，自然來、自然去。凡是「心神」不到極靜之時，就不能動，如果動就是一種「妄動」，而不是「本體的動」，不是眞正的「活子時」。只有在寂然大定之中，「天機」忽然發動，那才是「無念的動、自然的動」，這就是「無爲而爲」的眞正含義。

（五）神水：

「神水」又叫做「靈泉」，在「內丹」比喻爲「先天元精」，乃由「先天一炁」所化。雖然已成爲「液」，但是又非濁質之精，好像人身上的「眞液」，可以自動的上下周流，乃由「眞炁」所化而來，雖然成液，但是又非純粹下流之水。此液之中，其實含有「先天一炁」的作用，故此稱爲「神水」，修煉「內丹」，此爲眞正藥物。

（六）採藥：

「採藥」卽「採集藥草」，是「內丹學」的術語，所謂「採」，是「採取」；所謂「藥」，一般是指在修煉時，所發動的「體內眞氣」，道教把這種「眞氣」又稱作「元精、元炁」。

（七）三彭：

「三彭」又名「三尸、三尸神、三尸蟲」等，包括「上屍神」、「中屍神」和「下屍神」。

「三尸神」皆爲人身的「陰神」，卽「陰氣」。

「道書」上面說，「上屍神」名爲「彭侯」，在人「頭內」，令人愚癡呆笨，沒有智慧。「中屍神」名爲「彭質」，在人「胸中」，令人煩惱妄想，不能淸靜。「下屍神」名爲「彭矯」，在人「腹中」，令人貪圖男女飲食之欲。

一說「三尸神」住在人之「後三關」，卽「尾閭、夾脊、玉枕」之內，使人無法修道。必須以自身「陽炁」，打通「三關」，方可驅逐「三尸」，去除魔障。

（八）後三關：

「內丹學」中，「督脈」通路上的三道關卡，又稱爲「河車三關」。第一「尾閭關」，一般說在「脊椎骨」盡頭，內通「腎竅」。第二「夾脊關」，位於「後心」。第三「玉枕關」，位於「腦後」，醫家所說「玉枕穴」之下。「精氣」在通過「三關」時，多會遇障礙，「精炁」足方能衝破過關。「精炁」充沛，從「下丹田」向後，經過「尾閭」、穿過「夾脊」、闖過「玉枕」、進入「泥丸宮」，稱爲「一撞三關」。

（九）尾閭：

「尾閭」爲「後三關」之一。在「脊椎」末端之一段，處於「谷道（後竅，卽直腸到肛門的一部分。）」之上方，是「督脈」起始之第一關。

（十）夾脊：

「夾脊」又名「雙關、轆轤（ㄌㄨˋ ㄌㄨ，安裝在井上絞起汲水斗的器具。）關」，爲「後三關」之一。在「脊椎骨」第十一節之下，與「內腎」相對。針灸上名爲「脊中穴」。

（十一）玉枕：

「玉枕」爲「後三關」之一，位於「玉枕穴」之下，在腦後「枕骨」之處，卽腦後高骨，枕頭的地方，前面約與「上鵲橋（任督二脈之間原銜接處稱爲鵲橋，上部稱爲上鵲橋，位於印堂、鼻竅處。）」相對。

（十二）河車：

「河車」一名，在漢代的《周易參同契》已經出現，該書有「五金之主，北方河車」的說法。在《黃帝九鼎神丹經訣》、《石藥爾雅》等書裡也常見「河車」一詞。「道教」早期所謂「河車」是一種隱語，其意義是什麼？向來有不同的理解，「漢朝」時修道成仙的眞人「陰長生（陰眞君）」認爲「河車」就是「鉛」的異名，而《還丹肘後訣》則以「鉛汞」合煉爲「河車」。

《西山群仙會眞記》陰眞君（卽陰長生）曰：「『北方正氣』號『河車』，『車』謂運載物於陸地，往來無窮，而曰『河車』者，取意於人身之內，萬陰之中，有一點『元陽』上升，燻蒸其胞絡，上生『元氣』。自『腎氣』傳『肝氣』，『肝氣』傳『心氣』；『心氣』傳『肺氣』，『肺氣』傳『腎氣』。而曰『小河車』也；肘後飛金晶，自『尾閭穴』起，從『下關』過『中關』，『中關』過『上關』，自『上丹田』至『中丹田』，『中丹田』至『下丹田』，而曰『大河車』也；『純陰』下降，『眞水』自來，『純陽』上升，『眞火』自起，一升一沉，相見於『十二樓』前，顆顆『還丹』而出金光萬道，則曰『紫河車』也．故『車行於河』如『氣在血絡』之中，氣中暗藏『眞水』，如車載物，所謂『河車』者詳。」

「隋唐」以來，道門主要從「內丹學」的角度來解讀「河車」的意義。根據《鍾呂傳道集》等書的闡述，「河車」的「內丹學」意義主要有兩個方面：

第一，指「兩腎」所蘊藏的「水府眞一之氣」。因爲「兩腎」一左一右，好像日月周轉，又好像兩個輪子的配合運動，所以有「河車」之名。那爲什麼把「腎臟」稱作「水府」呢？這是因爲「腎臟」在「五行」屬性方面以「水」爲表徵。爲什麼「河車」與「北方」相聯繫呢？因爲從「方位學」的角度來看，五行之水與北方相配合，所以《周易參同契》將「北方」與「河車」連稱。

第二，「河車」指「眞一之炁」的運行，這「眞一之炁」運轉周流，往來無窮，如車載物，所以叫做「河車」。

（十三）鉛汞：

「鉛汞」二字，在「內丹書」中比比皆是，「鉛」爲「命」，「汞」爲「性」，爲「性命之學」的根源。張三丰祖師《參禪歌》云：「有人識得眞鉛汞，便是長生不老仙。」。

「鉛汞」的異名衆多，在「內丹書」中的比喻如下：

(1)「眞鉛」是「元精」，「眞汞」是「元神」。

(2)一般以「鉛」代表「精、氣」；「汞」代表「神、意」。

(3)「丹家」以「眞陽」比喻「先天之炁」，卽「鉛」；以「眞陰」比喻「後天之氣」，卽「汞」。

⑷以「陰陽性命」而論，「眞陰」爲「性」，爲「汞」；「眞陽」爲「命」爲「鉛」。

⑸「眞鉛」，「丹字」中一點「、」，「坎卦（☵）」中之陽爻「—」，「眞鉛」爲「祖炁（先天一炁）」，在天地混沌時產生，爲天地之父母，陰陽之本源。

⑹「汞」者，「心氣」也、飛輕之物也；「鉛」者，「腎氣」也、沉重之物也。以沉重而鎮飛輕，則「丹」結矣。

⑺「鉛」爲「陽精」，「汞」爲「後天炁」。「後天炁」爲啟動「心臟」跳動的原動力，隨血液流於全身各處（表現爲營衛之炁），稱爲「離炁」，向上通「腦」；「鉛」爲「元精」，爲「命炁」，向下通「陽關」。

⑻「丹家」又以「陰曆二十三之月象」，「下弦月」比喻「汞八兩」；以「初八之月象」，上弦平如繩，「上弦月」比喻「鉛半斤」。鉛汞一合，眞陰眞陽一交，正合大丹重一斤之論，正好是「一輪滿月」。

⑼「眞鉛」，「丹字」中一點「、」，「坎卦（☵）」中之陽爻「—」，「眞鉛」爲「祖炁（先天一炁）」，在天地混沌時產生，爲天地之父母，陰陽之本源。

⑽「眞鉛」，藥物也，此般至寶家家皆有，自身具足，不假外求，不在千山萬水之處，爲「先天元精」，「眞一之水」也。「丹書」名爲「白虎、水中金、水鄉鉛、金公（鉛之舊體字爲釒公）、郎君（「坎」爲「中男」故名）、坎水、西江水、黃河水、逆流水、漕溪水（因禪宗六祖惠能祖師住於漕溪，性命雙修之道與禪宗眞傳皆爲一理一法，佛道同源故名）」，種

種喻名，不一而足，「丹書」皆指「眞鉛」爲「道樞（修道之『鈐鍵（ㄑㄧㄢˊ，鎖鑰，比喻事物的核心。）』、成道之『樞機（比喻事物的關鍵）』也）。

(11)「汞」比喻爲「奼女、中女、青衣女子、木液、朱裏汞、二八、火、青龍、震木、太陽流珠、陽裏眞陰、水銀、白雪、性、碧眼胡兒、後天炁、日、離中虛、硃砂、交梨、下弦汞半斤、赤鳳髓、己土、乾馬、日魂、金烏、浮、賓、房六、南、東、蛇、烏肝八兩、白龍肝、陰精、妻、青娥、我家、木火一家、玉芝、陰火白、眞陰、雌、扶桑、朱雀」等等。

(12)《丹經指要》：「眞鉛者，坎男也，嬰兒也，月魄也，陰虎也，金公也，鉛中銀也。黑中有白也，陰中有陽也。異名衆多，名曰眞鉛，實光天一氣耳。採之于太易之先。」

(13)「眞汞」者，離女也，日魂也，姹女也，陽龍也，砂中汞也，雄裏雌也，陽中有陰也。

(14)《青華祕文內煉丹訣》：「鉛與汞，皆先天之物，鉛乃先天氣、汞乃先天靈。此氣乃命之母、此靈乃性之子。可以曰鉛汞，可以曰性命。」

(15)「鉛」性沉重，其氣堅剛，借指人身之眞情，以其外暗內明。禦患伏邪，而有象於「鉛」；「汞」性輕浮，其氣陰柔，躁而易失，借指人身之靈性，以其虛靈莫測，而有象於「汞」。

(16)「鉛汞」又稱爲「黃芽、白雪」等。在「外丹」修煉而言，「鉛汞」乃爲兩種實際的「礦物質」。因爲，「鉛性」易沉，「汞性」易飛，故此「以鉛制汞」，使其凝結，則「鉛不沉而汞不飛」，而「外丹」成。在「內丹」修煉而言，「鉛汞」就是兩個「比喻」。因爲，「心火易升」，故以「汞」喻之；「腎水易流」，故以「鉛」喻之。「心火」上升，則「人之妄念」迭起，「元神」不安；「腎水」下流，則「人之情慾」不節，「敗精傷炁」。所以，練功時必須使「心火下降」，「薰蒸腎水」，使其與「心神」爲一，化炁而上升，則「心火」不升，而「腎水」不流。如是則「心腎相交」，水火既濟，神炁合一，生命可以自主。

（十四）「先天之炁」和「後天之氣」：

「先天之炁」是指「嬰兒」出身之前的「元氣」，這種「元氣」又可分爲兩種：一種稱爲「精氣」，是「胎兒」形成與生長的物質基礎；另一種是指「胎兒」在母體內孕育期間，所獲得的營養，亦即「元氣」，這兩種都是得自「先天」，故稱爲「先天之氣」。

「後天之氣」是指「嬰兒」出生之後的呼吸所需的「氣」，這種氣按其來源，也可分爲兩種：一種是「空氣」，一種是「地氣」，稱爲「水穀之氣（水和穀物，泛指食物。）」，這兩者都是來自「後天」，故稱爲「後天之氣」。

（十五）十二重（ㄔㄨㄥˊ）樓：

「道教」對人的「喉嚨」的稱謂。《金丹元奧》：「何謂十二重樓？人之喉嚨管，有十二節是也。」古人認爲「氣管」有十二節，故此又稱爲「十二重樓」。

（十六）嬰兒姹女：

「嬰兒」是道教「外丹」的術語，意思是「鉛」，指「腎炁」：「姹女」的「姹（ㄔㄚˋ）」是「少女」的意思，在「丹學」中，意思是「汞」，指「心神」。「丹學」中所說的「嬰兒姹女交媾」，實際上指的是「鉛」和「汞」的化合過程。在「內丹學說」中，指身體內「陰陽交合」的過程。出於呂洞賓《谷神歌》：「火中奼女正含嬌，回觀水底嬰兒俏。嬰兒奼女見黃婆，兒女相逢兩意合。」」。

（十七）抽坎塡離：

「抽坎塡離（取坎塡離）」，語出《周易》，「坎卦（☵）」和「離卦（☲）」兩卦，是由「乾卦」和「坤卦」兩卦，中間一爻互換位置而變成的。人體中，「心」爲火，爲「離卦（☲）」。「腎」爲水，爲「坎卦（☵）」。「抽坎塡離」即將「坎卦（☵）」中間的「陽爻」抽出來，塡進「離卦」中間原本「陰爻」的位置，使得原來的「離卦（☲）」變成「乾卦（☰）」，原來的「坎卦（☵）」變成「坤卦（☷）」。「煉丹家」認爲，人成「胎兒」後，即由「先天八卦」的「乾卦（☰）」和「坤卦（☷）」相對調，變爲「後天八卦」的「坎卦（☵）」和「離卦（☲）」相對，則形成「離（☲）上坎（☵）下」的「未濟卦」局面，但是如果通過修練，則可返還本原的「先天八卦」圖形，使「乾（☰）上坤（☷）下」。通過修練後，則形成「坎（☵）上離（☲）下」的「既濟卦」，達到「心腎之氣」相交的局面，就可以延年益壽。

（十八）丹：

「丹」分爲「內丹」和「外丹」。「道家」最早從事「外丹」燒煉，即用金石草木等物質煉丹，以作爲服食之用。「內丹」是以人身三寶「精、炁、神」作爲藥物，在體內修煉成丹，又名「大丹、聖胎、道胎、嬰兒」等。

（十九）還丹：

「還」即「返還」，即是把自己喪失的三寶「精、炁、神」，通過修煉，培補虧損，還歸自己身中，進一步煉成內丹，堅固形體，做到青春不老，以達到延年益壽的目的，更加可以通過「天人感通」，不斷深化自己的道力，達到《莊子》所云「形全精復，與天爲一」的高妙境界，可以做到「上與宇宙同體，下與天地精神往來。」的境界。

（二十）五等仙：

「道家」修煉，將「仙」分爲五種品位，即「鬼仙、人仙、地仙、神仙、天仙」，簡述如下：

⑴所謂「鬼仙」，指只煉「心性」，或者尚未得到眞正口訣，不能修成「純陽之體」，因而只出「陰神」，名爲「靈鬼」。名雖爲「仙」，其實是「鬼」，但是能夠通靈，與平常的鬼不同。「鬼仙」住世，約可存在五百年左右的時間，五百年後就要投胎轉世。

⑵所謂「人仙」，雖然外表和人沒有區別，但是能夠免去老病死的痛苦，可以長生住世。

⑶所謂「地仙」，是指修煉層次在「人仙」之上，已可達到「寒暑不侵、飢餓無害」的程度，雖然還沒有做到出「陽神」，但是已經能夠免去衣食住行的負擔，可以自己控制生死。

⑷所謂「神仙」，是指「陽神」已經修成，有了「神通」變化，能夠升遷自如，已了生死大事。脫棄軀殼，飄然獨立，聚則成形，散則爲炁。

⑸所謂「天仙」，則從「神仙」的品位，再求向上一層的功夫，超出人類所在的環境之外，別有天外之天。而且可以做到「天地有壞，這個不壞。」，可與宇宙同存，爲「道家」修煉的最高境界。

（二十一）九轉還丹：

「九」爲「陽數」之極，代表人身的「陽炁」，是說以「陽炁」點化全身陰質，修成「純陽之體」。又稱爲「乾健之軀」，乃借《周易》「乾卦」皆爲「陽爻」之象。乾屬金，九又爲金之成數（地四生金，天九成之），故稱爲「九轉」，才能煉就大丹，並不是說一定要轉九次。而此「陽炁」，正是人身日漸損失之物，經過修煉回歸吾身，故曰「九轉還丹」。

（二十二）丹田：

「丹田」，有上、中、下「三丹田」之分，因其均在人體的前面，又稱爲「前三田」。一般只指「下丹田」，乃爲道家「結丹之地」。如同「種子」播種於「田地」，自然生根、長葉、成苗、開花，結爲成熟果實。「道家內丹」亦同此理，故此名爲「丹田」。

（二十三）下丹田：

「下丹田」又名「下田、炁海、炁穴、元海、滄海、生門、土釜、坤宮、北海、蓬壺、造化爐」等。位於臍下一寸三分的內部，方圓一寸二分，虛空一穴，藏有「先天眞一之精（先天一炁）」，此處爲「結丹之所」。

（二十四）中丹田：

「中丹田」又稱爲「中田、土釜、黃庭、中黃、規中」等。「中丹田」在心下三寸六分，直下與「臍門」相對，相距三寸六分。乃爲虛空一穴，方圓一寸二分。丹成之後，此處爲「養丹之所」。

（二十五）上丹田：

「上丹田」，又稱為「泥丸、瓊室、上田、紫府、上宮、天宮、崑崙、玉京山、須彌山」等。按照《丹經》的說法：「由兩眉之間入內，一寸為明堂，二寸為洞房，三寸為上丹田。」「上丹田」方圓一寸二分，乃是虛空一穴。丹成之後，此處為「出神之所」。

（二十六）絳宮：

「絳（ㄐㄧˋㄤ）」是大紅色，「絳宮」又稱為「赤帝宮」。「絳宮」屬於心的部位，乃為「心下一竅」。心腎二炁相通，即由此竅。心屬火其色赤，醫家稱為「君主之官」，所以叫做「赤帝官」。

（二十七）中宮：

「中宮」在心窩之下，肚臍之上，是「中丹田」的所在。

（二十八）坤宮：

「坤」為土，其色為黃，又稱「黃庭宮」，即指「下丹田」部位。

（二十九）黃庭：

「黃庭」，亦名「規中、廬間」。「黃」是土色，土位居中央。「庭」是階前空地。「黃庭」即表示「中空」之意。一指「下丹田」，因其黃色為土，止為結丹之土地。而且黃色又處人身之正中，猶如「田」字的中心。臍內空處，即「黃庭」；另一指「中丹田」，即心下腎上之所，亦為人身之中。

（三十）藥：

「道家」修煉，以「精、炁、神」三寶，作爲「上品藥物」，故此三寶均可稱之爲「藥」。但是，在不同的修煉階段，「藥」有不同的含義。如在「煉精化炁」階段，則以「先天元精」之發生稱爲「藥」；在「煉氣化神」階段，則以「先天一炁」的來臨稱爲「藥」；在「煉神還虛」階段，則以「虛無」稱之爲「藥」。

（三十一）小藥：

「丹道」在「煉精化炁」的階段，必須等待「靜極生動」，「活子時」的到來，「一陽生發」藥產，「先天元精」發生，稱爲「小藥」。這時一般運用「小周天」的功夫，採此「小藥」，又稱爲「外藥」，必須「生而後採」。

（三十二）大藥：

「大藥」的意思，是在採「小藥」的功夫完成之後，「陽關」止閉，這時等到「六候」到來，採取「先天一炁」，卽爲「大藥」，又稱「內藥」，必須「採而後生」。採過「大藥」，卽可點化全身「陰質」，成爲「純陽之體」，故此「大藥」又稱爲「大丹」。

（三十三）小周天：

「小周天」，本義指「地球自轉一周」，卽「晝夜循環一周」；後經引申，被「內丹術功法」借來比喻，「內氣」在體內沿著「任、督」二脈循環一周，卽「內氣」從「下丹田」出發，經「會陰」，過「肛門」，沿脊椎「督脈」通「尾閭」、「夾脊」和「玉枕」三關，到頭頂「泥丸」，再分道而下，會至「迎香」，走「鵲橋」與「任脈」銜接，沿胸腹正中，下還「下丹田」。因其範圍相對較小，故稱為「小周天」，又稱為「子午周天、取坎填離、水火既濟、玉液還丹」等。

（三十四）大周天：

「大周天」是「內丹術」功法中的第二階段，即「練氣化神」的過程。它是在「小周天」階段的基礎上進行。「內丹術」認為，通過「大周天」，使「神」和「氣」密切結合，相抱不離，以達到延年益壽的目的。稱它為「大」，是由於它的「內氣循行」，除沿「任督兩脈」之外，也在「其他十二經脈」上流走。相對來說，範圍大於「小周天」，故稱為「大周天」。

（三十五）六候：

「六候」即「大藥」產生之時的六種徵兆，分別為「丹田火熾、兩腎湯煎、眼吐金光、耳後風生、腦後鷲鳴、身湧鼻搐」等。此時的景象，又稱為「正子時」。

（三十六）性命雙修：

凡是屬於「精神生命」方面的，都稱為「性」；凡是屬於「肉體方面」的，都稱為「命」。「精神」和「肉體」二者，本來就不可分離，分離即死，所以「道家」修煉「不死之道」，特別強調「性命雙修」。

張三丰真人云：「炁脈靜而內蘊元神，則曰真性；神思靜而中長元炁，則曰真命。」即是說「真性」就在「命」中，而「真命」就在「性」中，這裡是指「性命本體」而言。

如果是在「修煉功夫」而論，「性命雙修」的含義，一指「性」與「命」二者不可分離，一指

「性」與「命」二者不可偏廢。

所以，「呂純陽眞人」云：「只修性，不修命，此是修行第一病。只修祖性不修丹，萬劫陰靈難入聖。達命宗，迷祖性，恰似鑑容無寶鏡。壽同天地一愚夫，權握家財無主柄。」

並且「道家」一貫反對忽視「肉體方面」的修煉，「張紫陽眞人」云：「饒君了梧眞如性，未免拋身還入身。何似更兼脩大藥，頓超無漏作眞人。」。

（三十七）鼎爐：

「鼎爐」最早是「外丹」所用的名詞，「鼎」爲烹煉丹藥之用，「爐」爲煉丹火力之需。後來引入「內丹」，在「煉精化炁」的層次上，以「下丹田」爲「鼎」，而以「心火降下」爲「爐」；在「煉神還虛」的層次，以「坤腹」爲「爐」，而以「乾頂」爲「鼎」。

（三十八）鼎器：

「鼎器」有二解：一指煉「外丹」所用的「爐鼎」，一指煉「內丹」所用的「爐鼎（一般指下丹田）」。

（三十九）無根樹：

「道教」修煉，以「無根樹」比喻爲「人」。因爲「人身」生機，如同「大樹」，但是「腳下無根」，「道教」修煉則「以炁爲根」。「張三丰眞人」撰有《無根樹》詞二十四首，卽以此喻「人身修煉」。

（四十）精、炁、神：

「道教」修煉，將「精、炁、神」稱爲「人身三寶」。《玉皇心印妙經》云：「上藥三品，神與炁精。」「精、炁、神」爲人身修煉之「三品上藥」，彼此互相依存，「三寶」若失其一，人卽死亡。

又有「先天三寶」與「後天三寶」之說，「先天三寶」卽「先天眞一之精、先天眞一之炁、先天眞一之神」，又稱爲「元精、元炁、元神」，「後天三寶」卽「呼吸氣、思慮神、交感精」。修煉所用，爲「先天三寶」；常人所用，爲「後天三寶」。

「後天三寶」，乃由「先天三寶」變化而來，故此修煉之時，須將「後天」返爲「先天」。把「後天三寶」轉化爲「先天三寶」，則「大丹」可成，而生死可了。

（四十一）精：

分爲「先天之精」與「後天之精」兩種。「先天之精」，又稱「元精」，實指「先天一炁」。「後天之精」，又稱「濁精」，爲「交媾之精」。修煉所用，爲「元精」。

在《丹經》中，「先天之炁」異名頗多，有「坎、坎男、金水、眞水、月魄、兔脂、嬰兒、老郎、鉛、黑鉛、丹母、玉蕊、虎弦炁、白虎、白雪、金液、水虎、金華、龜精、黃芽、月中兔、潭底日紅、白郎君、白頭老子、兔髓半斤、九三郎君、上弦水半斤」等等。

（四十二）炁：

分爲「先天之炁」與「後天之氣」兩種，「先天之炁」卽爲「內炁」，亦爲「元精」；「後天之氣」爲「呼吸之氣」。修煉所用，爲「先天之炁」。在《丹經》中，異名亦多，稱爲「元炁、元陽、清陽之炁、先天一炁、正陽之炁」等等。

（四十三）神：

分爲「先天之神」與「後天之神」兩種，「先天之神」又稱爲「元神」，乃屬「不神之神」；「後天之神」又稱爲「識神」，是爲「思慮之神」。修煉所用，爲「元神」。

在《丹經》中，異名甚多，有「離、木炁、日光、日魂、金烏、烏髓、姹女、青娥、眞汞、木液、火汞、火龍、眞火、流珠、紅鉛、硃砂、交梨、玉芝、水銀、日中烏、龍弦傑、赤風髓、砂裡汞、離之炁、山頭月白、青衣女子、碧眼胡兒、烏肝八兩、二八姹女、下弦火半斤」等等。

（四十四）心神：

又稱爲「魂靈、元性、本性」等。在「丹道」修煉之中，所用非心中所生之「後天意念（卽第六識「意識」）」，乃爲先天「不神之神」，又稱爲「眞意」。

（四十五）金烏玉兔：

「金烏」指「太陽」；「玉兔」指「月亮」。在「修煉學」而言，「太陽」爲「離卦（☲）」，「離卦（☲）」爲「火」，火」卽「心、意、神、性」的代名詞；「月亮」爲「坎卦（☵）」，「坎卦（☵）」爲「水」，「水卽「腎、炁、精、命」的代名詞。

（四十六）三花聚頂：

又名「三化聚頂」，「三花」指「精、炁、神」三寶之精華，卽「先天元精、元炁、元神」；「頂」指「玄關一竅」。指經過「煉精化炁、煉炁化神、煉神還虛」的修丹過程，可以修成「陽神」，沖頂而出。

《中和集》云：「煉精化炁，煉炁化神，煉神還虛，謂之三花聚頂。」」，蕭廷芝《金丹大成集》說：「問三花聚頂。答曰：神氣精混而爲一也。玄關一竅，乃神氣精之穴也。」這裏的「頂」有特指意義，它表示「天宮內院」。所謂「天宮」指腦部，「內院」就是以印堂穴與百會穴垂直線爲中心點的腦部內空間。

（四十七）五氣朝元：

指的是通過修行，打通「任督二脈」，身體的「五氣」歸集到「腦海」，從而去人間煩惱達成無憂無慮的「神仙」境地。「元」是指「元海丹田（上丹田）」，

「五氣」是指「五臟之傑」如下：

⑴心藏神，後天爲「識神」，先天爲禮，空於哀，則神定，南方赤帝之「火氣朝元」。

⑵肝藏魂，後天爲「遊魂」，先天爲仁，空於喜，則魂定，東方青帝之「木氣朝元」。

⑶脾藏意，後天爲「妄意」，先天爲信，空於欲，則意定，中央黃帝之「土氣朝元」。

⑷肺藏魄，後天爲「鬼魄」，先天爲義，空於怒，則魄定，西方白帝之「金氣朝元」。

⑸腎藏精，後天爲「濁精」，先天爲智，空於樂，則精定，北方墨帝之「水氣朝元」。

（四十八）三魂七魄：

「道家」認爲，「肝」藏「魂」，「肺」藏「魄」，「肝神」有三，「肺神」有七，故日「三魂七魄」。見丘處機《攝生消息論》：「肝中有三神，名日爽靈、胎光、幽精也。夜臥及乎旦，叩

齒三十六通，呼肝神名，使神情炁爽。」「肺爲脾子，爲腎母。下有七魄如嬰兒，名屍狗、伏尸、雀陰、吞賊、非毒、除穢、闢臭，乃七名也。夜臥及平旦時，叩齒三十六通，呼肺神及七魄名，以安五臟。」又依「洛書」之數：左三右七，左爲東方屬肝，右爲西方屬肺，故曰「三魂七魄」。

（四十九）三昧眞火：

人身「心、腎」二炁，聚於「丹田」之中，便有「三昧眞火」之說。卽「心火、腎火、丹田之火」，總稱爲「三昧眞火」。一說爲「膀胱之火」。

《眞仙祕傳火候法》云：「心爲之君火，而曰上昧；腎爲臣火，而曰中昧；膀胱爲之民火，而曰下昧。三炁聚而爲火，故而爲炁，故曰三昧眞火。」。

（五十）玄關：

又稱爲「玄牝、玄牝之門」等，是「道教」修煉之中，最爲玄妙的一大機關。《丹書》云：「道有三幹六百門，人人各執一苗根。不知些子玄關竅，不在三幹六百門。」卽是說知此「玄關一竅」，卽可明白修煉的總機關。

「玄關一竅」，簡稱「玄關」，是「道教」丹道養生中，最重要的名詞，「道教」的精華是「丹道」，「丹道」最密祕的機關是「玄關」。《丹書》對「玄關一竅」的論述，衆說紛紜。另由於「道教」教派之間的差異和戒律制約，丹道「玄關一竅」向來祕而不宣，大都是「師徒相授，口口相傳，不記文字。」這樣心照不宣，守口如瓶，局外人就更難以知曉了。

下面僅從部分《丹書》中的記載，來了解「道教」各教派之間，對「玄關祕竅」的論述：

(1)《道德會元》卷六十七說：「『玄關一竅』論耳、眼、口、鼻、舌、肝、心、脾、肺、腎、臍輪、尾閭、膀胱、谷道、兩腎中間一穴，臍下一寸三分、明堂、泥丸、關元、氣海皆不是。『此竅』無邊傍，無內外，無前無後，無長無短，無闊狹，無深淺，無大小，無東西南北之分，無青紅黑白之別，不著物，不泥象，不增減，無新無舊，無欠無餘，在人身之中，爲神氣之根，虛無之谷，是曰玄牝，實天地交界之間，陰陽混合之蒂。詩訣雲：『此竅非凡竅，中中復一中，萬神從此出，直上與天通。』」

(2)李道純《中和集》：「『玄關一竅』，不在四維上下，不在內外兩旁，不在當中，四大五行不著處是也。」

(3)《道法會元》卷八十四《歸一密語》說：「徑寸之質，混涵三才，在臍之後，腎之前，彷彿其中謂之『玄關』，此其所也。今若不明指示，後學必妄意猜度，非太過則不及也。」

(4)《道法會元》卷八十四《瓊山紫清眞人答隱芝書》說：「『玄關』卽土也，黃房也，呼之根，吸之蒂，卽命蒂也，正玄牝也。臍之後，腎之前，小腸之左，大腸之右，正在中間，空閒一穴，陽舒陰訳，本無正形，意到卽開，開闔有時，故曰：天地之根，結丹之處。」

(5)唐朝道教「上清派」茅山宗第十二代宗師「司馬承禎」說：「『虛無一竅』號『玄關』，正在人身天地間，八萬四千分上下，九三六五列循環，大包天地渾無際，細入微塵不見顏，此處名爲『祖氣穴』，『虛無一竅』正中懸。」

(6)「李虛庵」《仙佛合宗語錄》說：「一陽出動卽『玄關』、藥物生，『玄關竅』也。」又說：「此『一竅玄關』，卽『玄牝之門』，冬至藥生，火候沐浴，結胎、脫胎俱在於此，則『一竅』之旨盡矣。」

(7)「柳華陽」《金仙證論》：「『機（指元精）』發則成『竅』，機息則渺茫。」

(8)「崔希範」《入藥鏡》：「『玄關一竅』，非竅自竅，關自關也。『關竅之路』有二，一由『夾脊』過『雙關』，透『頂門』，此『督脈』所行之路。一由『玉池』過『重樓』入『絳宮』，此『任脈』所行之路，知此『關竅』，則『任督二脈』，『河車之路』可通，當『歸根復命』之時，飛神『海底』，存火薰烝，『鍊精化氣』，撥動『頂門』關捩，子從『尾閭』徐徐提起，直上『泥丸』，而鍊氣化爲神矣。『泥丸神』之本宮，神居『泥丸』，則萬神朝會，子欲不死，修『崑崙』，正此之謂也。《滄溟歸根竅復命關詩》曰：『一竅之中兩竅存，金丹還返是歸根，其間空洞元無物，虎髓龍精自吐呑。』」

(9)《道樞》卷七釋《黃庭篇》稱：「『下丹田（臍下三寸）』者，『下關元』也，其命曰命關，曰金關，曰『玄關』，曰生死關。」

(10)《性命圭旨》：「空洞無涯是『玄竅』，知而不守是功夫。」

(11)李涵虛《道竅談》：「『玄關一竅』，自虛無中來，不居於五臟、肢體間，今以其名而言，此關爲玄妙機關，故曰『玄關』。」

(12)《養生祕錄》內《中黃內旨》說：「『中宮』卽『黃庭』，卽『玄牝』，卽『先天一氣』，卽『玄關一竅』，卽至善之所，卽黃極之道，卽允執厥中，在五行謂之土，在五臟謂之脾，在五常謂之信，藥物、三氣、五神、火侯、呼吸盡在是矣。行住坐臥，皆當注念，不可須臾離也，不廢人事，但當正心處物，常應？多言數窮，不如『守中』。」

⒀《張三丰煉丹祕訣》卷二《打坐淺訓》說：「修煉不知『玄關』，無論其他，只此便如暗室一般，從何下手？『玄關』者，『氣穴』也。『氣穴』者，神入氣中，如在深穴之中也。神氣相戀，則『玄關』之體已立。」

⒁李道純《中和集》卷三說：「時下學道的人多泥於形體上求『玄關』，有說在眉間，或臍輪，或兩腎中間，或臍後腎前，或膀胱，或丹田，或說頭有九宮，中爲『玄關』等，種種說法都是錯誤的，但著形體上都不是，也不可離此一身向外尋求，《丹經》大都不說，那麼，正在何處？確實難以用筆形容，用口訴說。所以『玄關』聖人只書一『中字』示人，此『中字』『玄關』明矣。

所謂『中』者非中外之中，亦非四維上下之中，不是在中之中。不思善，不思惡，正憑磨時，那個是自己本來面目，此『禪家』所說的『中』，『儒家』喜怒哀樂未發謂之中，此『儒家』所說的中，『道家』念頭不起處，謂之中，此『道家』所說的中。」

⒂李道純《中和集》卷三說：「復見天地之心，且複卦一陽生於五陰之下。陰者，靜也；陽者，動也。靜極生動，只這動處，便是『玄關』也。汝但於二六時中，舉心動念處著工夫，『玄關』自然見也，見得『玄關』，藥物火侯，運用抽添，乃至脫胎神化，並不出『此一竅』。」

⒃李道純《中和集》卷五在《詠眞樂》十二首道詩中，其中一首著重談「玄關」：「先天至理妙難窮，『鉛』產西方『汞』產東，水火二途分上下，『玄關一竅』在當中，有知不有眞爲有，空會無空實是空，無有有無端的意，滔滔海底太陽紅。」

⒄李道純《中和集》卷二：「下乘以『腎前臍後爲玄關』，中乘以『泥丸爲玄關』，上乘以『天心爲玄關』，最上一乘以『中爲玄關』。」

（五十一）龍虎：

指「心氣」。「紫陽眞人」說：「收拾身心，謂之降伏龍虎。」「心不動」則「龍吟」，「身不動」則「虎嘯」。「龍吟」則「氣固」，「虎嘯」則「精凝」。「元精」凝結，則足以「保形」，「元氣」固牢，則足以「凝神」。所以，所謂「降龍」，就是「凝神」，「控制妄動之心」；所謂「伏虎」，則是「靜氣」，「馴服調息之氣」。

（五十二）存思：

又稱爲「存想、存神」，簡稱「存」。「存」指「意念的存放」，「思」指「瞑思其形」。簡單的說，「存思」就是「用心思索」。

「道教」的修行心法

「道教」的修行方法很多，歷代的各類《丹經》，有許多人箋注，但是看法不同，解釋不一。再加上各類《丹經》的專有名詞太多，例如：存思注想、存思吐納、閉息行氣、屈伸導引、沐浴、守印堂、守臍輪、守眉間玄關、抽添取坎、烹鍊、玄牝、採藥、眞鉛眞汞、五氣朝元、降龍伏虎、鍊精化氣、鍊氣化神、鍊神還虛、三花聚鼎、黃婆、活子時……等等，「專有名詞」眞的是琳瑯滿目，讓人摸不著邊，看了眼花撩亂，頭昏腦脹，似懂非懂，不知如何修練是好？

「道教」的「修行方法」雖然很多，但是最重要的「修行心法」，卻只有一個，而且散見於《道藏》裡的各類經書。這個「修行心法」，是一個「藥引」，沒有這個「藥引」，研究再多的「修行方法」都是枉然。

由於「道教」的「經書」實在太多，所以我精選《淸靜經》、《太乙金華宗旨》和《道言淺近說》這三部「經書」，來說明「道教」的「修行心法」。

本單元介紹「道教」的「修行心法」，但是要先簡介「佛教」的「修行心法」。因爲，「佛教」的「唯識論」，是一門「佛法心理學」，而「修道」的過程，其實就是我們「心理」的變化過程。因此，唯有借助「唯識論」的學理，我們才能夠看懂各宗教的「修行心法」。

一、「佛教」的「唯識論」

各宗教都有自己的「修行心法」，一般人都很難「看懂」，原因出在我們修煉時，不懂我們「心理」的變化過程，經書的「專有名詞」又不易理解，所以就覺得很困難。

我早年研究閱覽各宗教的經書時，也是遇到同樣的問題，對各宗教的「修行心法」有看沒有懂。直到我研究「佛教」的「唯識學」時，我才如夢初醒，恍然大悟，了解原來如此。「讀者們」若有興趣深入了解「佛教」的「唯識論」，請參閱拙作《看懂心經》和《看懂禪機》。

「佛教」的「唯識學」是一門博大精深的學問，是談論我們凡夫的「心理狀態」。所謂的「禪定修練」，就是要改變我們平常的「心理狀態」，固定在某一種特定的「心理狀態」下。

下面先簡述「唯識學」的基礎概念。

(1)人類的心理有八個「心識」，即眼識、耳識、鼻識、舌識、身識（以上合稱五識）、意識、末那識及阿賴耶識。

(2)人往生後，「靈魂」就脫離肉體，佛法稱為「中陰身」，第八識「阿賴耶識」跟隨著「中陰身」，在「業力」的引導下，到「六道（天人道、阿修羅道、人道、畜生道、餓鬼道、地獄道）」去投胎轉世。

(3)假如投胎到「人道」，「中陰身」會尋找有緣的男女做父母。「中陰身」和父精（精子）、母血（卵子）三者結合，才能在母親的子宮裡成為「胎兒」。成為胎兒之後，「中陰身」裡的第八識「阿賴耶識」開始運作，陸續生出七個「心識」。胎兒長出眼睛、耳朵、鼻子、舌頭、身體（以上合稱五根）之後，就生出眼識、耳識、鼻識、舌識、身識（以上合稱五識）。

(4)胎兒一出生，成爲「嬰兒」。這個時候，「五根（眼睛、耳朵、鼻子、舌頭、身體）」接觸到外界的五種環境，稱爲「五境（色境、聲境、香境、味境、觸境）」，就產生「五識（眼識、耳識、鼻識、舌識、身識）」，進而生出第六識「意識」。「五識」必定是與外境接觸後而產生的。此「五識」本身單獨並不能產生任何功能，必須與第六識「意識」相結合，才能產生作用。

(5)第六識「意識」的功能有尋伺、作意、判斷、記憶、決定和引發喜怒哀樂的情緒作用。只要前「五識」一起作用，第六識「意識」就跟著起作用，進行了別、思惟、作意等功能。第六識「意識」還有另外一個功能，叫做「獨頭意識」。它是單獨生起，不與前「五識」俱起。「獨頭意識」可分爲四種：夢中、禪定中、精神錯亂中和精神疾病中。我們的見聞覺知、思想判斷，都是以第六識「意識」爲主，第六識「意識」是心理活動的綜合中心。牽引我們去受業報的，也是第六識「意識」的功能。

(6)第七識「末那識」是第六識「意識」的根，它又把第八識「阿賴耶識」當成「我、自己」，而牢執不捨。第七識「末那識」的作用，是經常的審慮思量，執著自我，它是一個以「自我」爲中心的心識，是自私的心識。

⑺第八識「阿賴耶識」的功能非常大，前面七個心識的種子，都儲存在第八識中，就像電腦的資料庫與存取一樣。第八識「阿賴耶識」能把所有「業識種子」儲存下來，不論多少，永遠不會滿，像一顆無限量的「硬碟」一樣。

我們出生到人間，雖然是帶著我們前世第八識「阿賴耶識」的「業識種子」而來。但是在今世，也自然會造出各種新的「業識種子」，又將新的「業識種子」儲存到第八識「阿賴耶識」裡去。

第八識「阿賴耶識」到了下一世，「業識種子」成熟了，成為「果報」。我們就這樣，生生世世把「業識種子」儲存進第八識「阿賴耶識」，生生世世的果報，也從第八識「阿賴耶識」的「業識種子」顯現出來。

最後，總結「佛教」的「修行心法」。「唯識學」告訴我們一個原理，唯有透過「靜坐禪定」的練習，停止自己第六識「意識」的分析判斷功能，讓第六識「意識」無法傳遞分析判斷的結果，給第七識「末那識」做決定，第七識「末那識」就會停止作用。

一旦第七識「末那識」停止作用，我們的思想活動就停止，「妄想執著」當然就不存在。這時候，你的「如來智慧德相」，也就是「自性佛」，就顯現出來，這就是所謂的「見性成佛」。

簡單的說，只要停止自己第六識「意識」的分析判斷功能，第七識「末那識」就會停止作用，我們的「思想活動」就會停止。當下就沒有「妄想執著」，就沒有「分別心」，只有自己的「覺知心」，清清楚楚，明明白白，與宇宙間的「大道」頻率相連結，這就是所謂的「見性成佛」。

二、《清靜經》的修行心法

《太上老君說常清靜經》又名《清靜經》或《常清靜經》，作者不詳，收入《正統道藏》洞神部本文類。「道教」宣稱「太上老君（老子）」西遊「崑崙山」時，爲「西王母」說《常清靜經》，經「仙人」轉傳傳授，「葛玄」筆錄而傳世。

《太上老君說常清靜經》中的「太上老君」，是指「老子」；「常」是指恆久、經常、常住；「清靜」是指清心寡欲不煩擾，無爲和靜，爲修煉「內丹」的基本原則。

「學者」推斷《清靜經》出自於「六朝」或「唐代」，「葛仙翁、左玄眞人、正一眞人」的題記，應當爲「依託者」所題。也有「學者」認爲，《清靜經》應該是「三國時代」的「葛玄」依託之作。從內容文字來看，《清靜經》似乎深受「大乘佛教」的「中觀哲學」和初唐「重玄學」的影響。

《清靜經》篇幅短小，不足四百字，教導人「靜心清神、遣欲入靜、得性悟道」，被「道教」視爲「修煉性功」的法寶，是「道士」日常誦習的功課之一。

《清靜經》分上下兩章，上章談「好清靜則得道」，下章說「勿貪求而沉苦海」。經文中所敘述的心法，有三個層次。

(1)首先，人必須「澄心遣慾」以致「清靜」，因此對「心、形、物」三者，唯見於空。

(2)其次，「觀空亦空，空無所空；所空既無，無無亦無；無無既無，湛然常寂」，進入「空有不異、不卽不離」的「中觀」見地，得到諸法淸靜。

⑶最後，達到「人能常淸靜，天地悉皆歸」的證悟。

「金朝」的「王重陽」創立「全眞教」後，非常重視《淸靜經》，成爲「全眞教」的日常功課之一。

《淸靜經》不講「修道方法」，而是講「修道心法」，要人從「心地」下手，以「淸靜法門」去「澄心遣欲」，去「參悟大道」。經中以「淸靜」兩個字爲主，簡明地敍述「道家」修心養性的基本原則。

但是，要了解《淸靜經》這個「修道心法」，必須借用「佛家」的「唯識學」理論來理解。因爲，在各宗教中，只有「佛家」的「唯識學」，用「心理學」的角度，明白解說靜坐時的「心理狀態」，讓讀者能夠務實的理解。

我把《淸靜經》的經文，分成三大重點來解說如下：

㈠「人神」好淸，「人心」好靜。

【原文】

夫人神①好淸，而心②擾之。人心好靜。而欲③牽④之。常能遣⑤其欲，而心自靜。澄⑥其心，而神自淸。自然⑦六欲⑧不生，三毒⑨消滅。所以不能者，爲心未澄，欲未遣也。

【註釋】

①人神：陰陽不測謂之「神」，指「元神、本性」，就是第八識「阿賴耶識」。
②心：即「識神」，「道教」認爲「識神」是人認識世界和操控身體行動的意識體，它屬於後天的意識，即第七識「末那識」。
③欲：是欲望，即性情之所好者。
④牽：牽引、牽動。
⑤遣：格除、消除。
⑥澄：由濁入清，使沉澱、清澈。
⑦自然：無所勉強之意。
⑧六欲：是色、聲、香、味、觸、法。
⑨三毒：貪、嗔、癡。

【白話翻譯】

人的「元神（本性、第八識『阿賴耶識』）」，本來是「純潔無染，虛空無礙」的。因爲受到「人心（識神、第七識『末那識』）」的擾亂，便將靈明的「元神（本性、第八識『阿賴耶識』）」給蒙蔽了。

人降生後的「初心（識神、第七識『末那識』）」，無嗜無欲，也是很安靜的。因爲逐漸長大，受到「世間知識」的薰陶污染，於是有了「私慾」的念頭，又受到俗情物慾的牽動引誘，便將「人心（識神、第七識『末那識』）」驅使的有如脫韁的野馬。

如果能夠永久的將一切「私慾雜念」格除，那麼「人心（識神、第七識『末那識』）」自然能夠平靜不妄動，再加上「澄清污心」的功夫，「元神（本性、第八識『阿賴耶識』）」自然能夠回復到「純潔無染，虛空寂靜」的狀態。自然「六欲（色、聲、香、味、觸、法」不再生起，「三毒（貪、嗔、癡）」也就消滅了。

修行人爲何不能夠達到「心自靜，神自清」的境界呢？這是因爲「心中的雜念」還沒有澄清，「私慾」還沒有除盡的緣故。

【作者解析】

以「唯識學」的角度來解釋這段經文，我們的「本性（第八識『阿賴耶識』、元神）」原本是純潔清靜的，但是我們出生爲人之後，被我們第七識「末那識（識神）」所產生的「妄想執著（慾念）」所蒙蔽。而第七識「末那識（識神）」會產生「妄想執著（慾念）」，是因爲第六識「意識」，把分析判斷的結果，傳遞給第七識「末那識」做決定。

所以，只要停止自己第六識「意識」的分析判斷功能，讓第六識「意識」無法傳達分析判斷的結果，給第七識「末那識」做決定，第七識「末那識」就會停止作用「本性（第八識阿賴耶識元神）」自然顯現。

（二）「遣慾澄心」的方法

【原文】

能遣之者，內觀①其心。心無其心。外觀其形。形無其形。遠觀其物。物無其物。三者既悟。惟見②於空③。觀空亦空。空無所空。所空既無，無無亦無，無無既無，湛然④常寂⑤。寂無所寂，欲豈能生，欲既不生。即是眞靜。眞常⑥應物，眞常得性⑦，常應常靜，常清靜矣。如此清靜，漸⑧入眞道。既入眞道，名謂得道。雖名得道，實無所得。為化⑨衆生。名謂得道。能悟之者，可傳聖道。

【註釋】

①觀：是察看、審視。

②見：顯露、顯出。。

③空：佛教認為一切事物的現象都有各自的因緣，並無實體的概念。

④湛然：清明瑩澈的樣子。

⑤寂：安然清靜。

⑥眞常：眞實常住，即是「眞理」。

⑦性：性裡，生命的原理、規律。

⑧漸：由淺入深，有階段性的意思。

⑨化：教化，教導感化。

【白話翻譯】

能夠遣除物慾的人，內觀自己的心，連心也沒有了，外觀萬物的形狀，連形狀也沒有了。遠觀天下的萬物，連萬物也沒有了。「心、形、物」既然都沒有了，唯一能顯現出來的，只有自己眞空的「自性」。

觀「空」也是「空」，空到極點，再也沒有「空」了。所觀的「空」，都「無（沒有）」了，最後連「無（沒有）」，也「無（沒有）」了。既然連「無（沒有）」，也「無（沒有）」了，這時候，修行人的心，會進入「湛然（清明瑩澈）常寂（安然淸靜）」的境界。一旦，「寂靜」到了極點，也不知道「寂靜」是什麼，此時的心，已經離開塵俗的境界。「私慾雜念」怎能夠再生起來呢？「私慾雜念」的心，既然不能再生起來，這才是「眞實的淸靜」。

用「眞常（眞理）」來應付「萬事萬物」，用「眞常（眞理）」才能夠得到萬物的「性理（生命的原理、規律）」。平時應付「萬事萬物」，都是用「事來則應，事去則靜。」的原則來應付，這樣便能夠永遠保持在「淸靜」的境界裡。

既然達到如此「淸靜」的境界，就可以漸次的步入「眞道」了。既然步入「眞道」，就稱爲「得道（得到眞道）」。雖然稱爲「得道（得到眞道）」，實際上是毫無所得。只是爲了教導感化衆生，才稱爲「得道（得到眞道）」，能夠悟透這個道理的人，才可以傳佈「聖道（聖人的心法）」。

【作者解析】

這段經文說明「遣除物慾」的方法，就是首先「內觀自己的心」，一直觀到領悟「心、形、物」三者都是「無（沒有）」的境界。這時候就進入「空」的狀態，緊接著再觀「空」，一直觀到

「空」也「無（沒有）」的境界。最後，觀到連「無（沒有）」也「無（沒有）」的境界。這時候就進入「湛然常寂」的狀態，緊接著連「湛然常寂」的境界也「無（沒有）」了。此時，「六欲」不再生起，就是「眞靜」的境界。

此時，「修行人」的心靈，進入「恆常清靜」的境界，漸漸體悟到「眞道」，見到自己的「本性」。雖然，這時候已經「得道」，但是「修行人」的心靈，卻沒有「得道」的想法，實際上是「無所得」。只是爲了度化衆生，才稱爲「得道」。能夠領悟到這個道理的人，才有資格傳「聖道」。

雖然，《清靜經》點出「遣除物慾」的方法，就是首先要「內觀自己的心」，再逐漸把「心、形、物、空、無」都觀到「無（沒有）」的境界。但是，《清靜經》沒有說破一個「關鍵的心法」，就是「內觀的訣竅」，要如何「內觀」呢？原理是什麼？

因爲，以「唯識學」的角度來說，一般人讀到「能遣之者，內觀其心。心無其心。」時，一定會想「要內觀自己的心，一直觀到心沒有了。」此時，「讀者」是用自己的第六識「意識」，在做「分析判斷」，並且在思索「如何內觀」？這下了就糟糕了。

因爲，在做「內觀」時，必須停止自己第六識「意識」的運作，讓第六識「意識」，無法傳達「分析判斷的結果」，給第七識「末那識」做決定，第七識「末那識」就會停止作用，「心、形、物、空、無」才會觀到「無（沒有）」的境界，「自性」自然顯現。

也就是說，只有停止自己第六識「意識」的運作，你才會停止「思考」的功能，「大腦」一停止「思考」，「心、形、物、空、無」當然就「無（沒有）」了。

這也就是「唯識學」所謂的「三界唯心，萬法唯識。」，當你不思索「宇宙萬物」時，當下「宇宙萬物」對你而言，是不存在的。

但是，要注意一點的是，在一般人的認知裡，「大腦」停止「思考」，只有人處在「植物人」的狀態，或是死亡時，「腦死」的狀態下，才會發生。因爲，人活著的時候，「大腦」是不會停止「思考」功能的。即使在「睡眠的狀態」下，「大腦」仍然持續在運作，所以人就會「做夢」。

殊不知，「佛家」和「道家」都發現一種方法，可以讓「大腦」停止「思考」功能，但是人又很清醒。

這種方法「佛家」稱爲「禪」，「禪」是梵語的音譯，意思是「瞑想」，漢譯作「定、靜慮、思惟修」，又稱爲「禪定」。

下面是「佛家」對「禪」的說明：

①「禪定」是「通過一種方式，使心念安定下來的實踐」，這種方式通常是「打坐」。所謂「通過一種方式」就是指「把心念集中在某一處」。「某一處」可以是一句「佛號」，可以是一句「咒語」，可以是「自己的呼吸」，可以是「佛像」等，只要能夠讓自己的心念集中就可以，這是非常重要的一個修行心法。

②「禪定」是一種心、精神的統一作用，把心、精神集中到某一對象去，再凝聚其力量，進入深沉的瞑想境地。

③「禪定」是專心於一件事情，而不分心於別的事情，而且這種專心的狀態，是「自然而然」形成的精神集中，是一種「無意識的集中」。

④「禪定」是一種使心念專一、不散亂的修行。此中不需要一個特定的東西，作爲集中的對象，初步的精神集中，是需要一對象來助成，但是最高階的精神集中，是無對象的集中，達到「非思量（無念）」的境界。

⑤「禪定」能開發你內在的潛能，《遺教經》裡說：「制心一處，無事不辦。」可是「道家」和「道教」的經書，並沒有說明這個關鍵重點，而是強調要找「明師指點」，才能夠知道如何修行。

（三）衆生爲什麼不能得眞道？

【原文】

衆生所以不得眞道者，爲有妄心①。既有妄心，卽驚其神。既驚其神，卽著萬物。既著萬物，卽生貪求。既生貪求，卽是煩惱。煩惱妄想，憂苦②身心，便遭濁辱③。流浪生死。常沉苦海④，永失眞道，眞常之道，悟者自得，得悟道者，常淸靜矣。

【註釋】

①妄心：妄生分別之心。

②憂苦：憂愁苦惱。

③濁辱：污濁恥辱。

④苦海：比喻無窮的苦境。指紅塵世界，有生死轉變而言。

【白話翻譯】

「衆生」不能夠得到「眞道」的原因，是因爲有「妄心」。既然有「妄心」，就會驚動他的「元神」。一旦驚動他的「元神」，就會執著「萬物」。一旦執著「萬物」，就會產生「貪求」的念頭。一旦產生「貪求」的念頭，就會產生「煩惱」。「煩惱」是一種「妄想」，會憂愁苦惱身心，「元神」便遭受到污濁恥辱。就會生生世世，流浪在「生死輪迴」當中，永遠沉淪於紅塵俗世的苦海，永遠失去「眞道」。眞實不虛，常久不變的「聖道」，能夠領悟的人，自然會得到「眞道」。能夠悟道的人，便能夠永久處在清靜的境界中。

【作者解析】

《清靜經》說：「衆生所以不得眞道者，爲有妄心。」，雖然指出原因是「爲有妄心」，但是並沒有交代，這個「妄心」是怎麼來的？

「唯識學」就有詳細的解說，人透過「五識（眼識、耳識、鼻識、舌識、身識）」接觸到「外境」，得到「外界的訊息」，「五識」把這個「訊息」傳遞給第六識「意識」做分析判斷，第六識「意識」再把分析判斷的結果，傳遞給第七識「末那識」做決定，第七識「末那識」就會產生妄想執著的念頭，這就是「妄心」的由來。

因爲，第七識「末那識」產生「妄心」，就會蒙蔽第八識「阿賴耶識」，也就是「元神」。然後，第七識「末那識」開始生出「貪求」的「執著心」，去想要求得萬物，這就是「煩惱」產生的原因。一旦有「煩惱」，就有「業力」，就生出「業報」，往生後，就依照「業報」去投胎轉世，就流浪在「六道輪迴」當中。

能夠領悟到「唯識學」理論的人，知道透過「靜坐禪定」的修習，停止自己第六識「意識」的分析判斷功能，讓第六識「意識」無法傳達分析判斷的結果，給第七識「末那識」做決定，第七識「末那識」就會停止作用，「自性」自然顯現，自然得到「眞道」，而達到「人能常清靜，天地悉皆歸。」」的境界中。

這就是我所強調的，學習「唯識學」的重要性。

三、《太乙金華宗旨》的修行心法

《太乙金華宗旨》是中國「清代道教」有關「內丹術」的著作，全名《先天虛無太乙金華宗旨》，僞託唐末「呂洞賓」所撰，作者不詳。

《太乙金華宗旨》共十三章，它直接闡述「丹道修證」的思路和技術，而不是著重「論述玄理」。《太乙金華宗旨》較少提及「鉛汞、龍虎、坎離」等術語，以「道教內丹」的「金丹（金華）」之修煉爲主，而以「儒家」和「佛家」輔助做說明，文章內容比較淺顯易懂，是一本適合初學者修煉道教的心法書籍。

《太乙金華宗旨》教導「瞑想」和「行氣」，主張「閉氣」及「無思」，避免「走漏神識」。書中認爲人的體內有「元神」和「識神」的存在。

在本書的第六單元「道教」的《太乙金華宗旨》裡，非常詳盡的探索《太乙金華宗旨》的內容，這裡只探討其經文裡，和「唯識學」有關的心法，所以對經文看不懂的地方，請「讀者們」參閱「第六單元」。

（一）《太乙金華宗旨》第一章　天心（天光寄之兩目）

【原文】

然曰道，道無名相，一性而已，一元神而已。性命不可見，寄之天光，天光不可見，寄之兩目。古來仙眞皆口口相傳，傳一得一。

【作者解析】

「自然」，就是「道」。「道」沒有名義，沒有形像；僅僅是一個「性」，和一個「元神」而已。這裡的「元神」，就是「唯識學」所說的第八識「阿賴耶識」。

「性命」是看不見，也摸不著，只寄託在「天光」上，「天光」也是看不見，摸不著，只寄託在「兩眼」上。自古以來仙眞傳道，都是口口相傳，傳授一代，成功一代。「性命」就是佛家所講的「自性」，「自性」是看不見，也摸不著，只寄託在「自性光」上，「自性光」也是看不見，摸不著，只寄託在「兩眼」上。「修道的心法」，自古以來「仙眞」傳道，都是口口相傳。

（二）《太乙金華宗旨》第一章　天心（迴光之功）

【原文】

迴光之功，全用逆法，注想天心，天心居日月中。

【作者解析】

「迴光（把意念集中於天心（眉間玄關），即意守玄關。）」的功夫，全用「逆法」，注想「天心」。「天心」是位居於「日和月（左右眼）」的中間。

「迴光」是一種「禪定」的方法，簡稱「意守玄關」，是讓第六識「意識」的功能停止作用的方法。

「禪」是梵語的音譯，意思是「瞑想」，漢譯作「定、靜慮、思惟修」，又稱爲「禪定」。下面是對「禪」的說明：

①「禪定」是「通過一種方式，使心念安定下來的實踐」，這種方式通常是「打坐」。所謂「通過一種方式」就是指「把心念集中在某一處」。「某一處」可以是一句「佛號」，可以是一句「咒語」，可以是「自己的呼吸」，可以是「佛像」等，只要能夠讓自己的心念集中就可以，這是非常重要的一個修行心法。

②「禪定」是一種心、精神的統一作用，把心、精神集中到某一對象去，再凝聚其力量，進入深沉的瞑想境地。

③「禪定」是專心於一件事情，而不分心於別的事情，而且這種專心的狀態，是「自然而然」

形成的精神集中，是一種「無意識的集中」。

④「禪定」是一種使心念專一、不散亂的修行。此中不需要一個特定的東西，作爲集中的對象，初步的精神集中，是需要一對象來助成，但是最高階的精神集中，是無對象的集中，達到「非思量（無念）」的境界。

⑤「禪定」能開發你內在的潛能，《遺教經》裡說：「制心一處，無事不辦。」「迴光」就是「兩眼迴光」，逆向注想「天心（眉間玄關處）」，意守「天心」，把「意念」集中於「天心（眉間玄關）」的位置，使「天心（眉間玄關）」的光迴轉，進入深沉的瞑想境地。這種「意念」集中，是「自然而然」形成的精神集中，是一種「無意識的集中」。

因爲是處於「無意識」的狀態下，所以會讓第六識「意識」的「分析判斷」功能停止作用。第六識「意識」就無法傳達「分析判斷」的結果，給第七識「末那識」做決定，第七識「末那識」就會停止作用，不產生「妄心（妄想執著）」，「元神（自性）」自然顯現，此時與「大道」渾同相通爲一體。

【註解一】「迴光」是一種逆向注想「天心」的方法，從意守「天心」入手。「迴光」的功法全稱爲「迴光守中」，又稱「抱元守一」，「守中」與「迴光」實際上是同一件事。所謂「迴光」就是使光逆轉，這「光」既不在身中，又不在身外；既在身中，又在身外。「迴光修練法」是把意念集中於「天心（眉間玄關）」的位置，使「天心（眉間玄關）」的光迴轉。要求「意念集中、思想純粹」。只有在沒有任何「雜念妄想」中，才能「意守天心、迴轉金光」。

【註解二】「逆法」是「迴光守中」的一種逆行修煉法。以兩眼觀物而言，兩眼睜開向外觀看萬事萬物，那是「順視」；兩眼閉上，向內觀看兩眼間的「天心祖竅」，觀看體內的世界，這就是「逆視、反視」，稱爲「逆法」。

【註解三】「天心」是道教「內丹功」所煉養的關鍵部位，在「眉間」，在「兩眼之間」，又被稱爲「玄關」、「先天竅」、「黃庭」，這個部位是「煉內丹」最玄妙、最緊要的關竅。

(三)《太乙金華宗旨》第一章　天心（天心猶宅舍）

【原文】

儒曰：「虛中」；釋曰：「靈台」；道曰：「祖土」；曰「黃庭」、曰「玄關」、曰「先天竅」。蓋天心猶宅舍一般，光乃主人翁也。故一迴光，周身之氣皆上朝，如聖王定都立極，執玉帛者萬國；又如主人精明，奴婢自然奉命，各司其事。諸子只去迴光，便是無上妙諦。

【作者解析】

這裡說明，「天心（眉間玄關處）」在「儒家」稱爲「虛中」；在「佛家」稱爲「靈台」；在「道家」稱爲「祖土、黃庭、玄關先、天竅」。

經中說：「諸子只去迴光，便是無上妙諦。」點出「迴光（意守玄關）」能夠讓自己的第六識「意識」的分析判斷功能停止，是修行的「心法」。

（四）《太乙金華宗旨》第一章　天心（純想）

【原文】

《楞嚴經》云：「純想卽飛，必生天上。」

【作者解析】

「純想」是不含雜質的專一「觀想」，這是停止第六識「意識」分析判斷的修行「心法」。

【註解一】《楞嚴經》云：「純想卽飛，純情卽墮。」這句經文取自《大佛頂首楞嚴經》卷八原文：「純想卽飛，必生天上。……。純情卽沉，入阿鼻獄。」

意思是：「純」是不含雜質的「專一」；「想」是「觀想」；「情」是心理上發於自然的意念，或因外界事物刺激所引發的心理狀態，包括喜、怒、哀、懼、愛、惡、欲七種感情。「想」是「陽氣」，故偏輕往上升；「情」是「陰氣」，故偏重往下墮。如果「意念」集中，觀想「天心（眉間玄關）」，卽生「天人道、人道、阿修羅道」；如果「意念」集中在感情上，卽往下墜到「畜生道、惡鬼道、地獄道」。

（五）《太乙金華宗旨》第二章　元神、識神（本來面目）

【原文】

然有元神在，卽無極也。生天生地皆由此矣。學人但能守護元神，則超生在陰陽之外，不在三界之中，此惟見性方可，所謂本來面目也。凡人投胎時，元神居方寸，而識神則居下心。

【作者解析】

「元神」就是第八識「阿賴耶識（自性）」，「識神」就是第七識「末那識」。要守護「元神（第八識阿賴耶識、自性）」，就要停止「識神（第七識『末那識』）」的「妄心（妄想執著）」，要停止「識神（第七識『末那識』）」的「妄心（妄想執著）」，唯有透過「靜坐禪定」的練習，停止自己第六識「意識」的分析判斷功能。

（六）《太乙金華宗旨》第二章　元神、識神（迴光煉魂）

【原文】

故迴光所以煉魂，即所以保神，即所以製魄，即所以斷識。

【作者解析】

經中說「迴光（意守玄關）」的「心法」，可以保護「元神（第八識阿賴耶識、自性）」，因為「迴光（意守玄關）」可以斷除「識神（第七識『末那識』）」。

（七）《太乙金華宗旨》第三章　迴光守中（意守玄關）

【原文】

聖聖相傳，不離反照。孔雲：「致知」，釋曰：「觀心」，老云：「內觀」，皆此法也。但反照二字，人人能言，不能得手，未識二字之義耳。反者，自知覺之心，反乎形神末兆之初，則吾六尺之中，反求十天地未生之體。今人但一、二時中間靜坐，反顧己私，便雲反照，安得到頭！

【作者解析】

經中說：「聖聖相傳，不離反照。」「儒家」稱「反照」爲「致知（達到完善的理解）」；「佛家」稱爲「觀心」；「道家」稱爲「內觀」。

經中又說：「但反照二字，人人能言，不能得手，未識二字之義耳。」其實，「反照」就是在練習，停止自己第六識「意識」的「分析判斷功能」。

（八）《太乙金華宗旨》第八章　逍遙訣（一念不起）

【原文】

一念不起，則正念乃生，此爲眞意。寂然大定中，而天機忽動，非無意之動乎，無爲而爲，卽此意也。

【作者解析】

如果能做到「一念不起」，那麼「正念（卽止、覺照，保持對某個對象深入地觀察。）」就會產生，「正念（卽止、覺照）」也就是「眞意（高度集中在練功上的意念）」。在這「寂然（沉靜無聲的樣子）」「大定（斷一切妄惑；指心神、意識寧靜，氣息平和，雜念不生的入靜狀態。）」之中，「天機（上天的機密）」忽然一動，那不就是「無念（沒有念頭）」的動嗎？所謂「無爲而爲（無爲不是憑空的無爲，而是經歷過有爲階段最終達成的一種道家境界。）」，指的正是這個意思。

經中說：「一念不起，則正念乃生」，這說明了當第六識「意識」的「分析判斷功能」停止時，就處於「一念不起」的狀態。但是，此時不是腦中一片空白，渾渾沌沌，反而是清清楚楚，明明白白，這種狀態稱爲「正念」。

（九）《太乙金華宗旨》第八章　逍遙訣（吾道最祕者沐浴）

【原文】

吾道最祕者沐浴，如此一部全功，不過「心空」二字，足以了之，今一言指破，省卻數十年參訪矣。

【作者解析】

在「道教」的功法中，最奧祕的就是這個「沐浴（洗心滌慮、止念）」，如此一部功法，不過是用「心空」兩個字，就足以全部概括了。現在我用這句「沐浴（洗心滌慮、止念）」簡單的話點破玄機，省掉你們各位再費幾十年功夫去參訪了！

這段經文說：「吾道最祕者『沐浴』，如此一部全功，不過『心空』二字，足以了之。」當中的「沐浴（洗心滌慮、止念）」和「心空」四個字，就把《太乙金華宗旨》的關鍵心法講完了。

「沐浴」就是「止念」，「心空」是佛教用語，意思是「心性廣大，含容萬象，有如虛空之無際。」，亦指「本心澄澈空寂無相」。

「沐浴（止念）」和「心空」是指透過「靜坐禪定」的練習，停止第六識「意識」的分析判斷功能。

（十）《太乙金華宗旨》第十章　性光識光（識斷心空）

【原文】

識不斷，則神不生；心不空，則丹不結。心靜則丹，心空卽藥。不著一物，是名心靜，不留一物，是名心空。空見爲空，空猶末空，空忘其空，斯名眞空。

【作者解析】

要知道「識神（第七識『末那識』）」不斷，「元神（第八識『阿賴耶識』）」就不生；「心」不空，「丹」就不結。「心靜」就成了「丹」，「心空」就成了「藥」。不執著任何事物，叫作「心靜」；不留戀任何事物，叫作「心空」。如果「空」是能夠發現的「空」，那這種「空」就不能算是「空」；直到「空」的忘掉了「空」，這才算做是「眞空」。

這段經文提到，「識神（第七識『末那識』）」不斷，「元神」就不生。「識神（第七識『末那識』）」是指第七識「末那識」，第七識「末那識」不停止作用，「妄心（妄想執著）」就不會消失，「元神（第八識「阿賴耶識」）」就不會顯現。

經文中所說：「不著一物，是名心靜，不留一物，是名心空。空見爲空，空猶末空，空忘其空，斯名眞空。」，要達到「不著一物、不留一物、空忘其空」的狀態，只有一個方法。

就是停止自己第六識「意識」的「分析判斷功能」，只要第六識「意識」的功能停止作用，自己就處於「無分別心」的狀態，這樣才能夠真正達到「不著一物、不留一物、空忘其空」。

四、《道言淺近說》的修行心法

「調息凝神」屬於「道教」修煉的入手功夫。「調息」為「命功」，「凝神」為「性功」，二者不可分離，故為「性命雙修」的入手功夫。

「張三丰」眞人談論「調息凝神」的方法，非常的詳細，他在所撰的《道言淺近說》裡說：「調息凝神，凝神調息。」這八個字，就是下手的功夫，必須分層次去修煉，而不中斷就可以了。

《道言淺近說》是「張三丰」眞人，對前人「丹法術語」所作的通俗的淺顯解釋。「道言」即前代道家丹法術語，「淺」即「淺顯明白」，「近」即「切近、直截」。

《道言淺近說》主要是講，「學道」的基礎下手功夫，但是也貫穿了「修道」始終須遵循的不變之理。

在《道言淺近說》中，共分為三十二段，我列出其中十一段「修道心法」當中的「十個精華重點」，來與「讀者」分享。

（一）「順其清淨自然」曰「勿助」

【原文】

（四）、「凝神調息，調息凝神」八個字，就是下手工夫。須一片做去，分層次而不斷乃可。「凝神」者，收已清之心而入其內也。心未清時，眼勿亂閉，先要自勤自勉，勸得回來，清涼恬淡，始行收入炁穴，乃曰「凝神」。凝起神了，然後如坐高山而視衆山衆水，如燃天燈而照九幽九昧，所謂「凝神於虛」者，此也。「調息」不難，心神一靜，隨息自然，我只守其自然，加以神光下照，卽「調息」也。「調息」者，調度陰蹺之息，與吾「心中之炁」，相會於「炁穴」中也。

【原文】

（五）、「心止於臍下」曰「凝神」，「炁歸於臍下」曰「調息」。神息相依，「守其清淨自然」曰「勿忘」，「順其清淨自然」曰「勿助」。勿忘勿助，以默以柔，息活潑而心自在，卽用「鑽字訣」，以「虛空」爲「藏神之所」，以「昏默」爲「息神之鄉」，三番兩次，澄之又澄，忽然心息兩忘，神炁融合，不覺恍然陽生，而人如醉矣。

【作者解析】

「順其清淨自然」曰「勿助」這一句，就是不要使用自己的第六識「意識」，去做「分析判斷」，這個稱爲「勿助」。

（二）「人心」絕則「道心」見

【原文】

（九）、「學道人」原有常格宜破，乃能「引心入理」，熱心去則冷心來，「人心絕則道心見」。此吾所以撇「功名勢利」，「棄兒女家園」也。頂真學道，要把道當爲奇貨可居，乃有效驗。

【作者解析】

「人心絕則道心見」，「人心」就是指自己的第七識「末那識」，會去留戀「功名勢利」和「兒女家園」，都是第七識「末那識」的作用。

（三）勿助

【原文】

（十四）、打坐之中，最要「凝神調息」，以暇以整，「勿助」勿忘，未有不逐日長工夫者。

【作者解析】

「勿助」這一句，就是不要使用自己的第六識「意識」，去做「分析判斷」，這個稱爲「勿助」。

（四）丹經之「玄關一竅」

【原文】

（十五）、「凝神調息」，只要「心平炁和」。「心平」則「神凝」，「炁和」則「息調」。心平「平」字最妙，「心不起波」之謂「平」，「心執其中」之謂「平」，「心」卽在此中也。心在此中，乃不起波。「此中」，卽丹經之「玄關一竅」也。

【作者解析】

只要「凝神」在眉間的「玄關一竅」，「心不起波」同時「心執其中」，自己的第六識「意識」就無法運行「分析判斷」的功能，這就稱爲「平」。

（五）初學必從「內呼吸」下手

【原文】

（十八）、初學必從「內呼吸」下手，此個「呼吸」，乃是離父母重立胞胎之地。人能從此處立功，便如母呼亦呼、母吸亦吸之時，好像重生之身一般。

【作者解析】

「內呼吸」就是「腹部呼吸」，又稱爲「胎息」。「胎息」的本義是「胎兒」在「母腹」中的呼吸。引申義是以「下丹田」爲中心，高深層次的內呼吸，它是「先天呼吸」，如同胎兒在母腹中的呼吸一樣。

（六）道教「打坐」的方法

【原文】

（十九）、大凡「打坐」，須將「神抱住炁」，「意繫住息」，在「丹田」中宛轉悠揚，聚而不散，則「內藏之炁」與「外來之炁」交結於「丹田」，日充月盛，達乎四肢，流乎百脈，撞開「夾脊雙關」，而上游於「泥丸」，旋復降下「絳宮」，而下入於「丹田」，神炁相守，息息相依，「河車之路」通矣。功夫到此，築基之效已得一半了，總是要勤虛煉耳。

【作者解析】

這是道教「打坐」的方法，「張三丰」眞人講得比「佛教」詳細。

（七）調「後天呼吸」須「任他自調」

【原文】

（二十）、「調息」須以「後天呼吸」，尋「眞人呼吸之處」。古云：「後天呼吸起微風，引起眞人呼吸功。」然調「後天呼吸」。須「任他自調」，方能調得起「先天呼吸」，我惟「致虛守靜」而已。「眞息」一動，「玄關」即不遠矣。照此進功，「築基」可翹足而至，不必百日也。

【作者解析】

「後天呼吸」必須「任他自調」，方能調得起「先天呼吸」。所謂「任他自調」，就是「不作意」，「作意」就是突然警覺而將心投注某處以引起活動之精神作用。也就是自己的第六識「意識」在運行「分析判斷」的功能。

(八)「人心」就是第七識「末那識」

【原文】

(二十二)、「人心」者二，一眞一妄。故覓「眞心」者，不生「妄念」，卽是「眞心」。「眞心」之性格最寬大、最光明，「眞心」之所居最安然、最自在。以「眞心」理事，千條一貫；以「眞心」尋道，萬殊一本。然人要用他應事，就要養得他壯大，就要守得他安閒，然後勞而不勞，靜而能應。丹訣雲：「心走卽收回，收回又放下，用後復求安，求安卽生悟也」誰云鬧中不可取靜耶？

【作者解析】

「人心」就是第七識「末那識」。

(九) 毋運「思慮之神」

【原文】

(三十)、「學道之士」，須要「清心清意」，方得「眞清之藥物」也。毋逞氣質之性，「毋運思慮之神」，毋使「呼吸之氣」，毋用「交感之精」。然「眞精」動於何時，「眞神」生於何地，「眞炁」運於何方，「眞性」養於何所，是「不可不得明辨以晰者」，而細言之也。

【作者解析】

「毋運思慮之神」，意思是不要運用「思慮之神」，就是不要運用自己的第六識「意識」在運行「分析判斷」的功能。

(十) 鬼神不得而知

【原文】

(三十二)、凡下手「打坐」，須要「心神兩靜」，空空寂寂，「鬼神不得而知」。其功夫只宜自考自信，以求自得。所謂「誠其意」者，「毋自欺」也。誠於中自形於外，是以君子必「愼其獨」。

【作者解析】

「鬼神不得而知」，意思不是「鬼神」都不知道你心裡在想什麼？因爲「鬼神」都有「他心通」，所以「鬼神」都知道你心裡在想什麼？除非你的第六識「意識」停止運行「分析判斷」的功能。

第四單元

「道教」的派別

一、「道教」的派別

根據歷史的記載，「道教」正式分立宗派，開始於「宋朝」和「元朝」之間。「道教」的「門派」浩繁衆多，因爲「分派的標準」不同，而名稱各異。歷史上的「分派類別」，大略有以下八種：

⑴「五大宗」的分法：

正一宗（祖師張道陵）、全眞南宗（祖師張伯端）、全眞北宗（祖師王重陽）、眞大宗（祖師張清志）、太一宗（祖師莫洞一）。

⑵「四大派」的分法：

天師道、全眞道、靈寶道、清微道。

⑶「八大派」的分法：

道德派、先天派、靈寶派、正一派、清微派、淨明派、玉堂派、天心派。

⑷按照「學理」的分法：

積善派、經典派、符籙派（符咒派）、丹鼎派（丹道派；金丹派）、占驗派（數術派；術數派）。

(5)按照「地區」的分法：

青城派、茅山派、龍門派、嶗山派、隨山派、遇山派、華山派、崳山派、老華山派、鶴山派、霍山派、武當派等。

(6)按照「人物」的分法：

文始派（祖師關尹）、沖虛派（祖師列子）、少陽派（祖師王玄甫）、正陽派（祖師鍾離權）、純陽派（祖師呂洞賓）、老華山派（祖師陳摶老祖）、海蟾派（祖師劉操）、三豐派（祖師張三丰）、薩祖派（祖師薩守堅）、紫陽派（祖師張伯端）、伍柳派（祖師伍沖虛、柳華陽）、重陽派（祖師王中孚）、金山派（祖師孫玄清）、閻祖派（祖師閻希言）等。

(7)按照「門派」的分法：

太平教（祖師張角）、崑崙派（祖師元始天尊）、混元派（祖師太上老君）、南無派（祖師譚處瑞）、清靜派（祖師孫不二）、金輝派（祖師齊本守）、正乙派（祖師張虛靜）、清微派（祖師馬丹陽）、天仙派（祖師呂純陽）、玄武派（祖師眞武大帝）、淨明派（祖師許旌陽）、雲陽派（祖師張果老）、虛無派（祖師李鐵枴）、雲鶴派（祖師何仙姑）、金丹派（祖師曹國舅）、玉線派（祖師樵陽眞人）、靈寶派（祖師周祖）、太一教（祖師蕭抱珍）、全眞教（祖師王重陽）、正一教（祖師張宗演）、眞空派（祖師鼓祖）、鐵冠派（祖師周祖）、自然派（祖師張三丰）、先天派、清隱派、廣慧派、日新派等。

(8)按照「道家老學」的分法：

楊朱一派、鬼谷一派、莊列一派、宋尹一派、申韓一派。

在衆多的「門派」當中，「道教」在歷史上，比較有影響力的「門派」，有七個大門派：

(1)正一道：

下面又分有「靈寶派、天師道、閣皂宗、閭山派、六壬派」等。其「道士」可以在家修行，不戒葷腥，可以結婚生子，其「道觀」一般被稱作爲「子孫廟」。

(2)全眞道：

源於「鍾離權」和「呂洞賓」的「內丹思想」，又分爲「南宗」和「北宗」。分出的支派很多，如「龍門派、遇仙派、淨明派、南無派、隨山派、崳山派、華山派、淸靜派」等。

(3)眞大道教：

「眞大道教」或稱作「大道教」，是在「金朝」時期，由「劉德仁」創立的一個道教派別，到「元朝」末年絕傳。在「元朝」，「大道教」分化爲「天寶宮」和「玉虛宮」兩派。之後，逐漸歸併到「全眞道」中。

(4)太一道：

「太一道」是在「金朝」時期，由「蕭抱珍」所創立，教傳「太一三元法策」之術，治病驅邪。「全眞道」和「眞大道教」都不太注重「符策法術」，「太一道」獨以此出名，與「天師道」接近。「元朝」末以後逐漸衰微，最後併入當時世界道教主流「全眞道」。

(5)淨明道：

「淨明道」是在「南宋」時期所創建，道教四大天師之一的「許遜」爲其祖師，興盛於「元朝、明朝」，「明朝」以後，該教逐漸歸入「正一道」。

(6)上清派及其支派「茅山宗」：

「上清派」是在「東晉」時期，由「南天師道」演變、分化而形成的一個道教派別，奉「魏華存」爲開派祖師。至「陶弘景」時，「茅山宗」成爲「上清派」活動的中心，因此這以後的「上清派」，被稱爲「茅山宗」。

(7)武當派：

「明朝」的「張三丰」，於湖北均縣「武當山」創立「武當派」，供奉「眞武大帝」爲主神。現在「北京」的「白雲觀」藏有《諸眞宗派總簿》，所列「道派系譜」共有八十七派，實際上只有八十個支派，有些只是系譜的分支，不是獨立一派。

略舉如下：混元派、尹喜派、少陽派、正陽派、純陽派、海蟾劉祖派、重陽派、七眞派、龍門派、隨山派、南無派、遇山派、華山派、嵛山派、淸靜派、金山派、金輝派、閻祖派、嶗山派、淸微派、又二茅派、靜一派、張玉皇高上派、龍虎山正、正乙派、天師分支尹喜派、眞武玄武派、呂祖天仙派、天仙派、呂祖蓬萊派、葛眞君天台派、許眞君淨明派、果老祖師雲陽派、鐵枴祖師雲虛派、何仙姑雲霞派、曹國舅金丹派、曹仙姑淸靜派、樵陽眞人玉線派、周祖靈寶派、周祖鐵冠派、鶴山派、自然派、三豐派、日新派、薩祖派、龍門華山派、邱祖又派、郝祖岔派、王祖岔支侖山派、先天派、本山派、陳、趙二師留傳棲安派、紫陽派、霍山派、御製九宮山派、彭祖眞空派、廣慧派、老華山派、三山滴血派等派別。

另外，根據「道教」內所傳的典籍，有「三十六天教」及「七十二地教」，總共計有「一百零八」個教派。

在「唐宋時期」，「道教」受到「統治階級」的推崇，而得到進一步發展，形成了多種流派。到了「元朝」以後，逐步形成「全眞派」和「正一派」兩大流派。「明朝」以後的道教，逐漸走向衰落，對「統治階級」的影響，遠遜於「唐宋時期」。

「明朝」以後，「道教」主要分爲「全眞道」和「正一道」兩大道派，官方承認的道教也只有「全眞道」和「正一道」這兩派，其他的派別，都歸納於這兩個宗派之中。

從此，「道教」已經不存在這麼多紛岐錯雜的道派，過去的小支派，不入於「全眞道」，便是附於「正一道」。所以，從「明朝」開始，所謂的「道教」，是指「全眞道」與「正一道」兩大道派。宗派之間，均能互相尊重，共同弘教，發揚道教光輝。

那麼，「道教」的「正一道」與「全眞道」有什麼區別呢？

⑴「張道陵」創建了「正一道」，「王重陽」創立了「全眞道」。

⑵「道士」分爲「全眞道」和「正一道」兩大派別，北方多是「全眞道」，而「正一道」主要在南方流傳較廣。

⑶不管是「全眞道」還是「正一道」的「道士」，都是「太上弟子」，供奉「三清尊神（「玉

清境」之主「元始天尊」，「上清境」之主「靈寶天尊」，「太清境」之主「道德天尊」）」爲最高神，兩者的區別，主要是在於「修行方式」不同。

(4)「全眞道」修煉的主旨是「清靜無爲，去情去欲，修心煉性，養氣煉丹」；「正一道」又稱爲「符籙派」，主要以「符籙齋醮，祈福禳災、超度亡靈」爲主要宗教活動。

(5)「全眞道」以「修眞養性」爲修煉的最終目的，除情見欲，識心見性，使心地清淨，返璞歸眞，證道成仙。所以，「全眞道」有要求不能結婚，要出家住道觀的戒律；「正一道」則是可以結婚，不必出家住道觀。

(6)「全眞道」只有在「冠巾受戒儀式」之後，發給「冠巾狀」或「戒牒」，才是一名「全眞道士」；「正一道」則是「傳度制度」，只有接受「傳度」後，發給「度牒」，才是一名「正一道士」。

二、「全真道」的簡介

「全眞道」興起於北方，「正一道」則興盛於南方，簡介如下：「全眞道」又稱爲「全眞派、全眞教」，是「金朝」和「元朝」時期的新興教派。「元朝」以後，「全眞道」與「正一道」作爲「道教」兩大道派，並延續至今。

「王重陽」，號「重陽子」，「陝西」咸陽劉蔣村人，出身富家，仕途無進。正隆四年（公元一一五九年），在甘河鎮（今陝西廣縣境）的酒店，遇到「鍾離權、呂洞賓」二位仙人，傳授「金丹口訣」，乃棄妻子入道，於「終南山」的南時村做穴墓居住，名爲「活死人墓」。

「金世宗」大定七年（公元一一六七年），「王重陽」放火燒掉所住的茅庵，然後東出「潼關」，雲游至「山東寧海」，「馬鈺、孫不二」夫婦築庵侍奉他，庵名「全眞」。「王重陽」在此創立「全眞道」，並且先後收了「馬鈺、譚處端、劉處玄、丘處機、王處一、郝大通、孫不二」七大弟子。這七大弟子成爲「全眞道」興旺發展的骨幹，各自形成門派，後世稱爲「北七眞」。

「王重陽」主張「儒、釋、道」三教合一，吸收「儒家」的「忠孝觀念」與「佛家」的「心性學說」，並且結合當時的新興「內丹理論」，創立了「全眞道」。

「全眞道」的門徒，諷誦《孝經》、《心經》、《道德經》，其教規與「正一道」不相同：不娶妻室，不茹葷腥，爲「出家道士」，一般多住「宮觀」內，以「清修煉養」爲主要的生活內容。

大定九年（公元一一六九年）年秋天，「王重陽」留「王處一、郝大通」在「崑崙山」修煉，自己攜同「丘處機、劉處玄、譚處端、馬鈺」四大弟子返回「關中」。途中，「王重陽」於「開封」羽化。「王重陽」之後，大弟子「馬鈺」繼任掌教，其餘六位眞人在「山東、河北、陝西、河南」等地傳教，逐漸擴展了民間的影響力。

後來，「譚處端、劉處玄、丘處機」等人先後掌教，這是「全眞道」進一步發展而漸漸壯大的時期，「全眞道」以「山東半島」作爲活動中心，並開始營造「宮觀」，建立宗教活動基地。

隨著「全眞道」在民間勢力的增大，各朝廷也日益重視它。「金世宗」召見「王處一」至「白雲觀」，次年又召見「丘處機」講道，皇帝的一再徵召，提高了「全眞道」的地位，促進了在民間的流傳。

金興定三年（公元一二一九年），「蒙古可汗」元太祖「成吉思汗」西征時，派遣使臣「劉仲錄」召「丘處機」，詢問治國和養生的方法。翌年「丘處機」與十八名弟子同往「西域」覲見「成吉思汗」，一行人由「萊州」出發，行程萬里歷時二年，到達西域大雪山（今阿富汗境內）見「成吉思汗」。「丘處機」以「敬天愛人」、減少屠殺、淸心寡欲等勸其戒殺。

「成吉思汗」稱「丘處機」爲「神仙」，賜爵「大宗師」，掌管「天下宗教事」，並且敕免「全眞道士」的差役和賦稅。因爲「丘處機」獲得「成吉思汗」的尊稱，使「全眞道」在「元朝」得以壯大。公元一二二七年，「丘處機」羽化，葬於「長春宮」的「處順堂」，即今天的「北京白雲觀」，現在是「中國道教協會」的所在地。

「丘處機」羽化後，繼起掌教者「尹志平、李志常」進一步拓展「全眞道」的事業，爭取官方支持，使「全眞道」獲得進一步發展，步入頂峰。「全眞道」大建「宮觀」、廣收門徒，出現許多知名的「道士」。此時，「全眞道」不僅在北方成爲道教重心，還渡江南傳，「江、浙、鄂、閩」等地，都有「全眞道」的活動蹤跡。

在「全眞道」南傳之前，「江南」已經有「張紫陽」一系，所創立以「內丹修煉」爲主的「金丹派南宗」，自稱丹法出於「鍾離權、呂洞賓」，與北方的「全眞道」同源異流，自許是江南的「全眞道」，依附「全眞道」，自稱「南宗」，把「王重陽」這支線，稱爲「北宗」。

「金丹派南宗」的活動範圍在湖北的「武當山」。但是，因為「金丹派南宗」的勢力不大，因此未受到「元朝」的重視，於是「金丹派南宗」紛紛合流於「全眞道」門下，其著名者有「李道純、陳致虛」等人。至此，「全眞道」傳遍大江南北，盛極一時，與「正一道」的勢力不相上下。

到了「李志常」後期，由於「忽必烈」偏信「佛教」，「全眞道」受到嚴重的打擊。「全眞道」刊行《老子化胡經》，說「佛教」是「老子」出「西域」，化身「釋迦牟尼佛」，以教化「胡人」而創立。

公元一二五七年，「全眞道」道士與「佛教」僧侶，在「忽必烈」面前辯論，結果「道士」敗北，「忽必烈」下令把《老子化胡經》，連同「木刻版」一起焚毀。此事件給予「全眞道」沉重的打擊，造成「全眞道」發展的鼎盛局面，隨之宣告結束，一直到「元成宗」時，才重新正常發展。

「全眞道」的發展儘管有低谷，但是並沒有停滯。「元朝」實現中國的南北統一之後，為原在北方的「全眞道」提供了南傳的條件。「武當山」首先成為「全眞道」的重要據點。繼「武當山」之後，「全眞道」繼續南傳至「蘇、浙、閩、贛」等地區。

「全眞道」的南傳，使「金丹派南宗」和「全眞道（北宗）」增加了接觸的機會，逐漸產生合為一宗的要求。最後，在「金丹派南宗」著名的學者「陳致虛」的積極推動下，在「元朝」中後期，二宗合併，合併之後，仍然稱為「全眞道」，共尊「東華帝君、鍾離權、呂洞賓、劉海蟾、王重陽」為「五祖」，傳「北七眞（即全眞七子：馬鈺、譚處端、劉處玄、丘處機、王處一、郝大通、孫不二）」和「南七眞（張伯端、劉永年、石泰、薛道光、陳楠、白玉蟾、彭耜）」。

「全眞道」和「金丹派南宗」都有支派，「全眞道」的支派較多，其主要的支派是：

(1)北五祖派：

①東華帝君「王玄輔」，傳「少陽派」；

②鍾離帝君「鍾離權」，傳「正陽派」；

③純陽帝君「呂洞賓」，傳「純陽派」；

④海蟾祖師「劉操」，受於「鍾離帝君」，傳「海蟾劉祖派」；

⑤重陽祖師「王重陽」，傳「重陽派」。

(2)北七眞派：

①邱處機，傳「全眞龍門派」；

②劉處玄，傳「全眞隨山派」；

③譚處端，傳「全眞南無派」；

④馬鈺，傳「全眞遇仙派」；

⑤郝大通，傳「全眞華山派」；

⑥王處一，傳「全眞嵛山派」；

⑦孫不二，傳「全眞清靜派」；

「金丹派南宗」的五位祖師，被稱爲「南五祖紫陽派」即：

①張紫陽（伯端），傳「紫陽派」；

②石杏林，爲第二代祖師；
③薛道光，爲第三代祖師；
④陳泥丸，爲第四代祖師；
⑤白玉蟾，爲第五代祖師。

「全眞道」除了合併「南宗」以外，在「元朝」中後期，又合併了「眞大道」、「樓觀道」和部分「淨明道」，成爲唯一的一個「丹鼎大派」，與符籙大派「正一道」平行發展。

進入「明朝」以後，「明太祖」強烈的支持「正一道」，「道錄司（負責道教事務的官署）」各級道官，也大多以「正一道」的道士來擔任，「全眞道」的道士被召見和受委任者極少，「全眞道」遂分裂爲諸多小派各自活動，但是始終代表「道教」正宗之一。

「全眞道」在「元朝」以後，發展的支派很多，其中以「邱處機」所開創的「龍門派」最爲隆盛。到了「清朝」初年，「全眞道龍門派」宗師「王常月」，以振興「道教」，恢復祖風自任，傳戒弘教，使「明朝」沉寂已久的「全眞龍門派」出現了中興景象。

到現代，「全眞道」的傳承不絕，與「正一道」並列爲「道教」兩大派，它雖然內部頗多支派，但是仍然以「全眞道龍門派」最爲興旺。「全眞道」三大祖庭爲：北京「白雲觀」、山西「純陽宮」和陝西「重陽宮」。

「全眞道」除了繼承中國傳統的「道教思想」之外，更將「符籙、金丹」等思想以外的內容重新整理，爲今日的「道教」奠下了根基。

三、「正一道」的簡介

「正一道」又稱「正一派」或「天師道」，源自於「五斗米道」，是「道教」最早的一個派別。其始祖是東漢「張道陵」及其開創的「正一盟威」之道，「正一道」奉「張天師」爲首領，道術以「畫符念咒」爲主，「道士」可以娶妻生子，不必出家。

「五斗米道」在「東漢順帝」時期，由「張道陵」在四川鶴鳴山（今成都市大邑縣北）所創立。「五斗米道」以「老子」爲教主，基本經典是《道德經》，道士能替信徒上章向天神祈願求福。「五斗米道」初入道者，稱爲「鬼卒」，幹部稱爲「祭酒」領導徒衆，又設有「義舍」救濟貧苦教徒。

「東漢」永和六年（公元一四一年），「張道陵」著作《道書》二十四篇，自稱「太清玄元」，收徒設教，建立東漢「道教」的基層組織。凡入道者，必須繳納「五斗米」，故稱爲「五斗米道」。

「東漢」漢安元年（公元一四二年），「張道陵」託言「太上老君」親降，授「三天正法」命其爲「天師」，「天師」之名，源於《莊子·徐無鬼》：「黃帝再拜稽首稱天師而退。」，所以「五斗米道」又稱爲「天師道」。

同年，「張道陵」又託言「太上老君」授「正一科術要道法文」和《正一盟威妙經》，命其爲「三天法師正一眞人」。「正一」意爲「正以治邪，一以統萬」，所以「五斗米道」又另外稱爲「正一道」。「張道陵」並以「治」爲傳教單位，「上八治，中八治，下八治」，在「巴蜀地區」建立起二十四個宗教活動中心，稱爲「二十四治（布化行道的地區機構）」，進而設立「祭酒」，分領其戶。從這時起，「道教」開始有了正規的教團組織。

「張道陵」死後，傳其子「張衡」，「張衡」死後，傳子「張魯」。東漢末年，「張魯」自命爲「諸侯」，占據「漢中」，建立持續達近三十年「政教合一」的政權。

後來，「張魯」在「曹操」遠征「巴蜀」時，投降「曹操」，受其官職封賞，隨其到了「內地」。「天師道徒」幾萬戶，被「曹操」安置於「長安、洛陽、鄴城」等地。「天師道」便開始在「內地」傳播。

但是，自「張魯」死後，「天師道」就傳承不明。到了「宋眞宗」時，才有對第二十四代天師「張正隨」的明確記載。

到了「南北朝」時期，「北朝」有「寇謙之」，「南朝」有「陸修靜」，對「天師道」進行了改革。

「嵩山」道士「寇謙之」出身於貴族家庭，祖輩幾代信奉「天師道」。他自幼學道，後跟隨道士到「華山」修道，最後選定「嵩山」作爲其傳道地。「寇謙之」自稱奉「太上老君」之命，要革新「五斗米道」，清整道教「張天師派系」，成爲在十六國北魏之際，「北方天師道」的領袖。

「寇謙之」廢除了原來「祭酒」等，「道官」私授教職的做法，以及「天師道」一些教職的世襲制度，要求「唯賢是舉」，並且廢除原有的「二十四治」名稱，規定「信徒」不得隨意改投「道官（掌管道教之官）」，「道官」招收弟子應該先考察三年。

「寇謙之」還重新制定了有關「宗教活動」的規章，廢除「人道費用」、「治病報酬」、「租米錢稅」等規定。

「寇謙之」教導「道教信徒」遵守「修道戒律」，認真作「齋功禮拜」，從而得道成仙。後人稱呼經「寇謙之」改造後的「天師道」爲「新天師道」或「北天師道」。從此以後，「五斗米道」正式改稱爲「天師道」。

另外，繼承「葛洪」思想的「陸修靜」，出身於江南的士族名門「吳郡陸氏」，他對「道教」發展有重大的貢獻。他爲了將當時的「道經」去僞存眞，加以整理，他到處搜訪「道經」，足跡曾經遍佈半個中國。

「陸修靜」整理了《靈寶經》，編寫了《靈寶經目》。在編寫《靈寶經目》時，將《靈寶經》分爲「三洞四輔十二類」。後來的《道藏》，就是在此基礎上，發展形成的。

「陸修靜」制訂完善的「道教戒律」和「齋醮儀式（道士設壇祈福）」，整理出一套比較完整的規定。經過「陸修靜」在「齋儀方面」的統一、規範和編訂以後，「天師道」從形式到內容，都得到了進一步的充實和健全。後人稱「陸修靜」的「天師道」爲「南天師道」，以便和「寇謙之」的「北天師道」區分。

隋唐時期，「道教」興盛，「天師道」逐漸融合其它的「符籙各派」。

到了「宋朝」時期，「宋眞宗」曾經召見「天師道」第二十四代天師「張正隨」，並賜其「先生」的稱號，自此，直至「南宋」末第三十五代天師「張可大」，幾乎代代的「天師」都得到賜號。

「宋徽宗」時，第三十代天師「張繼先」極得寵信。朝廷爲他在京城附近修建了「崇道觀」，「龍虎山」的「上淸觀」也升格爲「上淸正一宮」。自從「張可大」被「宋理宗」授予總管符籙各派的大權，「天師道」就取得了「符籙派道教」的統領地位。

「天師道」在「元朝」也受到尊寵，元世祖「忽必烈」於至元十三年（公元一二七六年）召見第三十六代天師「張宗演」，賜玉芙蓉冠、組金無縫服和銀印，授權其主領「江南道教」，第二年又封其爲「宣道靈應神和眞人」。此後，歷代「天師」都被「元朝」統治者封爲「眞人」。

到了「元成宗」元貞元年（公元一二九五年），天師「張與材」被嗣爲第三十八代天師，襲掌江南道教。大德八年（公元一三〇四年），天師「張與材」被封爲「正一教主」，主領「三山符籙（閣皂山、龍虎山、茅山）」，「正一」意爲「正以治邪，一以統萬。」。此後，除了《道德經》外，《正一經》亦爲主要經典，並以「符籙齋醮、降神驅魔」爲主要的宗教活動。而「天師道」，從此也常被稱爲「正一道」，與北方的「全眞派」並列爲道教兩大教派。

「元泰定帝」泰定二年（公元一三二五年），第三十九代天師「張嗣成」被封爲「翊元崇德正一教主」，並被授權常管全國道教事務。

明太祖「朱元璋」也曾經賜號第四十二代天師「張正常」爲「眞人」，並下詔讓「正一道天師」世代掌管全國道教。自此，至第五十二代「張應京」，除第五十代「張國祥」，代代「天師」

都被封爲「大眞人」。

到了「清朝、民國」年間，「正一道」逐漸衰落。公元一九一二年，第六十二代「正一道」天師「張元旭」在「上海」籌建「正一道」的全國性教會組織「中華民國道教總會」，但僅成立了「上海分會」。

「正一道」支派也很多，主要有：

(1)元始天尊，所傳「清微派」；

(2)天師「張虛靖」，所傳「正一派」；

(3)「許眞君」，所傳「淨明派」；

(4)玄武神，所傳「玄武派」；

(5)陳摶老祖，所傳傳老「華山派」，又名「陳氏堪輿派」；

(6)「茅山派」，「上清派」的別稱，因爲坐落在「茅山」，故被人稱爲「茅山派」。「茅山派」分爲南北茅山道教，「北派茅山」爲創始地，「南派茅山」爲今天廣東「羅浮山」，創始人爲「葛洪」。「上清派」實際爲南梁「陶弘景」在「茅山」所創，故又名「茅山派」。

四、「中國道教」的現況

「中國」在進入「清朝」之後，皇室尊崇「藏傳佛教」，對「道教」採取嚴厲限制的措施，使

「道教」更加衰落，活動主要在民間。

「鴉片戰爭」以後，「中國」淪爲「半封建、半殖民地」的社會，「道教」亦受到帝國主義的壓迫和西方思想的衝擊。再加上此時期，許多「道士」的文化素質低下，宗教知識缺乏，「道教組織」鬆散，各地聯系和團結不夠緊密。使「道教」進一步衰敗，在中國五大宗教（佛教、道教、天主教、基督教、伊斯蘭教）中，降爲教團勢力和政治影響最弱的一個宗教。但是，仍然有一批「道士」潛心修煉，著書立說，課徒傳戒，使「道教法脈」得以延續。

「中華人民共和國」成立以後，公元一九五六年成立了「中國道教協會」。「文化大革命」時期，「道教」受到很大的衝擊。「正一道」被取締，「全眞道」的「道士」被強迫還俗。

改革開放以後，由於推行「宗教信仰自由政策」，「道教」逐漸恢復。「道教」在「中國」，現今的宗派以「全眞道」爲主流，而「正一道」只是個支脈。

現今，「中國」的「道教」仍然有「全眞道」與「正一道」之分。「全眞道」的「道士」出家，在「宮觀」內過叢林式的生活，不食葷，重視「內丹修煉」，不尚「符籙」，主張「性命雙修」，以「修眞養性」爲正道。

而「正一道」的「道士」，一般都有家室，不忌葷，以「行符籙」，「畫符念咒、驅鬼降妖、祈福禳災」爲主要特徵。

五、「台灣道教」的現況

「台灣」居民的祖先，大多數是由「中國大陸」的「福建、廣東」等省移民而來。移民們來到「台灣」，自然也帶來了他們的「文化」和「宗教信仰」。

「台灣」民衆信仰「道教」非常普遍，大的城市建有衆多規模宏大的「道教廟宇」，而且幾乎全省每個村莊，都有「道教小廟」。據估計，「台灣道教」的「廟宇」大約有八千餘座。

「台灣道教」的廟宇中，供奉的神仙主要是「天上聖母（媽祖）」、「玄天上帝（眞武大帝）」和「關聖帝君（關羽）」。

「台灣」在「日治時期」末期，因爲很多民衆以信奉「道教」來表明自己的民族立場，因此日軍採「皇民化政策」，而壓抑「道教」。「道教」備受打壓，「道教宮觀」屢遭損毀，必須兼供「佛像」或「民間神祇」，才能得以保全。這種混雜現象，延續至今。台灣「道教」雖然遭受壓抑，但是仍然蓬勃發展。

今日，在「台灣」有兩大「道教」派系：「太一宗」和「正一宗」。「太一宗」爲「私人宮廟」，以「道士壇」爲主，以「太上老君」爲祖師，至今已有四十八代傳承；而「正一宗」則奉祀祖師爲「張道陵」天師，傳承有六十五代。

另外，「台灣道教」的小派別有：「法主公派、普庵派、閭山派、徐甲派、三奶派」。還有專門「誦經」的小派別：「清微派、禪和派、全眞派，靈寶派」。而「中國全眞道」亦於近幾年「大陸」宗教改革開放後，才傳入「台灣」。

「正一宗」就是前面所介紹的「正一道」，公元一九四九年，「正一道」第六十三代天師「張恩溥」輾轉到達「台灣」。公元一九六九年，「張恩溥」過世後，傳於堂姪「張源先」，是爲第六十四代「天師」，「張源先」於公元二〇〇八年仙逝。第六十五代「天師」，由「張意將」承襲。

「太一宗」很特別，我要分成「中國太一宗」和「台灣太一宗」來介紹，因爲兩者同源，但是實質上卻毫無關係。

首先介紹「中國太一宗（太一教）」，「太一教」是在「金熙宗」天眷初年（公元一一三八年），由「蕭抱珍」創立於「衛州（今河南汲縣）」，爲「道教」的宗派之一，因爲尊奉「太一（亦作『太乙』，即『道家』所稱的『道』，古指宇宙萬物的本原、本體。）」，故稱爲「太一教」，元世祖「忽必烈」曾經封「蕭抱珍」爲「一悟眞人」。「太一教」的「道法」爲「太一三元道法」，是一種「符籙道法」，教旨以「老子」之學修身，認爲「做仙做佛不難，只依一弱字便是。」。

「太一教」又以「巫祝之術」濟人，以「符水」治病行教。「金熙宗」曾經召其入宮，爲皇后治病，深受禮遇，賜其所居庵爲「太一萬壽觀」。

「太一教」傳法嗣，有「祕籙法物」，「繼法嗣者」必須改姓「蕭」，即以「祖師之姓」爲姓。「太一教」的歷代法嗣如下：初祖「蕭抱珍」、二祖「蕭道熙（本姓韓）」、三祖「蕭志冲

（本姓王）」、四祖「蕭輔道」、五祖「蕭居壽（本姓李）」、六祖「蕭全祐（本姓李）」、七祖「蕭天祐（本姓蔡）」。

「太一教」盛傳二百年，元末仍在活動。「七祖」之後，史料無載，流傳不明。「太一教」傳至「七祖」後，逐漸融合於「全眞道」。

接下來，介紹「台灣太一宗」。「台灣太一宗」並不是由「中國大陸」傳到「台灣」的派系，而是「台灣人」自己在「台灣」設立的「私人宮廟」，而且還成爲「台灣道教」的兩大派系之一，這實在是很稀奇的事情。

「台灣太一宗」雖然是在「台灣」設立的「私人宮廟」，但是其源頭，和「中國太一宗」是一樣的。

我們先來看它的「太一教傳教沿革」和「教主生平事略」：「太一教，在女眞進駐中原之際，北方道先誕生了新的道派是太一道，創始人是蕭抱珍。蕭抱珍教主創教之後，傳太一三元法之術者共七代，第二代嗣教蕭道熙，號重明，本姓韓。第三代嗣教蕭志冲，號虛寂本姓王。第四代嗣教蕭輔道，號中和。第五代嗣教蕭居壽，本姓李。第六代嗣教蕭全祐，本姓李。第七代嗣教蕭天祐，本姓蔡。

教主爲維護一姓之承襲，太一教中凡爲三元法籙嗣教正傳掌教之人，必須改姓爲蕭，正是生爲蕭，歸根時爲本姓。全盛時期爲金朝元朝，出於朝代更替，戰亂無情，當政者的鄙視私慾，致使太一道只傳七代逐漸衰微，淪爲市井之徒，以致無法銜接傳承。」

接下來，說明「太一教之興起」：「幸逢自由民主社會的茁壯，國民政府播遷來台，成立中華民國政府，創立憲政，倡導宗教生活化，生活宗教化，正確的善良民俗宗教信仰深植民心。茲由發起人『蕭茂瑞』號『眞瑞』，『蕭姓』子孫。自幼秉持教主之宗法，研習各宗道法，五術哲學，結合宗親、門生、信衆，弘道約三十五載，爲發揚『太一道』之精神，不以營利、私慾爲宗旨，謹此成立『中華太一玄眞道教會』，藉以利國利民造福社會，使中華民族以道治國之理想，以爲後世之範疇。」

「台灣太一宗」的全名是「中華太一玄眞道教會」，第四十七代「黃史」，是中民國開國元勳「黃興」的嫡孫，年幼卽學道有成，人稱「囝仔仙」，已於公元二〇一九年仙逝。第四十八代法嗣，由「黃炎」接任。

奇怪的是，歷代「太一宗」的法嗣，都必須改姓「蕭」。但是，「台灣太一宗」除了發起人「蕭茂瑞」是「蕭姓」子孫之外，後面接續的法嗣，就不再姓「蕭」了。

另外，「中國太一宗」的法嗣，只有傳到七祖「蕭天祐（本姓蔡）」之後，史料無載，流傳不明。最後，「太一教」逐漸融合於「全眞道」。

而「台灣太一宗」，居然傳到第四十八代法嗣，由「黃炎」接任。資料中還提到，「太一宗」人士「陳善淡」，宣稱在大陸「四川」的「金光洞」，看見「太一宗」的第四十六代法嗣「黃元吉」，但是查無此人的資料。

「台灣太一宗」的總廟「雲台山大羅金仙府」，座落於新北市石碇區永定村蚯蚓坑十九號之二號。廟中供奉「無極界元始天王、三清道祖、東王木公、西王金母、太極界玉皇大帝、三官大帝、五斗星君、地府司神太一救苦天尊、五嶽大帝」等。

目前「台灣道教」的現況，「台灣」的「道教組織」，主要有「台灣省道教會」和「中華道教總會」。台灣的「道士」大多屬於「正一道」，也有「全眞道」、「武當派」、「崆峒派」。不過，無論屬於什麼派，「台灣道士」大多是「居家道士」。

「台灣道士」的主要教務，一則「度生」，一則「度死」。所謂「度死」，是俗稱「做功德」的「喪葬拔度」，「齋事科儀」；所謂「度生」，是做「祈福」與「驅邪」的法事，前者有「建醮、謝平安、做三獻」等「社群法事」，而「驅邪」則指「安胎、起土押煞、補運制解」等「常民法事」。

「台灣道士」又因「派別」或「地域」不同，而有不同的稱呼。通常「台灣話」通稱「道士」爲「師公」，若再依「教派」或「地域」細分，「紅頭師公（紅頭道士）」只專門「度生」，「烏頭師公（黑頭道士）」專門「度生」與「度死」。

然而，「紅頭師公」和「黑頭師公」的區分，僅在部分地區有此「度生、度死」之區分，並非絕對。不論「紅頭師公」或「黑頭師公」，「台灣道士」可追溯其源頭，自「福建」與「廣東」一帶，大多屬於「正一派」的傳衍。

第五單元

「道教」的經典

「道教文化」紛繁絢燦，包羅萬象，其內容龐雜多端。「道教」在長期的發展過程中，積累浩繁的經籍書文。

「道教」的經典，簡稱「道書」，浩如煙海，內容包羅萬象，不僅記錄了「道教」的教理教義、教規戒律、修煉方術、齋醮科儀、修煉之術等等，同時還保留了中國古代傳統的哲學、科學、文學、醫藥學、養生學、化學、音樂、地理等多種學科的珍貴資料。「道教」的經典，可以說是中國傳統文化的一個巨大寶庫。

由於「道書」過於龐雜浩繁，對「道書」有興趣的初學者，往往不知從何處閱讀起。我把它分類成「道書成書的歷史」、「《道藏》簡介」和「重要道書簡介」三個主題，來介紹「道教」經典的內容。讓我們一起通過這些「道教」的經典，來一窺「道教」玄門的奧妙。

一、「道書」成書的歷史

「道教」是中國本土的宗教，形成於公元二世紀，至今已有一千八百多年的歷史。「道教」的內容包羅萬象，它是在中國古代「鬼神崇拜觀念」的基礎上，以「黃老思想」爲理論依據，承襲了

「春秋戰國」以來的「神仙、方術」之說而逐漸形成的。

歷代「道書」成書的歷史，可以分爲十個時期，簡介如下：

(一) 商周時期

「道教的「科儀（指道教的道場法事）」與「祭祀」，最早可追溯於的崇拜天地、自然與鬼神，從最早的與鬼神溝通的「卜筮」等多種方式，「原始宗教」逐漸演變成「商周時期」的祭祀「上天」和「祖先」。此時期流傳「黃帝學仙登於天」的思想與傳說，並沒有流傳任何「道書」的著作。

(二) 春秋戰國時期

「原始宗教」經歷了巨大的演變，並與社會文化知識互相融合。諸子百家尤以道家、儒家、墨家爲「顯學」；「陰陽家」和「神仙家」與此同時興起，各種尋找「神仙」及「長生不老藥」的活動，屢見於史書。這一時期，逐漸產生了「方仙道」、「黃老道」等初期的「道教思想」。此時期流傳的「道書」，有《黃帝四經》，又稱爲《黃帝書》，爲「戰國時代」的哲理典籍。

(三) 東漢末年時期

「東漢」末年，「五斗米道」的創教人「張道陵」，爲中國「道教」的創立者，世人稱他爲

「張天師」。以「張道陵」為首的「張天師世家」，其子「張衡」，其孫「張魯」，其傳人為其「子孫世襲」，後皆稱為「天師」另外，三國時期「孫吳」的道士「葛玄」和「東晉」時期的「葛洪」，都是「道教」初期的重要世家和道流。早期的「道教」，學習「道家」、「陰陽家」、「神仙家」的思想，並且通曉「巫鬼之道」和「方技要訣（醫卜和星相的各種技術）」。

此時期流傳的「道書」，以《老子河上公章句》、《老子想爾注》、《老子中經》、《正一法文天師教誡科經》、《太上正一盟威法籙》、《太平經》、《三皇天文》、《靈寶五符天文》、《五嶽眞形圖》、《太清丹經》、《九鼎丹經》為主，包括「符籙上章」、「金丹藥餌」、「按摩導引」、「吐吶行氣」、「房中補精」等方術。

「東晉」時期「葛洪」所著的《抱朴子》，是「葛洪」對「道家思想」和「丹道修煉方法」的闡述，為此一時期，各種「神仙方術理論」的總結，特別重視「金丹（指外丹）」的功效。

另外，《列仙傳》和《神仙傳》記載了「上古三代」至「秦漢」，有關神仙的事蹟，「東漢時期」則有神化「老子」的著作撰出。

（四）東晉末年時期

到了「東晉」末年，尊崇「元始天尊、元始天王、太上大道君、玉晨大道君」的「上清經系」和「靈寶經系」開始廣泛流傳。「南朝」的廬山道士「陸修靜」，以「上清、靈寶、三皇」總括「三洞」，編制了《三洞（洞眞、洞玄、洞神）經書目錄》。

「上清經系」以《上清大洞眞經》、《黃庭經》爲主要經典，「茅山」道士「陶弘景」作《眞誥》、《登眞隱訣》，教人「存思」身外景物、身中諸神，守「三元眞一」，乃至於守「腦九宮」，徊風混合爲「帝一」。

「靈寶經系」以《元始赤書五篇眞文》摹畫自然眞文，《昇玄步虛章》吟詠洞章，洗心奉齋，《靈寶度人經》宣揚「仙道貴生，無量度人」之旨，並餘諸經演說科儀齋法、教戒緣起。

在「三洞體系」以外，又有「馬跡山」道士「王纂（ㄗㄨㄢˇ）」，傳出《洞淵神咒經》，北朝「嵩山」道士「寇謙之」宣說《老君音誦誡經》，「樓觀道」道士，傳揚《化胡經》、《西昇經》、《開天經》、《妙眞經》，南朝「天師道」徒作《三天內解經》等，多屬於較爲尊崇「太上老君」的經典。

北周武帝「宇文邕（ㄩㄥ）」，令「通道觀學士」編纂《無上祕要》，匯集此一時期，「道書」精要的大成。當時，還傳有《眞靈位業圖》，整理了「道教」的神仙譜系，《養性延命錄》敍述「養生延年」的要訣，以及《洞玄靈寶五感文》、《洞玄靈寶授度儀》論「齋法」的「要旨」與「儀軌」。

（五）隋唐時期

「隋唐時期」的「道士」，重新闡述發揚《老子》、《莊子》、《文子》、《列子》等道家書籍，融通佛教「中觀空性」的思想，以「重玄（精妙深幽的哲理）」爲宗，傳揚《昇玄內教經》、

《眞一本際經》，並有《道體論》、《坐忘論》、《服氣精義論》、《玄綱論》、《化書》、《道德經開題序訣義疏》、《莊子疏》、《道德眞經廣聖義》、《道教靈驗記》、《道門科範大全集》、《三洞衆戒文》、《要修科儀戒律鈔》等論著。

「潘師正」的《道門經法相承次序》和「孟安排」的《道教義樞》，爲此時期義理的重要總結。

「隋唐時期」確立了「三洞（洞眞、洞玄、洞神）四輔（太清、太平、太玄、正一等四部）體系」，以及從「正一」至「太玄」、「洞神」、「洞玄靈寶」，最終到「洞眞上清」的「經籙法位」制度。

在「唐代」以後，必須經過嚴格的考試，熟讀《道德經》、《度人經》等，才能獲得「度牒（舊時官府發給僧尼的證明身分的文件）」受度入道。

（六）宋元時期

一直到「宋元時期」，「道教」與「易學」合流，宗奉「鍾離權、呂洞賓、陳摶」等人，重新闡發《黃庭經》、《周易參同契》，開創內丹術「性命雙修」之法。最著名者，爲「張伯端」所作的內丹祖書《悟眞篇》。

另外，有「全眞教」祖師「王重陽」，提倡「三教本一家」，勸人誦《心經》、《孝經》、《道德》、《清靜》，作《重陽全眞集》、《重陽教化集》、《重陽立教十五論》等，闡明「眞功、眞行」的全眞宗旨。

「張伯端」和「王重陽」二人皆獨以「內丹鍊養」爲「登眞成仙之道」，斥責「服氣、符祝、外丹、房中」爲旁門左道。

這段期間，還有《指玄篇》、《金丹四百字》、《靈源大道歌》、《靈寶畢法》、《鐘呂傳道集》、《西山群仙會眞記》、《諸眞內丹集要》、《眞仙直指語錄》、陳虛白《規中指南》、《金丹大要》、《中和集》、《海瓊玉蟾先生文集》、《海瓊白眞人語錄》、《盤山棲雲王眞人語錄》、《大道論》等，衆多內丹術著作，以及集煉養要語大成的《道樞》，內丹命功修煉精要的《心印經》流傳。

另外，「內丹術」同時也促成「煉養」與「符咒」結合的「雷法（這是道教聲稱可以召喚風雷，降妖伏魔，祈晴雨、止澇旱的一種法術。）」盛行，而以「神霄派、清微派、天心派」最爲活躍，計有《道法會元》、《清微丹訣》、《上清天心正法》、《道法九要》、《雷說》、《內天罡訣法》、《明眞破妄章頌》等專著，並有與之關係密切的《雷霆玉樞寶經》、《雷霆玉經》及其「科儀（指道教道場法事）」傳出。

在「北宋」天禧年間，「張君房」把《道藏》七部的精要，編成《雲笈七籤》，特別突出「洞眞上清」的地位。除了「重玄思想」，當時還有《定觀》、《內觀》、《清靜》、《太古》、《大通》、《胎息》、《消災護命經》、《生天得道經》、《得道了身經》、《虛皇四十九章經》等談論「靜心養性」的小型經典，以及《天童護命經》、《北帝天蓬護命經》等「護身咒」流傳開來。

從「南北朝時期」的道士「陸修靜」以來的「靈寶齋法」，在此時期，也得到進一步的發展。「靈寶齋法」主要以「符籙科教」爲主，而有《靈寶玉鑑》、《靈寶領教濟度金書》、《上清靈寶大法》等靈寶齋法的編纂。

另外，又以「煉度儀」爲靈寶之要，視《九天生神章》、《靈寶救苦經》等爲「煉度亡魂」之祕文。奉「晉代」著名道士「許遜」爲祖師，強調「本心淨明，忠孝爲貴」的「淨明道」，則傳下《淨明忠孝全書》。

此外，宣說天庭之主「玉皇上帝」來歷功德的《玉皇經》，召「眞武大帝」收斷妖魔的《眞武經》，祈請「北斗本命星君」消災延壽的《北斗經》，以及宣揚「天人感應」和「善惡報應」思想的《太上感應篇》，也在此時廣爲流行。

「南宋」紹熙年間，有道士「謝守灝（ㄏㄠˋ）」編纂《太上老君混元聖紀》。「元代」浮雲山道士「趙道一」修撰《歷世眞仙體道通鑑》，收神仙、道士八百九十九人的傳記。

公元一二二二年，長春眞人「丘處機」前往「西域」，見「成吉思汗」，三次向他講道。其談道論玄之言，由「成吉思汗」的近侍「耶律楚材」記爲《玄風慶會錄》，欲使「天下共知玄風慶會一段奇事」。

（七）明朝時期

明朝時期，「道教」逐漸分爲在宮觀清修的「全眞教」、設道壇作法事的「正一道」，和強調人體內精氣神修煉的「上清派」。

此時期，「全眞教」有《金蓮正宗記》和《甘水仙源錄》流傳，「正一道」有《漢天師世家》流行，「上清派」有《茅山志》的道門譜錄編纂。

有鑑於歷代的《道藏》都已經湮滅不存，「明成祖」和「明英宗」敕令龍虎山的「張天師」主持《正統道藏》的編修，全藏以《元始無量度人上品妙經》居首。

「明神宗」萬曆年間，又刻印《續道藏》，增收《三官經》、《長生詮經》、《無生訣經》、《消搖墟經》等道書。明代編修有《歷代神仙通鑑》，又名《三教同原錄》，廣收仙佛聖賢之傳說。

(八) 明末清初時期

明末清初時，「道教」逐漸形成「早晚課誦」的風氣，而編集《功課經》。清初，龍門派「王常月」住持「白雲觀」開壇授戒，傳下《龍門心法》。

此時期，也產出不少「內丹著作」，例如：《方壺外史》、《天仙正理直論》、《修眞九要》、《三車祕旨》、《樂育堂語錄》等，作者不詳的《性命圭旨》和《太乙金華宗旨》也頗爲流行。

另外，「正一道」龍虎山天師「張宇初」撰有《道門十規》、全眞教「龍門派」道士「王常月」撰有《初眞戒律》、「閔一得」撰有《全眞參訪集》列出了道門要典。

在清朝「嘉慶、光緒」年間，「天仙派」刻印《重刊道藏輯要》，收錄《道藏》的精要，新增不少題爲「孚佑上帝」、「八洞仙祖」、「文昌帝君」的乩仙的著作。

（九）民國時期

「民國時期」，有以《陰符經》、《道德經》、《南華經》、《黃庭經》與《文始經》爲「道教五大經典」的說法，而北京「白雲觀」每年冬季，會對《陰符經》、《道德經》、《文始經》、《南華經》、《沖虛經》、《功課經》、《化書》、《參同契》、《悟眞篇》等重要經典進行講學。《功課經》、《玉皇經》、《三官經》和《淸靜經》等，成爲「道士」平日在宮廟必備的誦讀功課。

此外，「民間乩壇」的盛行，創造出各種雜揉「儒、釋、道思想」，敬奉地方民間信仰神明的「經書」和「善書」。

（十）近代時期

到了近代，「道教」以五術「仙、醫、命、卜、相」稱之，在《仙經》和《丹書》之外，還會研讀《黃帝內經》、《聖濟經》、《千金方》、《千金翼方》、《枕中方》、《河洛理數》、《淵海子平》、《三命通會》、《星學大成》、《紫微斗數（續道藏）》、《靈臺祕苑》、《周易》、《易圖通變》、《靈棋經》、《太乙金鏡式經》、《占事略決》、《龍首經》、《遁甲符應經》、

《遁甲演義》、《太白陰經》、《五行大義》、《推背圖》、《玉匣記》《協紀辨方書》、《麻衣神相》、《黃帝宅經》、《管氏地理指蒙》、《葬書》、《水龍經》等術數方技書籍。

二、《道藏》簡介

(一)《道藏》的簡介

「道教」在一千八百多年的發展過程中，積累了卷帙浩繁的經典。「道教經典」的總彙編輯稱爲《道藏(ㄗㄤˋ)》，是「道教經典」的精華。《道藏》的名稱，開始見於「唐代」，《道藏》最初曾稱爲《三洞經書》、《緯七部經書》、《一切道經》等直到「宋代」，才正式統稱爲《道藏》。

「道教」從「漢代」開始，就有《太平經》、《老子想爾注》、《周易參同契》等經典。到了「魏晉」以後，經典日益豐富繁雜。因此，從「南北朝」起，就有人開始匯集「道教經典」，編纂「道教經典」的目錄，模仿「佛教」的《大藏經》把「道教經典」的總匯集，通稱爲《道藏》。「藏」是「儲藏東西的地方」，「道教」使用『藏」這個字，原來是專指儲存「道書的處所」，後來便以「道藏」來稱呼收集在一起的道教典籍。

《道藏》是一部匯集大量「道教經典」及相關書籍的龐雜浩大叢書，它按照一定的編纂程序、收集範圍和組織結構，將許多「道教經典」編排起來，包括從周秦以來的「道家書籍」。

《道藏》所收集的典籍非常龐雜廣泛，除了有「道教」的「經典論著」、「科儀方術」、「煉丹」、「戒律」、「符決」、「法術」、「齋醮」和「仙傳道史」之外，也有中國古代的「醫藥養生」、「天文史地」和「諸子百家書籍」，還有不少有關「中國古代科學技術」、「化學」、「生物」、「體育」的著作，是研究「道教」的經典依據，可以說是一套中華文化的「百科全書」，也是研究中國傳統文化的珍貴資料。

自「晉朝」開始，到「明朝」萬曆年間，歷代都在編修《道藏》，而如今只有「明朝」的《道藏》碩果僅存，其餘都毀於戰爭之中。中國現存最早的《道藏》，是「明英宗」正統十年（公元一四四五年）刊成的《正統道藏》，一部原來收藏在「北京」的「白雲觀」，現在由「中國國家圖書館」收藏；另一部現存日本「宮內廳」的「書陵部」。

現代習慣以《道藏》，簡稱明朝「明英宗」出版的《正統道藏》和「明神宗」萬曆十五年出版的《萬曆續道藏》合印本。

(二)《道藏》的歷史

(1)南北朝時期：

在《道藏》編撰整理之前，已經有「道士」在收集「道書」，最著名的是「西晉」的「鄭隱」。「鄭隱」師事「葛玄」，收「葛洪」爲徒，「鄭隱」共收集「道書」二百六十一種，一千二百九十九卷，這在當時是一個很大的數目。弟子「葛洪」將「鄭隱」的「藏書」分爲「道經」與「諸符」兩大類。

「南北朝時期」是「道書」撰著最多的時期。這個時期，「道書」的彙集整理，也十分頻繁。

「劉宋」時，道教「上清派」宗師「陸修靜」，得到「宋明帝」的支持，廣羅各地「道經」，大約收集「道書」一千二百二十八卷左右，總括爲《三洞》：《洞眞經》（《上清》諸經）、《洞玄經》（《靈寶》諸經）與《洞神經》（《三皁》諸經），於公元四七一年，編纂了第一部「道教」的經書總目《三洞經書目錄》，確立了「道書」的「三洞分類法」，是《道藏》的雛形。後來，再補入「四輔」，稱爲「三洞四輔」，這種分類法，在後世的《道藏》編撰中，一直被延續使用。

「陸修靜」又撰《齋戒儀範》一百餘卷，做爲典式，「南方道教」的「齋戒儀儀」因而初步完備。經過「陸修靜」不斷改革後的「道教」，成爲南朝「天師道」的正宗。

(2)唐朝時期：

《道書》正式集結成「藏」，開始於「唐代」。「唐玄宗」開元（公元七一三到七四一年）年間，令道士「史崇玄」率領京師「諸觀道士」及「昭文館」、「崇文館」學士等四十餘人，根據京中所藏《道經》二千餘卷，撰成「道教」的《一切道經音義》。

後來，在《一切道經音義》的基礎上，「唐玄宗」又派遣「使者」，四處搜訪《道經》，加上原來所藏，纂修成《道藏》，稱爲《三洞瓊綱》，總計三千七百四十四卷，稱爲《開元道藏》，這就是第一部《道藏》。

《開元道藏》的編纂體例，採取「三洞分類法」，分「三洞三十六部」，卽「洞眞、洞玄、洞神」各十二部。天寶七年（公元七四八年）詔令傳寫，以廣流布。至「唐末、五代」，卻毀於戰火之中。

(3)宋朝時期：

到了「宋朝」時，「宋眞宗」自己篤信「道教」，加封「老子」爲「太上混元皇帝」，並用六年的時間編成《寶文統錄》，共計四千三百五十九卷。後來，他又派「著作佐郞（官名，六品。三國時魏開始設置，屬中書省，執掌編撰國史，提供史料給「著作郞（官名）」，撰寫史書。）」和道士「張君房」增編《道藏》四千五百六十五卷，並採用「千字文編號」，大中祥符九年（公元一〇一六年），樞密使「王欽若」編纂校正，共計四千三百五十九卷。天禧三年（公元一〇一九年）編成七部，稱爲《大宋天宮寶藏》。

「張君房」編成《大宋天宮寶藏》後，又選擇他認爲的《道藏》的精要萬餘條，於天聖三年至七年（公元一〇二五年到一〇二九年）間，輯成《雲笈七籤》，有「小道藏」之美譽，進獻「宋仁宗」。

「宋徽宗」崇寧年間，增至五千三百八十七卷，稱爲《崇寧重校道藏》。政和年間，又增補至五千四百八十一卷，並在「福州閩縣」雕版印刷，稱爲《政和萬壽道藏》，這是《道藏》使用「木刻本」的開始。

(4)金朝時期：

「金朝」時，「金世宗」詔刊增補「宋朝」的《政和萬壽道藏》，又派遣「道士」訪遺經於天下，募工補刻。於「金章宗」時，在明昌元年（公元一一九〇年）編成《大金玄都寶藏》。道藏增加到六千四百五十五卷。

⑸元朝時期：

元朝初年，「全眞教」道士「宋德方」主持編刻《大元玄都寶藏》，《道藏》增加到七千八百卷，主要增加「全眞教」道士新撰的著作。

然而，在「元朝中葉」，「道教」在與「佛教」的爭執《老子化胡經》中，「道教」沒有證據，證明「老子化佛」，而「佛教」證明「釋迦牟尼佛」比「老子」早生早亡，而且「老子」是在「秦國」終亡，在《史記》都有記載。「道教」因此受到打擊，按約定《道藏》被燒毀。辯論會場上的十名「全眞教道士」剃度爲僧，「全眞教」受到冷落，「正一道」興起，因爲「正一道」沒參加這場辯論。

後來，「元憲宗」和「元世祖」先後兩次下令焚毀《道藏》，元末又遭兵禍，因此《道藏》大多毀亡。

⑹明朝時期：

明朝時，又重印《道藏》。明朝永樂年間（公元一四〇三年到一四二四年），「明成祖」敕第四十三代天師「張宇初」及其弟「張宇清」主持編纂《道藏》，「明英宗」正統九年（公元一四四四年）編成，名叫《正統道藏》。

「明英宗」正統九年，又詔「邵以正」校正增補，於「明英宗」正統十年（公元一四四五年）刊板事竣，印行《正統道藏》，共五千三百零五卷。

「明神宗」萬曆十五年（公元一六〇七年）又刻印《萬曆續道藏》，增加了一百八十卷。正續《道藏》共收入各類道書一千四百七十六種，五千四百八十五卷，分裝成五百十二函，經板十二萬多塊，約六千萬字，分量超過約三千多卷的《二十四史》。《道藏》中的典籍，按「三洞四輔十二類」的方法編排。

「明神宗」萬曆三十五年，第五十代天師「張國祥」續編《道藏》，凡一百八十卷，名曰《萬曆續道藏》。

後來，明朝的《道藏》經板，已經在「英法聯軍」侵華時焚毀。明朝的《道藏》刊本，存世的也只有寥寥的幾部。

(7)清朝時期：

「清朝」沒有《道藏》的大結集，最重要的「道書」纂修，有清初「彭定求」所編的《道藏輯要》，除選收《正統道藏》、《萬曆續道藏》之書外，又增收明末清初著作一百一十種。

後來，《道藏輯要》的書板被焚毀。光緒十八年（公元一八九二年，四川成都「二仙庵」住持「閻永和」首倡重刊《道藏輯要》，至光緒三十二年刊成《重刊道藏輯要》，經板保存在成都「二仙庵」。

「清朝」光緒庚子年（公元一九〇〇年）「八國聯軍」侵入「北京」，《正統道藏》經板全部遭到焚毀。各地「宮觀」收藏的《正統道藏》印本，也因戰亂災禍而存者寥寥無幾。

中國現存唯一保存較爲完好的印本，是「北京白雲觀」收藏的一部明代《正統道藏》。公元一九二六年，上海「涵芬樓書館」影印這部《正統道藏》。日本「宮內廳書陵部」也保存有一部完整的《正統道藏》。

(8)民國初年時期：

民國初年期間（公元一九二三年到一九二六年），「上海」的「商務印書館」，以「涵芬樓書館」的名義，以「白雲觀」的《道藏》爲底本，將「明朝」的《正統道藏》和《萬曆續道藏》合在一起，影印出版，社會上才開始又有《道藏》流通。

(9)現代時期：

公元一九八八年，「文物出版社」、「上海書店」和「天津古籍出版社」共同出版了，明朝《道藏》的影印本。

公元一九九七年，「中國道教協會」等組織，聯合編修了明朝的《道藏》，進行校勘、標點、補充，並於公元二〇〇四年出版了《中華道藏》。

公元二〇〇四年，「中國華夏出版社」出版的《中華道藏》，以明代《正統道藏》、《萬曆續道藏》爲底本，保持「三洞四輔」的基本框架，重新點校、分類編目。增補了舊藏遺漏的重要材料，並選擇部分近代發現的古道經，如《黃老簡帛書》、《敦煌道經寫本》、《金元藏經刻本子遺》等，補入「經書」約百餘種。

(三)《道藏》的版本

「道書」的正式結集成《道藏》，開始於唐開元時期（公元七一三年到七四一年）。此後，「宋、金、元、明」諸朝，皆曾編修《道藏》，產生不同的版本。「清代」編有《道藏輯要》，到了現代，編有《藏外道書》、《敦煌道藏》、《中華道藏》。《道藏》的版本簡介如下：

(1)《道藏輯要》：

清朝康熙年間，長州進士「彭定求」編成《道藏輯要》二十八集，即收有《道藏》未收的晚出「道書」一百種，二百八十卷，後絕版。清朝嘉慶年間，侍郎「蔣元庭」在「北京」編集，並刻板印刷。收入「道書」一百七十三種，皆取自明朝《正統道藏》。

清朝光緒三十二年（公元一九〇六年），成都「二仙庵」住持「閻永和」、新津「彭翰然」發起重刻，並邀請「賀龍驤」參與校訂，並增刻了《道藏輯要續編》。現在的「通行本」，即為「二仙庵版本」，該書共二百四十五冊，所收集的「道書」已經增至二百八十七種，其中新增「道書」一百一十四種，皆為明朝《道藏》未收的典籍。

全書按照「二十八星宿」順序排列，字板是用「梨木」雙面雕刻而成，共一萬四千多塊，公元一九五七年搬往四川省成都市的「青羊宮」保存，為當今道教經籍中，唯一的保存板。宗教信仰自由政策恢復後，「青羊宮」便印刷線裝對外供應，公元一九八六年「巴蜀書社」又重印出版。

(2)《藏外道書》：

《藏外道書》是現代大型的「道教典籍叢書」，是由「胡道靜、陳耀庭、段文桂、林萬清」等人主編，共收集《道藏》未收入的道教經籍和著述，共計九百九十一種，由「巴蜀書社」先後於公元一九九二年和一九九四年編纂出版。

此叢書匯集明朝「正統」和「萬曆」年間，編成的《道藏》和《續道藏》未收入的「道書」，以及自明朝「萬曆」以後，至公元一九四九年以前的各種「道書」，並收編如《太清風露經》、《天罡玄祕都雷法》、《大成金書》、《玉笈金箱》等。

此叢書的分類方法，不再沿用《正統道藏》和《續道藏》，而採用按照「內容特點」區分，分爲：古佚道書類、經典類、教禮教義類、攝養類、戒律善書類、儀範類、傳記神仙類、宮觀地誌類、文藝類、目錄類、其他類。

此叢書是繼明朝《道藏》之後，編輯刊行的「道教叢書」中，規模最大的一種，其所刊印的「道書」，絕大多數都久已難覓，而且多散落各處，價值非常高。

(3)《敦煌道藏》：

二十世紀初，道士「王圓籙」在「敦煌莫高窟」的「藏經洞」中，發現大批古代的「經典」和「文書抄本」。其中，「道教」的遺書抄本，大約有五百餘件，其抄寫時期在「南北朝後期」至「唐朝中期」，大約二百年的時間，尤其以「唐高宗」、「武后」至「唐玄宗」時代的抄本最多。

在洞窟中發現的書籍，大多爲「寫本」，少量爲「刻本」，漢文書寫的約占六分之五，其它則爲古代藏文、梵文、齊盧文、粟特文、和闐文、回鶻文、龜茲文等。文書內容以佛經爲主，還有儒家經典、小說、詩賦、史籍、地籍、帳冊、曆本、契據、信札、狀牒，以及道經和道書五百餘件，其中約有半數抄本是《正統道藏》未收入的早期「道教典籍」。

「敦煌道經」的發現，不僅彌補現存明朝《道藏》的缺佚，而且爲研究「河西地區」的道教歷史，提供了珍貴的史料。「敦煌道經」的整理，主要有兩個方面，一是儘可能全面地著錄分散於各處的「敦煌道經寫本」，二是公佈清晰的「圖版」和相對準確的「錄文」。

「敦煌道經」一出現，便引起了國內外學者的極大關注，公元一九九九年，中國「李德範」出版了《敦煌道藏》，將「敦煌」出土遺書中的五百餘件「敦煌道教文獻」整理彙編，集成五大巨冊。

(4)《中華道藏》：

《中華道藏》是繼明朝編纂《道藏》之後，對「道教經書」所作，最大規模的系統化、規範化集結整理，由「張繼禹」主編，「華夏出版社」於公元二〇〇四年出版。由「中國道教協會、中國社會科學院道家道教研究中心、華夏出版社」三家共同籌劃。

《中華道藏》以明朝的《正統道藏》、《萬曆續道藏》爲底本，保持「三洞四輔」的基本框架。對「三洞四輔」以外的經書，又根據不同的內容，進行了相應的歸類。《中華道藏》分爲「三洞眞經、四輔眞經、道教論集、道教衆術、道教科儀、仙傳道史」和「目錄索引」七大部類。各部類所收經書，按照「道派源流」和「時代先後」編排次序。

(四)《道藏》的分類

「道教」的經典，都收錄在《道藏》之內，現今所用的《道藏》，是「明朝」正統年間所刊印，故稱爲「正統道藏」，共計分爲「三洞四輔十二類」。

《道藏》中的各種典籍，是按照「三洞四輔十二類」的分類方法來編排。「三洞四輔十二類」是「道教」特有的一種對「道經丹書」的分類方法，《道藏》就是用這種方法來編排。

所謂「三洞四輔十二類」，其中「三洞」和「四輔」合稱爲「七部」，「七部」各有其「道統源流」，不同教派的經典，有各自的傳授和發展源流，最終形成了七部分類體系。

從「道統源流」來說，「洞眞部」是《上清經》，「洞玄部」是《靈寶經》，「洞神部」是《三皇經》，「太玄部」是《老子經》，「太平部」是《太平經》，「太清部」是《丹書》，「正一部」是《天師道經》。隨著「道經」不斷的增加，從「唐朝」起，有些「道經」已不能爲「七部」所包容，《道藏》的分類，就有些不夠用了。

「三洞」之下，又再各分爲「十二類」，是爲「三十六部類經」，亦稱爲「三十六部、三十六部尊經」。「三洞」爲「洞眞、洞玄、洞神」；「四輔」爲「太玄、太平、太清、正一」；「十二類」爲本文類、神符類、玉訣類、靈圖類、譜錄類、戒律類、威儀類、方法類、衆術類、記傳類、讚頌類、章表類。

(1)三洞：

《道藏》的分類，「三洞四輔十二類」的簡介如下：

即「洞眞、洞玄、洞神」三部，是承襲「南北朝」時的道士「陸修靜」《三洞經書目錄》的題名。「陸修靜」編纂道經目錄《三洞經書目錄》及《靈寶經目》，判別當世《靈寶經》的眞僞，並且訂立「道經」三分的「三洞」架構，這是「道教史」上，最古老的「道經目錄」。

「道經」的來源不一，各有傳授的系統。根據《道教三洞宗元》和《三洞並序》所說：「洞眞」是「天寶君」所說的經典，爲「大乘經典」；「洞玄」是「靈寶君」所說的經典，爲「中乘經典」；「洞神」是「神寶君」所說的經典，爲「小乘經典」。此三君各爲「教主」，即「天寶君」爲「洞眞教主」，「靈寶君」爲「洞玄教主」，「神寶君」爲「洞神教主」。

另外，根據《道藏經目錄．凡例》所說：凡「元始天尊」所說的經典，均收於「洞眞部」，《上清經》屬之；「太上道君」所說的經典，均收於「洞玄部」，《靈寶經》屬之；「太上老君」所說的經典，均收於「洞神部」，《三皇經》屬之。

「道教」認爲，「三洞經符」是道之綱紀，太虛之玄宗，上聖之首經，故「三洞」爲「道經」中最重要的三個部類。

(2)四輔：

「四輔」是「太清、太平、太玄、正一」的總稱，是對「三洞」的解說和補充。

根據《道教義樞》及《雲笈七籤》的記載，「太玄」爲《洞眞經》之輔；「太平」爲《洞玄經》之輔；「太清」爲《洞神經》之輔；「正一部」通貫「三洞」和「三太（即太清、太玄、太平）」，遍陳「三乘（上乘、中乘、下乘）」，爲以上六部的補充說明。

《正統道藏》雖然仍分爲「三洞」和「四輔」，實際上部分已經混淆：如《上清經》應當收入「洞眞部」，今大多誤收入「正一部」；《度人經》諸家注釋，應當收入「洞玄部」，今誤收入「洞眞部」；《道家諸子註疏》應當收入「太玄部」，今亦誤收入「洞眞部」。

(3)十二類：

根據《雲笈七籤》和《道教義樞》所說，「十二類」即：「三洞」之下，各分十二類，總數爲「三十六類經」，也稱爲「三十六部」。

①本文類：經典的原文。

②神符類：「龍章鳳篆（指道教的符籙）」之文，「靈蹟符書（道教的符咒法術）」之字。

③玉訣類：對「道經」的註解和疏義。

④靈圖類：對本文的「圖解」或以「圖像」爲主的著作。

⑤譜錄類：記錄「高眞（得道成仙的人）」和「上聖（對神、佛的尊稱）」的「應化事蹟」和「功德名位」的道書。

⑥戒律類：「戒規」、「科律（法令；法律）」的經書及「功過格」。

⑦威儀類：「齋法（修齋方法，道教修煉儀式。）」、「醮儀（道士祭神的禮儀）」及道教「科儀制度（指道教道場法事）」的著作。

⑧方法類：論述「修眞養性」和「設壇祭煉」等各種方法之書。

⑨衆術類：「外丹爐火」、「五行變化」和「一切術數（以研究陰陽五行生剋變化的道理，來

推測人事吉凶的方法。）」等「方術（道術；古時指方士求仙、煉丹的方法；也指醫、卜、星、相等技術）」書。

⑩記傳類：「衆仙傳記」、「碑銘」及「道觀」的「志書（記載地方的疆域、沿革、古蹟、人物、風俗、物產等的書籍）」。

⑪讚頌類：「歌頌讚唱」的著作，如「步虛詞（道教唱經禮贊之詞）」、讚頌「靈章（指道教的經典、符籙）」、「諸眞（諸仙人）寶誥（ㄍㄠˋ，告誡，勉勵）」等。

⑫章表類：「建齋（祭祀前先齋潔心神）」「設醮（設置高壇，以向鬼神祈禱。）」時，上呈「天帝」的「章奏（呈報天帝的文書）」、「青詞（道士祭祀天地神明的祝詞，用朱筆寫在青籐紙上。後成爲一種文體。）」等。

另外，《道藏》裡的重要經書，以「黃帝」的《陰符經》，「老子」的《道德經》，「莊子」的《南華經》，「尹喜」的《文始經》，「金闕後聖帝君」的《黃庭經》爲「五大經」。另以《陰符經》、《道德經》、《清靜經》、《龍虎經》、《黃庭經》和《參同契》、《悟眞篇》、《三皇玉訣》、《青華祕文》爲「內煉五經四書」。以《度人經》、《玉皇經》、《玉樞經》、《三官經》、《北斗經》和《生神玉章》、《濟煉科》、《祈禱儀》、《千金方》爲「外修五經四書」。

三、必讀的「道教經典」簡介

想要了解「道教」的修行內容，要讀那些「道教經典」呢？

由於「道教」的內容龐博、各派的教義不同，因此很難選擇哪些經典，是主要的道教經典。在此，僅就「道教」的修行內容，介紹讀者六本必讀的「道教經典」。

（一）《抱朴子》

《抱朴子》爲「東晉」時期，「葛洪」所著，分爲內外兩篇，其中《外篇》有五十二篇，主要是對「葛洪」生平的自述和談論社會上的各種事情；而《內篇》有二十篇，是「葛洪」對「道家思想」和「丹道修煉方法」的闡述。

「抱朴」一詞，源自於「老子」的《道德經》：「見素抱樸」，「見」是「現」、「呈現」、「推出」；「素」是「沒有染色的生絲」，這裡比喻品質純潔、高尚的聖人；「朴（ㄆㄨˇ）」通「樸」，是「沒有加工的原木」，比喻「不加修飾」，這裡比喻合乎自然法則的社會法律。「見素抱樸」是「現其本眞，守其純樸」，謂「不爲外物所牽」的意思。「見素抱朴、絕學無憂、少私寡欲」，是「老子」提出的治國的三項具體措施。

「葛洪」自號「抱朴子」，故以爲書名，其思想涵蓋「儒、道」二家。《內篇》主要講述「神仙方藥、鬼怪變化、養生延年，禳災卻病。」，屬於「道家」的範疇。其內容可以具體概括爲：論述宇宙本體、論證神仙的確實存在、論述金丹和仙藥的製作方法及應用、討論各種方術的學習應用、論述道經的各種書目，說明世人修煉的廣泛性。

《外篇》則主要談論社會上的各種事情，屬於「儒家」的範疇，其內容概括爲：論人間得失，譏刺世俗，講治民之法；評世事臧否，主張藏器待時，克己思君；論諫君主任賢能，愛民節慾，獨掌權柄；論超俗出世，修身著書等。

總之，《抱朴子》將「玄學」、「道教神學」、「方術」、「金丹」、「丹鼎」、「符」、「儒學」與「仙學」等，全部納爲一體，從而確立了「道教神仙理論」的體系。

「葛洪」提出了「修仙」必須「積累善行，建立功德，慈善爲懷。」《抱朴子》中，強調人不能單純地從「修煉方術」入手，人生的抱負也不能僅僅是遁隱山林，要想眞正「修煉成仙」，還要「建功立業、修身齊家治國平天下。」。

「葛洪」主張在現實社會生活中，獲得「精神解脫」和「煉得肉體飛升」，既做到「立時濟世」，又得「超凡入聖」。他認爲「修煉」既可以「保德致長生」，也可以「治世致太平」。通過「修煉」，還可以獲得「長生」，身體不傷，是最大的孝道。

在《抱朴子．內篇．金丹》中，論述「金丹之道」，認爲「金丹」爲仙道之極。該篇詳細記錄了煉製金丹的方法，包括盟約、結伴、祭神、藥物、經典、名山、吉日等。篇中還記載了許多現已失傳的煉丹著作。「九轉金丹」的概念，就是源自於此，「轉」是「循環變化」，「九轉金丹」是指道家燒煉「金丹」時，經九次提煉而成的丹藥，服食後可以成仙。

在《抱朴子・內篇・雜應》中，論述斷谷、卻寒、卻熱、服藥、闢五兵、吞氣、隱淪、去病、召神、乘蹻、占卜、堅齒、變化、導引、聰耳、明日、登涉、闢疫、存思、符籙等方術。

在《抱朴子・內篇・地眞》中，論述「金丹」及「守眞一、守玄一」之道。「葛洪」稱「道起於一」，謂「一」有姓名服色，在「三丹田」之中。「守一」可以去邪，獲得長生。

（二）《黃庭經》

《黃庭經》是指《太上黃庭內景玉經》和《太上黃庭外景玉經》，大約出現於魏晉之際，收入《正統道藏》洞玄部本文類，宗旨在於「服氣以養精神」。主張「固守精神」，則「身形可以長存」。

《內景經》是道教「上清一脈」修習的重要經典，據傳爲「上清仙眞」降授於南嶽「魏華存」，後來成爲宋元「內丹家」修煉「內丹」的重要典籍。

《黃庭經》分《外景經》和《內景經》二經，《外景經》有一百九十六句，分爲上、中、下三經或二十四章，《內景經》有四百三十七句，分爲三十六章，都是七言韻語。

《黃庭經》以「韻語」描述人體的「五官、五臟、六腑」以及全身「八景諸神二十四眞」的形象與作用，主旨在「存神內觀」，「固精練氣」，「塡滿黃庭」，久而行之，則「五臟生華」、「色返孩童」，最後臻至「長生久視」之境。

「黃庭內景」和「黃庭外景」的「黃庭」，意思是「中央」，「黃」是指「中央之色」；

「庭」是指「四方之中」；「內」指「腦中、心中、脾中」；「外」指「天中、人中、地中」；「景」是「景象」，「外象」卽日、月、星辰、雲霞之象，「內象」卽血、肉、筋骨、臟腑之象。所以此經稱爲「黃庭（中央）」。

但是，「黃庭」在身體中的部位，各派系衆說紛紜，各種註解如下：

⑴「身中神」所居處之一：《夢溪筆談．象數一》：「又曰：黃庭有神人守之。」

⑵頭部的兩眉之中（卻入一寸至三寸）：「梁丘子」注《黃庭外景玉經註》：「黃庭者在頭中明堂、洞房、丹田，此三處是也。兩眉卻入一寸爲明堂，二寸爲洞房，三寸爲丹田。黃庭者，兩半（陰陽二氣）於洞房中共生赤子，則爲眞人也，常思之，愼無失，赤子化爲眞人，在明堂中，字子丹，故知一者在明堂一處也。」

⑶眼睛：「務成子」注《黃庭外景經．上部經》「黃庭者，目也。道之父母供養赤子，左爲陵陽，字英明；右爲太陰，字玄光。」

⑷脾：《老子中經》：「中極黃老者，眞人之府中斗君也。……人亦有之，黃庭眞人，道之父母也，赤子之所生也，己吾身也。……正在脾上，中斗中也。

⑸下丹田（臍下三寸）：《金闕帝君三元眞一經》：「臍下三寸號命門丹田宮，下元嬰兒居其中。……下元嬰兒諱始明精，字元陽昌，位爲黃庭元王」

⑹腦中（上黃庭）、心中（中黃庭）、脾中（下黃庭）：梁丘子《黃庭內景玉經註》「黃庭內指事，卽腦中、心中、脾中」梁丘子《黃庭內景玉經註》：「上元老君居上黃庭宮，與泥丸

君、倉華君、青城君，及明堂中君臣、洞房中父母、及天庭眞人等共爲朋也。又中元老君居中黃庭宮，與赤城童子、丹田君、皓華君、含明君、英玄君、丹元眞人等共爲朋也。又下元老君居下黃庭宮，與太乙君、魂停君、靈元君、太倉君、丹田眞人等共爲朋也。」

(7)五臟之正中：《鐘呂傳道集．論鉛汞》：「黃庭者，脾胃之下，膀胱之上，心之北而腎之南，肝之西而肺之東。」

(8)臍內空處或臍中一寸三分：王重陽《重陽眞人金關玉鎖訣》：「又咽神水到脾，脾爲土，土得水者能生黃芽。腹爲大小腸九曲，至臍中一寸三分，方圓一寸，左青右白，前赤後黑，中黃戊己，名爲丹田。田內一座宮，宮中名曰黃庭宮。」

(9)三焦：「俞琰」撰《席上腐談》：「蘇子由云：古說左腎，其腑膀胱；右命門，其腑三焦，丈夫以藏精，女子以系胞。以理推之，三焦皆如膀胱，有形質可見……愚謂聞之隱者云：三焦卽黃庭也。《丹書》以心火、腎火、膀胱火聚於此，以猛烹極煅，故曰「三焦」，焦乃武火之謂也。」

(10)脾胃夾中處：清朝「唐道宗」撰《聖賢實學》：「黃庭在何處？在脾胃夾中處也。脾屬土，因土之色黃，故曰『黃』；此穴是神明之舍，虛靈之府，元神之家庭，故曰『庭』。此穴乃脾胃夾中虛懸一穴，故儒曰腔子，又曰衷。因脾爲土，故儒曰心地。此穴約廣寸餘，故儒曰方寸，又曰寸衷。此穴其形似田，故儒曰心田，道曰中丹田。此穴上通心，下通腎，此穴居中，故儒曰中，又曰中心。此黃庭諸般異名之義也。……後天父母五行之氣，散於周身，而統於黃庭；先天五行之氣，聚於黃庭，至虛至靈，主宰一身。黃庭一穴，一寸三分寬，在脾胃夾中處，離外肉皮三寸三分。黃庭爲心田，心居黃庭。未發爲中，發而中節爲和，此中和之根源也。」

⑾「黃庭」並不實指某個身體部位：「沈括」撰《夢溪筆談．象數一》：「黃庭有名而無所，沖氣之所在也」

《黃庭經》的內容，以「道教」的「思神守一」和「寶精愛氣」之說，與古代醫家的「臟腑理論」相結合，闡述修煉「長生成仙之術」。書中認爲人體各處都有神仙，首次提出了「三丹田」的理論，介紹了許多「存思觀想」的方法。

「存思」，又稱爲「存想、存神」，簡稱「存」。「存」指「意念的存放」，「思」指「瞑思其形」。簡單的說，「存思」就是「用心思索」。

《黃庭經》說，人的「首腦室」、「面部五官」及胸腹內的「五臟六腑」及「腸胃」等器官，皆有「眞人神仙」居住其中。「修道者」若能常誦此經書，默念神名，存思身神形狀、服色、居處及其職司等等，便能通神感靈，使臟腑安和，形神相守。延年卻老，成仙升天。

《黃庭經》尤其強調「存思（用心思索）」上、中、下「三丹田」之神，即腦部「泥丸」、胸部「絳宮（ㄐㄧㄤˋ，大紅色，指心臟。）」及臍下「命門」之神。認爲「三丹田」是「積精行氣」之要穴，常思其神，則自然長生不死。除「誦經思神」之外，經中又言及「漱津咽液、吐納元氣、房中固精、服食五芽、飛奔日月」等方術，特別重視「積精累氣」。

《黃庭經》還對《存思法》進行詳細闡述認爲只要「存思五臟神」，萬病都可消除。在早期的《太平經》中，就有「存思治萬病」的說法，《黃庭經》繼承這個思想，並且加以進一步的發揮解說。

《黃庭經》認爲「存思百念視節度」，即要求「存思（用心思索）」身中「百神」，呼吸上下如一，而除雜念。並且認爲「可用存思登虛空」，這是把「存思之法」當作「學仙之道」。可以說「存思（用心思索）」是道教「上清派」典型的修煉方法，也是《黃庭內景經》的核心內容。所謂「存思之法」，《內景經》中包含兩個方面，一是指存思「身內諸神」，另外是指存思「身外之物」。

《黃庭經》認爲人體有許多神居住，而以「五臟神」爲主，故重視「存思五臟神」的色、形、氣、服飾、姓名等。《黃庭內景經》對於存思心、肝、脾、肺、腎等五臟神，都分別加以論述，其中對「存思心神」的論述最多。

總括《黃庭經》的內容，可以分爲：

(1)重點論述的問題有：強調「吐納行氣、勤於咽津、時時保精固精、永持恬淡無欲、鞏固守一之法」。

(2)論述「長生久視」之道，「久視」是不老，耳目不衰，形容長壽。意思是：生命長久活存，永不衰老。

(3)分別論述人體各「主要器管」的大略及其主要「生理作用」。爲了修煉得法，又把人體分爲上、中、下三部，每部有「八景神」鎮守，合稱「二十四眞神」；人如果能「調養眞氣」，就能消除疾病，長生不老。

(4)闡述「黃庭」的「三宮」及「三丹田」與「養生」的密切關係。

(5)「存思黃庭，煉養丹田，積精累氣。」爲宗旨，「執行不殆」爲要訣。

《黃庭經》所描述的一些「內修養生之術」，與《周易參同契》的「煉丹之道」相結合，在「唐宋時期」形成「內丹道」，成爲「中唐」以後，「道教」養生方術的主流。

(三)《悟眞篇》

《悟眞篇》是北宋「張伯端」所撰的「道教經典」，本書以「詩、詞、曲」等體裁，來闡述「內丹理論」，並且仿效《周易參同契》，撰爲《悟眞篇》。

《悟眞篇》與「東漢」著名的煉丹家「魏伯陽」，所撰的《參同契》，一同被「道家」並推爲正宗的「金丹之要」。《悟眞篇》與《周易參同契》、《老子河上公章句》、《黃庭經》並列爲，中國古代早期的四大「內丹術專著」。

《悟眞篇》由「詩、詞、曲」等體裁寫成，包括：

(1)「七言四韻」十六首：爲「總論」，指出「修煉內丹」才是「得道成仙」的唯一途徑，各種「旁門小術」難以「得道成仙」。並且指出了「內丹修煉」，需要注意的一些地方。

(2)「七言絕句」六十四首：詳細講述了「內丹修煉」的過程和方法，指明需先「立鼎器」、再

「煉藥物」，後「明火候」。

⑶《西江月》十二首：重複前面詩詞的論述。

⑷「又一首」：說明「功法」的全部過程。

⑸續添「七言絕句」五首：以像「鉛、汞、砂、銀、土」之五行。

⑹卷末附有《歌頌詩曲雜言》：認為通過「修養」，可以達到「虛寂無為」，「返本還原」，與「道體合一」之境界。

「張伯端」認為只講「養命固形之術」是不夠的，還必須謀究「本源眞覺之性」，這才是「達本明性之道」。

「張伯端」還把「學道境界」分為三個層次：

⑴先以「神仙命脈」誘其修煉。

⑵次以「諸佛妙用」廣其神通。

⑶終以「眞如覺性」遣其幻妄，而歸於究竟空寂」之本源。

「眞如覺性」是「佛教」的《大乘起信論》和「禪宗」所闡揚的「心性本覺思想」。

「張伯端」提倡「道佛合流」和「道禪合流」，而且把佛教「禪宗」的「心性論」要旨奉為圭臬，置於比「道教」理論更高的層次。「張伯端」還進一步提出「先修命，後修性。」的修道步驟和方法，影響後世相當久遠。

在「修煉方法」上「張伯端」明確區分為「命術（腎的別名）」和「性宗（道家的一個宗派，

主張以修性爲本。）」兩項，卽「性命雙修」的「丹道修煉」思想其方法爲：

⑴先修「命脈」，卽「尋眞藥（先天一氣）、辨鼎器（煉丹容器，這裡指身體。）、明火候（燒火的火力強弱和時間長短，這裡指修煉的功夫。）」。所謂「眞藥」，並不是「外丹」所用的「三黃（雄黃、雌黃、硫黃）」、「四神（石、砂、鉛、銀）」及「草木藥」之類。而是「眞種子」，卽「眞鉛」，有「眞陽、陽精、先天一氣、先天眞一之氣、太乙含眞氣」等種種稱呼，「眞鉛」就是「金丹大藥」，也就是「先天一氣」。

⑵再參透性命，若瞭解《悟眞篇》的眞意，立見「三淸太上翁」，就是「佛家」所說的「見性」。

「張伯端」把修煉「金丹（先天一氣）」的方法，分爲「安爐立鼎、交媾採藥、溫養脫胎」等三個主要步驟。

⑴第一步「安爐立鼎」：是準備好誘產「金丹（先天一氣）」的「眞陰（離卦，指腎水，卽腎臟的陰液，包括腎臟所藏的精氣，是眞陽功能活動的物質基礎。）」和「眞陽（坎卦，指腎陽，卽腎臟的功能活動。）」兩樣器物；

⑵第二步「交媾採藥」：「交媾」是指「陰陽二氣」的交合，比喻「眞陰（腎臟）」和「眞陽（腎陽）」的交合作用；「採藥」是指在修煉時所發動的「體內眞氣」，「道教」把這種「眞氣」又稱作「元精、元炁」。「交媾採藥」是通過「眞陰（離卦，指腎臟。）」和「眞陽（坎卦，指腎陽。）」的作用，自「虛無」之中招至「先天一氣」盜而採之，成就「金丹

（先天一氣）」；

⑶第三步「溫養脫胎」：是通過細密的「火候修煉」，培育「金丹眞氣」，最終脫胎神化。

這裡說明一下什麼是「溫養」？「溫養」是「金丹學」的術語，它是煉養丹藥的基本環節之一。

「溫養」的「溫」，說明在「金丹修煉」的過程中，必須持續一定的「火候（燒火的火力強弱和時間長短，這裡指修煉的功夫。）」，不可使之熄滅，否則「金丹」就無法煉製成功；「溫養」的「養」說明在「火候」操持的時候，不可以「武火（指煉功時，急迫劇烈的集中意念，如火力大而急。）」猛煉，如果操之過急，將使「陰，陽進退失序。

在採外藥（內丹學把煉精化氣的初級運煉，所形成的後天精氣稱作外藥。）煉丹時，以「文火（指煉功時，意念用得輕柔緩行，如火力較小且緩的火。）」溫溫而用；當「外藥」煉成「丹胎」的時候，要進一步煉製，道教把這個環節稱作「採內藥」（道教把「先天元精」稱作「內藥」），採之而歸於「下丹田」，這時應該要注意「除情去欲」，「忘形如愚」，以「純眞的心意」與「一息」融合，這就是「採內藥」時的「溫養」功夫。

《悟眞篇》的重要貢獻之一，在於其對「道教」的「丹道修煉理論」的發展和創造。《悟眞篇》將「老子」在《道德經》中所說的「道生一，一生二，二生三，三生萬物。」的「大道生成論」，發展表述爲「道自虛無生一氣，便由一氣產陰陽，陰陽再合成三體，三體重生萬物昌。」的「實際修煉模型」，特別注重「眞鉛（卽先天一氣）」。

「張伯端」拋棄了「鐘呂丹法（漢鍾離和呂洞賓）」的「出陽神理論」，而取代之以「眞如佛性」，闡釋「煉神還虛」，爲佛道兩家「無爲之學」的融合，開闢了一條新的道路。

（四）《周易參同契》

《周易參同契》是一本講「煉丹術」的著作，是「東漢」著名的煉丹家「魏伯陽」所著，簡稱《參同契》，出書時期大致在「漢桓帝」時期（公元一四七年到一六七年），屬於「道教」早期的經典。

《周易參同契》的書名，「參（ㄘㄢ）」是指「參同（驗證合同）」「大易」、「黃老」、「爐火」三家之理而會歸於一。《周易參同契》是一部用《周易》的理論、「道家哲學」與「煉丹術」，三者參合而成的「養生著作」。

《周易參同契》共約六千餘字，基本是用四字一句、五字一句的韻文及少數長短不齊的「散文體」和「離騷體」寫成的。

《周易參同契》全書用《周易》的「爻象」，來論述「煉丹成仙」的方法。以「乾坤」爲「鼎器」，以「陰陽」爲「堤防」，以「水火」爲「化機」，以「五行」爲「輔助」，以「玄精」爲「丹基」等等，從而闡明「煉丹」的原理和方法，爲「道教」最早有系統論述「煉丹」的經籍，被「道教」的「外丹派」和「內丹派」，都視爲重要的著作。書中用「煉丹術語」來介紹「修煉方法」，使得本書非常晦澀難懂。

《周易參同契》指出，「物質變化」是「自然界」的普遍規律，「煉丹過程」也是「自然之所爲」，「非有邪僞道」。他還將「陰陽五行學說」，用於解釋「煉丹術」的現象，認爲「萬物」的產生和變化，都是「五行錯王，相據以生」，是「陰陽相須，彼此交媾」，使「精氣」得以舒發的結果。

「魏伯陽」認爲「修丹」與「天地造化」，是相同的道理，「易道」與「丹道」也是相通的，所以能用《周易》的道理，來解釋「煉丹」的道理。

《周易參同契》以「燒煉外丹」所使用的「爐鼎」，象徵「人身」；以「爐鼎」中變化的「藥物」，象徵「人體內的能量」；以「坎、離、水、火、鉛、汞、兔、烏、金蛤蟆、玉老鴉」等符號，來代表「藥物」。

「魏伯陽」認爲「黃金」既然不朽，「還丹」又能發生「可逆循環變化」，那麼「服黃金」和「還丹」後，就能使「人身不朽」和「返老還童」。此外，「魏伯陽」主張採用「鉛汞」，來作爲「煉丹」的主要原料，結果所煉得的「丹藥」，是「氧化汞」之類的「毒藥」，並導致「服丹中毒」，諸多的「中毒事件」，阻礙了「煉丹術」的發展。

《周易參同契》是一部「內丹」和「外丹」兼修的「道教理論」著作，對「道教」的「修煉術」，產生了重大影響，被稱爲「丹經之祖」，在中國「道教史」與「古代科技史」上，都有非常重要的地位。

《周易參同契》所闡述的「丹術理論」，被後世「金丹派」的「葛洪」、「陶弘景」以及「內丹煉養派」的「司馬承禎」、「鍾離權」、「呂洞賓」、「張伯端」、「黃自如」等所繼承和吸收。

《周易參同契》引用《周易》來論述「內丹」和「外丹」，以「大道」來解釋《周易》，對「宋代理學」也產生了重大影響。「周敦頤」的《太極圖》，源自於「華山」道士「陳摶」的《先天圖》，「陳摶」承襲《周易參同契》的「八卦理論」；「邵雍」的「象數學」與《周易參同契》有直接的關係；「朱熹」等「理學家」直接參與對《周易參同契》的註釋，更有人將《周易參同契》作爲儒道兼修的經典。

「道教南宗」和「道教北宗」，在思想上都受《周易參同契》的影響，因此《周易參同契》被「道教煉丹者」，尊奉爲「萬古丹經王」。

（五）《雲笈七籤》

《雲笈七籤》，全書一百二十二卷，在北宋「宋眞宗」天禧三年（公元一〇一九年），當時擔任「著作佐郎（官名，六品，掌蒐集史料，提供給『著作郎』修撰國史。）」的「張君房」編成《大宋天宮寶藏》之後，又節錄他認爲的精要萬餘條，於「宋仁宗」天聖三年至七年（公元一〇二五年到一〇二九年）間編輯成本書，進獻給「宋仁宗」皇帝。

《雲笈七籤》收集了「北宋」以前的「道教」的珍貴資料，內容主要有「道教」的「教理教義、本始源流、經法傳授、祕要訣法、諸家氣法、金丹、方藥」等，有「小道藏」之稱。後來，

《雲笈七籤》被被收錄於《正統道藏》裡的「太玄部」。《四庫全書總目提要》稱其書「類例既明，指歸略備，綱條科格，無不兼該。」

《雲笈七籤》書名的「雲笈」，是「書箱」的意思；「七籤」的意思是，節取《道藏》七部道書當中的精華。「三洞四輔十二類」的「分類法」，是「道教」所特有的一種對「道教經典」的分類方法，《道藏》就是用這種方法編目的，其中的「三洞（洞眞、洞玄、洞神）」和「四輔（太玄、太平、太清、正一）」又合稱爲「七部」。所以，「張君房」在《雲笈七籤》的序言中說：「掇雲笈七部之英，略寶蘊諸子之奧。」。

《雲笈七籙》以「上清派」爲正統，故收載該派的「道書」最多，敍述「上清經傳授系統」和「上清修眞方法」最詳細，體現出編者「張君房」的「上清派」思想傾向。此外，《雲笈七籙》收錄「唐代」以前的著作，也比「五代」和「宋初」的其他「道書」爲多。

《雲笈七籙》的「傳記類編輯」，其主要是爲了突出「上淸派」所信奉的「神仙譜系」與「元始天尊」信仰的地位，並剔除了「虛皇五老」等信仰。爲了在「宋朝」繼續提升「老子」教主的地位，以及在當時「黃帝、趙玄朗、虛皇五老、五老君」等信仰的強勢崛起中，保存了嚴重下滑的「元始天尊」信仰。

《雲笈七籤》一向被「道教界」和「學術界」所重視，因爲《大宋天宮寶藏》早已經亡失，幸賴此書得以考究，見其大概的內容。因此，《雲笈七籤》具有系統、全面和簡明等優點，所以有「小道藏」的稱呼，是瞭解和研究「道教」必備的資料。

（六）《性命圭旨》

《性命圭旨》，全名《性命雙修萬神圭旨》，作者不詳，相傳由「尹眞人」所述，由其弟子記錄，成書時間大概在「宋朝」至「明朝」之間。

《性命圭旨》是「道教」的傳世之作，全書分爲元、亨、利、貞四集，，每集前有目錄，主要介紹道教煉氣導引之術。

(1)「元集」包括圖說，共三十四題，分別爲《三聖圖》、《伏道說》、《性命說》、《死生說》《邪正說》、《普照圖》、《反照圖》、《時照圖》、《內照圖》、《太極圖》、《發揮》、《中心圖》、《火龍水虎圖說》、《日烏月兔圖說》、《大小鼎爐圖說》、《內外二藥圖說》、《順逆三關圖說》、《盡性了命圖說》、《眞土圖》、《眞土根心說》、《魂魄圖說》、《蟾光圖說》、《降龍圖說》、《伏虎圖說》、《三家相見圖說》、《和合四像圖說》、《取坎塡離圖說》、《觀音密咒圖》、《念觀音咒說》、《九鼎煉心圖說》、《八識歸元圖說》、《正氣朝元圖說》、《待沼圖說》、《飛升圖說》等。

(2)「亨集」有三個口訣：

①口訣一：「涵養本原，救護命寶」，包括《涵養本源圖》、《涵養本源，救護命寶》、《洗心退藏圖》、《玉液煉形圖》。

②口訣二：「安神祖竅，翕聚先天」，包括《安神祖竅圖》、《安神祖竅，翕聚先天》、《輪自轉圖》、《龍虎交媾圖》。

③口訣三：「蟄藏氣穴，衆妙歸根」，包括《蟄藏氣穴圖》、《蟄藏氣穴，衆妙歸根》、《胎息訣》、《行禪圖》、《立禪圖》、《坐禪圖》、《臥禪圖》、《紫中道人答問》。

(3)「利集」有三個口訣：

①口訣四：「天人合發，採藥歸壺」，包括《採藥歸壺圖》、《天人合發，採藥歸壺》、《聚火載金圖》、《聚火載金訣法》。

②口訣五：「乾坤交媾，去礦留金」，包括《乾坤交媾圖》、《乾坤交媾，去礦留金》、《週天璇璣圖》、《卯酉週天口訣》。

③口訣六：「靈丹入鼎，養聖胎」，包括《靈丹入鼎圖》、《靈丹入鼎，長養聖胎》、《火候崇正圖》、《長養聖胎圖》。

(4)「貞集」有三個口訣：

①口訣七：「嬰兒現身，出離苦海」，包括《嬰兒現形圖》、《嬰兒現身，出離苦海》、《真空煉形圖》、《出離苦海圖》。

②口訣八：「移神內院，端拱冥心」，包括《端拱冥心圖》、《移神內院》、《端拱冥心》、《化身五五圖》、《跨鳳凌霄圖》。

③口訣九：「本體虛空，超出三界」，包括《陽神出現圖》、《本體虛空，超出三界》、《超出三界圖》、《毘盧證果圖》。

《性命圭旨》主張破除「道、儒、釋」三教的門戶之見，總羅「三教歷代精義」，可是大旨還是屬於「道教」。書中主要介紹「道教」的「練氣導引之術」，認為「內丹修養」的實質，就是修煉「性、命」，就是「性命雙修」，特別是「心性」的修煉，認為「道、儒、釋」三教，都是以「性命雙修」為根本。

《性命圭旨》以圖配文，闡述「內煉」的理論與功法，博採眾家之說。書中開頭就標明「三聖圖」，敍述「儒佛之說」，有明顯的「三教合一」思想。例如「儒家」的「中、一」思想，「佛教」的「明心見性」思想。又如《元集》收錄宋儒「周敦頤」的《太極圖》，又收錄「佛教」的《觀音密咒圖》，還有「道教」的《飛昇圖》。

《性命圭旨》總結了各種有關「內丹」的原理和方法，闡述了各種「內丹功法」的術語和基本思想。並且詳細講述了「內丹法」的「築基煉己，煉精化炁，煉炁化神，煉神還虛，煉虛合道。」的整個過程，功法共分九段，圖文並茂，附有口訣，把內丹通俗化，使一般人都能看懂。

「道教」的《太乙金華宗旨》

一、《太乙金華宗旨》簡介

《太乙金華宗旨》是中國「清代道教」有關「內丹術」的著作，全名《先天虛無太乙金華宗旨》，僞託唐末「呂洞賓」所撰，作者不詳，一說「扶乩」而成，另一說是道教「全眞派」的創始人「王重陽」所著，此書大約在公元一六八八年至一六九二年間成書。

《太乙金華宗旨》一書中的「太乙」又稱「太一、無上、眞炁、先天一炁」，是古代指天地未分之前的「混沌之氣」，卽宇宙萬物的本源、本體，又稱爲「道」。所謂「金華」，就是「光、金花、金丹、金黃色的花彩」，那「光」是什麼的顏色呢？「取像（取某事物的象徵）」於「金華（金花；金黃色的花彩）」，用「金華（金花）」來形容比喻，內涵祕密包藏著一個「光」字在內，這就是「先天太乙」的「眞炁（眞氣）」，是修煉「金丹大道」所達到的境界。「宗旨」是宗教的教義，指主要的思想。

《太乙金華宗旨》共十三章，它直接闡述「丹道修證」的思路和技術，而不是著重「論述玄理」。本書的全名爲《呂祖先天一氣太乙金華宗旨》，世人多傳爲「呂洞賓」所著，書中每一章的開頭都有「呂祖曰，或呂帝曰」這樣的話。

另外，書的第一章有一段描述《太乙金華宗旨》法脈傳承的話：「自太上化現，東華遞傳岩以及南北二宗，全眞可爲極盛」。意思是說：「『道教』的鼻祖『太上老君』化身『老子』，傳道於『東華帝君』，『東華帝君』將此法傳至唐朝的『呂洞賓（呂岩）』，『呂洞賓』傳至『宋朝』，形成南北二宗，北宗『全眞派』現在極興盛。」

《太乙金華宗旨》較少提及「鉛汞、龍虎、坎離」等術語，以「道教內丹」的「金丹（金華）」之修煉爲主，而以「儒家」和「佛家」輔助做說明，文章內容比較淺顯易懂，是一本適合初學者修煉道教的心法書籍。

《太乙金華宗旨》教導「瞑想」和「行氣」，主張「閉氣」及「無思」，避免「走漏神識」。書中認爲人的體內有「元神」和「識神」的存在。

「元神」的概念類似「靈魂」，「道家」以「元神」爲主的修煉，是先煉出「內丹」再成胎化爲「陽神」，可以離「肉身」外出遊走天地之間，稱爲「元神出竅」，甚至捨「肉身」而獨自存在，或飛昇，或轉世。

而「識神」就是人「認識世界」和「操控身體行動」的「意識體」，它屬於「後天的意識」。道教認爲「識神」是依靠「魄」而存在的，它作爲整個身體的主要核心，飢餓、睏倦、乃至生氣、厭煩、悲傷等，都是由「識神」感受到這些負面的情緒。在與「外界」的直接接觸中，「識神」也建立起分辨「自我」與「外界」不同的「認知」，由此也有「識神」對應所產生出的「欲望」，並且轉換爲「行動力」，促使人作出對自己有利的行爲。

修煉「元神」者，最重要的目的，在於「深層感悟」，並且開發「元神」的功能。而透過「內心修煉」的技巧，是可以達到完全壓制並驅除一切「識神」的感受，使整個人成爲「元神」所占據的「純陽之體」，那種境界也就是「成仙」。「成仙者」能夠憑藉「意念」，隨意驅動「元神」，遨遊於「太虛之境」，完成凡人所不能及之事，並且突破「時間」和「空間」，通曉過去與未來之事等。

這種「元神」思想，在二十世紀初，被西方的心理學家「榮格」等人發現，並且認爲與其研究的「集體潛意識理論」，有相通之處。《太乙金華宗旨》經由「榮格」等人的提倡，在當時歐洲的「心理學界」逐漸出名，並且受到重視和研究。這是《太乙金華宗旨》這本書，在西方有相當大知名度的成因，而且在衆多「道書」中，也僅此書名揚國際。

「榮格」翻譯《太乙金華宗旨》成「德文版」，並且以《金花的祕密》爲書名出版後，轟動整個歐洲，成爲最暢銷書之一，再版不斷。後來，又翻譯成「英文版」，暢銷到全世界。「日本人」又把「德文版」譯成「日文版」，在「日本」也極爲暢銷。

二、《金花的祕密》

公元一八九九年，德國的基督教傳教士、漢學家「衛禮賢」來到中國，在他住在中國的二十一年間，他在「全眞教龍門派」的祖庭勝地「嶗山」，有幸遇到「勞乃宣」，有機會接觸到了《易經》和正宗的「全眞教龍門派」的經典，學到了一些正宗修煉方法。

「勞乃宣」是學者，也是清末官員，曾被欽選爲「大清資政院碩學通儒議員」，「清朝」滅亡後，他成爲「遺老」，堅不出仕，隱居在「淶水、青島」。期間遇到「衛禮賢」，曾經幫助「衛禮賢」研究「漢學」，創立「尊孔文社」，執教於「禮賢書院」。

「衛禮賢」被「道教」那深奧的「玄理」和「修道的實證」所著迷，他在中國二十一年，學到了「道教全眞派」的正宗修煉方法。「衛禮賢」回到「德國」後，他將《太乙金華宗旨》翻譯成德文，介紹給西方世界。

「衛禮賢」特別將此書的手稿，送給了好友「榮格」，他是當時「德國」著名的心理學家，「榮格」在讀完《太乙金華宗旨》後，大爲讚嘆，聲稱此書幫他解決了，研究「集體無意識」過程中，遇到的困境。

後來，「榮格」向「衛禮賢」提議，一起將這本關於「中國瑜伽哲學」的書《太乙金華宗旨》付諸出版。「榮格」說，「中國」用「樸素的語言」，揭示出深刻的眞理，帶來了「金花」的優雅芬芳，使「西方人」對於「生命」和「道」有了新的感受，所以這本書取名爲《金花的祕密：中國的生命之書》（Das Geheimnis der Goldenen Blüte：ein chinesisches Lebensbuch）。

《金花的祕密》德文版，於公元一九二九年正式出版，作者是「榮格」和「衛禮賢」，「榮格」爲《太乙金華宗旨》作序。本書從「心理」的角度，分析了「中國的文化」，並且比較了「中西文化的差異」。書中「榮格」對「道家」經典《太乙金華宗旨》有長篇的評述，在「榮格」的理解中，「金花的祕密」也就是「人類心靈的祕密」。「榮格」在其評論的結語中說：「我的評論，目的是要建立一種在東方和西方之間進行心理學理解的橋梁。」。

德文版的《金花的祕密》出版，引起西方世界的關注，又被翻譯成英文、法文、意大利文、日文、朝文等多種文字。

這裡簡介一下兩位作者，「衛禮賢」和「榮格」。

衛禮賢（Richard Wilhelm，公元一八七三年到一九三〇年），生於德國「斯圖加特」，為基督教「同善會」的傳教士，著名的「漢學家」。他對中國文化有極深的理解，他翻譯出版了《易經》、《論語》、《大學》、《孟子》、《老子》、《莊子》和《列子》等大量中國道家經典，並著有《實用中國常識》、《老子與道教》、《中國的精神》、《中國的民間童話》、《中國文化史》、《東方——中國文化的形成和變遷》、《中國哲學》等等。

榮格（Carl Gustav Jung，公元一八七五年到一九六一年），「瑞士」著名的心理學家、精神病學家，精神分析學的主要代表。主要著作有《無意識心理學》、《心理學型態》、《集體無意識原型》、《心理學與文學》等。

「榮格」對中國道教《太乙金華宗旨》、《慧命經》、《易經》，及佛教《西藏度亡經》和「禪宗」等，皆深入研究，也對西方的「煉金術」著迷。他在《太乙金華宗旨》及西方「煉金術」中，找到與他「個性化觀念」相同之處，即調和「有意識的自我」與「無意識的心性」。

「榮格」主要的著作有《潛意識心理學》、《無意識心理學》、《集體無意識原型》、《心理學與文學》、《心理學型態》、《心理類型》、《分析心理學的貢獻》、《回憶、夢、反思》、《答約伯》等。其中，「集體無意識與原型」理論，是對「弗洛伊德」精神分析學的「泛性論傾向」的糾正。「榮格」也在「解夢方面」有傑出成就，「夢」反映「潛意識」，是「心理學家」非常重視的。

雖然「榮格」和「衛禮賢」一起將《太乙金華宗旨》翻譯成《金花的祕密》，但是從「榮格」爲此書所寫的評述中，可以看出他對東方文化的一些精湛見解，也可以看出他對東方文化的某些「誤解」，而正是這些「誤解」，爲他在自己的「心理學理論」體系中的創造，提供了證據上的支持。因此，他對《太乙金華宗旨》的理解，可以說是一種「創造性的誤會」。然而，正是這種獨特的「誤讀」引出了富有意義的「心理學結論」。

這裡舉一些在《金花的祕密》裡，「榮格」對原著《太乙金華宗旨》的理解。

(1)《金花的祕密》對「冥想」技術的闡述，簡化爲「靜坐，呼吸，念想」三者組成的「標準作業程序」。

(2)《太乙金華宗旨》說：「金華卽光也。光是何色，取像於金華，也祕一光字在內。是先天太一之眞炁。」意思是說：「性功修煉」有成者，練功時，「玄關處」會出現一個明亮的、奇妙的「閃光圖案」，這個圖案能夠反映自己與「宇宙信息」感應的情況。「衛禮賢」把這個奇妙的光圖」稱爲「曼陀羅」，並且在《金花的祕密》書中，列出一些他收集到的「曼陀羅圖案」。歐洲人是從「佛教經典」中，知道「曼陀羅」的意思，「佛經」時常借用「曼陀羅」這個詞，以比喻「性功」的修煉過程中，所出現的特殊現象。
【註解一】「曼陀羅」，即「曼陀羅花」，是「梵語」，意譯「天妙、悅意、適意、雜色、圓、柔軟聲、闐、白」。「曼陀羅花」爲四種「天花」之一，乃「天界之花名」。花色似赤而美，見者心悅。

(3)《太乙金華宗旨》上說：「金華卽光也，光是何色？取像於金華，亦祕一光字在內，是先天太乙之眞炁，水鄉鉛只一味者。此也，迴光之功，全用逆法，注想天心，天心居日月中。」修煉人所見到的「曼陀羅」，就是人的「性光」或者稱爲「元神之光」。修煉人用「迴光之功」煉出了「曼陀羅」，意味著人開始見到了自己的「性光」，書中把「迴光」稱之爲「光之始回」。

「性光」由「發散」轉爲「回歸」，是這種「修煉過程」中的一個非常重要、有意義的現象，是已經入門的證明。書中說「迴光」有「金華乍吐」、「金華正放」、「金華大凝」的不同層次，到了「金華大凝」的境界，那一直如如不動的「元神」就要動了，「元神」一動，人就可窺見到生命的實相。

(4)「榮格」在遇見《太乙金華宗旨》之前，他的許多「精神病患者」，在沒有任何暗示的前提下，會自發性地畫出類似「曼陀羅」的圖案。在他認識了「金華卽光也」之後，他才更明確地指出，這些看似無法理解的「曼陀羅」圖形，有兩個來源：一種是「無意識」自發性地產生「幻想」；另一種是透過「專注的練功」，讓「生命」產生對「自性」的直覺，當「無意識」作用於「生命」時，「自性」便以「幻想的形式」表達出來。在這裡，「榮格」對於「金華」的理解，顯然來自於某種「心理學的假設」。

(5)「榮格」之所以會把「金華」聯想成「曼陀羅」，首先在於《太乙金華宗旨》書中的附圖「化身五五圖，畫出了「聖胎」結成之後，從「原竅」化出時，如火焰般、花朵般的形狀，自然容易使人望圖生義。另外，書中一再強調的「迴光之功」，是一種沿著「任、督二脈」運行的圓周運動，這樣就更容易把它和同樣具有圓環形狀的「曼陀羅」聯繫在一起。

(6)在《太乙金華宗旨》的「元神識神章」中說：「一靈眞性，即落乾宮，便分魂魄」。道教認爲「魂」是一種可以游離於人體之外的「精氣」，而「魄」是一種依附於人體而存在的「精氣」。所以，《太乙金華宗旨》說「魄」爲「沉濁之氣，附於有形之凡心。」，而「魂」爲「輕清之炁，自太虛得來，與原始同形。」。

「衛禮賢」把「魂」翻譯爲「Animus（敵意；意圖；基本態度；女性的男性意向）」，而把「魄」翻譯爲「Anima（靈魂，生命；神聖之靈）」，這兩個單字的拉丁本義，都有「mind（心靈）」的意思。而「Anima」偏重於「soul（靈魂）」方面，傾向於「陰性」，「Animus」偏重於「spirit（精神）」方面，傾向於「陽性」。

但是，在「榮格」的「心理學詞典」中，「Anima」是指在男性心理，潛在的一種女性傾向；而「Animus」則是指在女性心理，潛在的一種男性傾向，這顯然與「魂、魄」的實際義意相去甚遠。

(7)《太乙金華宗旨》中所附的「化身五五圖」，給了「榮格」特別的啟示。這幅圖所顯示的形象說明，一旦「金丹」煉成，「煉丹者」已經獲得永久的「金剛不壞之身」，他的「意念」能夠出神入化，隨心所欲地化成無數的「身外之身」。

「榮格」把這種「道教信仰」和「精神分裂症」所產生的「幻念」聯繫起來，認爲這是「個體意識」和「集體無意識」遭遇時，「集體無意識」對「意識」發生的分裂，只不過這種分裂，在東西方產生了完全不同的後果。

(8)「榮格」分析，假如這種分裂產生的「身外之身」不是「空虛的色相」，那就與「精神分裂症」所產生的種種「幻覺」相同。但是，中國的「道教祖師」告訴人們，在「神火」中獲得的「外形」是「空虛的顏色和體相」，「人性的光芒」反過來照射，從而恢復了「原始的眞性」。這就避免了「人格的分裂」，而使「心靈」獲得了昇華。

(9)「榮格」認爲既然種種「慾望」和「意願」，都是「魄」和「識神」在背後主使，那麼消滅「魄」和「識神」，就是要把人從「世俗」的種種包袱中解脫出來。「榮格」從「心理學」的角度，說這部《太乙金華宗旨》的目的，就是要通過對「無意識」的理解，使我們從它的控制中解脫出來。

(10)「榮格」認爲，這部《太乙金華宗旨》教導人們如何把「意念」集中在「最深層的光」，以便擺脫所有「外部」和「內部」的糾纏，把「生命意志」導向一個沒有具體內容，但又允許所有內容存在的「意識」中，這正是這部典籍中所謂「凝神祖竅，繫念緣中，而後了卻塵緣。」的意思。

可以說，「榮格」用「現代心理學」概念，來解釋這些神祕的「中國宗教觀念」，把它完全「心理學化」了。

三、《太乙金華宗旨》解析

（一）第一章　天心

自然曰道，道無名相，一性而已，一元神而已。性命不可見，寄之天光，天光不可見，寄之兩目。古來仙眞皆口口相傳，傳一得一。自太上化現東華，遞傳嵓（ㄧㄢˊ）以及南北兩宗，全眞可爲極盛，盛者盛其徒衆，衰者衰於心傳，以至今日，濫泛極矣！凌替極矣！極則返，故蒙淨明許祖，垂慈普度，特立教外別傳之旨，接引上根。聞者千劫難逢，受者一時法會，皆當仰體許祖苦心，必於人倫日用間，立定腳跟，方可修眞悟性。

我今叨（ㄉㄠ，承受）爲度師，先以太乙金華宗旨發明，然後細爲開說，太乙者，無上之謂。丹訣甚多，總假有爲而臻無爲，非一超直入之旨。所傳宗旨，直提性功，不落第二法門，所以爲妙。金華卽光也，光是何色？取像於金華，亦祕一光字在內，是先天太乙之眞炁，水鄉鉛只一味者。此也，迴光之功，全用逆法，注想天心，天心居日月中。

《黃庭經》雲：「寸田尺宅可治生，尺宅面也，面上寸田，非天心而何？方寸中具有鬱羅肖台之勝，玉京丹闕之奇，乃至虛至靈之神所住。」儒曰：「虛中」；釋曰：「靈台」；道曰：「祖土」；曰「黃庭」、曰「玄關」、曰「先天竅」。

蓋天心猶宅舍一般，光乃主人翁也。故一迴光，周身之氣皆上朝，如聖王定都立極，執玉帛者萬國；又如主人精明，奴婢自然奉命，各司其事。諸子只去迴光，便是無上妙諦。光易動而難定，回之既久，此光凝結，卽是自然法身，而凝神於九霄之上矣。《心印經》所謂「默朝飛升」者，此也。

宗旨行去，別無求進之法，在純想於此。《楞嚴經》雲：「純想卽飛，必生天上，天非蒼蒼之天也，卽生身於乾宮是也。久之，自然身外天也。」

金華卽金丹，神明變化，各師於心，此種妙訣，雖不差毫末，然而甚活，全要聰明，又須沉靜，非極聰明人行不得，非極沉靜人守不得。

【白話翻譯】

「自然」，就是「道」。「道」沒有名義，沒有形像，僅僅是一個「性」，和一個「元神」而已。「性命」是看不見，也摸不著，只寄託在「天光」上，「天光」也是看不見，摸不著，只寄託在「兩眼」上。自古以來仙眞傳道，都是口口相傳，傳授一代，成功一代。

自從「太上（太上老君，卽老子）」點化「東華」，一直遞傳到我「呂洞賓（原名呂喦，一ㄢˊ）」，以及「南北兩宗」的徒衆，「全眞道」可稱謂極盛了；

【註解一】「東華」是指「東華帝君」，是「道教」的尊神，其信仰大約在「唐代」形成。

金代「全眞教」尊爲道教「四帝二后」之一、「全眞五祖」之首。在「東晉、南朝」時，「道士」已聲稱天上有「東華、南極、西靈、北眞」四天宮。到「唐代」，明確指定「四天宮」中各有「帝君」，在齋醮中可供啟請。

到「金朝」末年，「全眞教」傳說，「東華帝君」師承「老君（老子）」的弟子「尹喜」與「西王母」，授道「鍾離權」，「鍾離權」授道「呂洞賓」，「呂洞賓」授道「劉海蟾」，「劉海蟾」授道「王重陽」，一脈相承，是爲「全眞五祖」，「東華帝君」爲「全眞教」的第一祖。

【註解二】「道教南宗」，創始人爲「劉海蟾」，發源於「南宋」，發跡時間早於「北派全眞教」二百年，人稱「金丹派」，本是「內丹之學」，而後被「王重陽」歸納成爲「全眞教」，其代表人物多出自「南方」，故名「南宗」；「道教北宗」，指的是「全眞教」，創始人爲「王重陽」。

不過說是「興盛」，「興盛」在人數衆多；其實是「衰敗」，「衰敗」在「心傳斷絕」，直致今日，眞是氾濫到極點，「淩替（衰落敗壞）」到了極點，物極必反。

於是「淨明派」的「許祖」，站出來慈悲普渡，提出「教外別傳」的原則，來接納「根器不凡」的人，「聽道者」可算是千載難逢，「學道者」可算一時機遇，大家都要體會「許祖」度人的苦心，必須在「日常生活」中，和「待人處世」方面立定腳跟，然後才能談到「修眞悟性」。

【註解三】「許祖」即「許遜」，字「敬之」，「晉代」著名的道士，是道教「淨明派」、「閭（ㄌㄩˊ）山派」尊奉的祖師。

我現在榮幸的擔任「度師」，先講解《太乙金華宗旨》，以後再逐章細爲介紹。

【註解四】「度師」，是「道教」在「傳戒、授籙」儀式活動中，爲弟子「傳經授戒」所設的儀職，屬「三師」（傳度師、監督師、保舉師）之一。「度師」之說最初見於「南北朝」時期的道教經書，如《無上祕要》卷三十四〈師資品〉言：「度師，受經之師，度我一道之難，故應設禮。爲學不尊三師，則三寶不降；三界不敬，鬼魔害身」。

所謂「太乙」者，就是「無上」的代名詞稱呼，一般煉功的「丹訣（道家修丹煉氣的要訣）」雖然有很多種，但是都要藉著「有爲之術」，來達到「無爲之境」，所以並不是一步登天的功法。

這裡所傳授的「宗旨（宗教的教義，指主要的思想。）」，直接提出「性功（卽修性之功，指修心煉神的功夫。）」，不落第二法門，所以更爲玄妙。

【註解一】「性功」是中國道教「內丹學」地專門術語，分爲「性功」與「命功」兩種。「性功」卽「修性之功」，指「修心煉神」的功夫；「命功」卽「修命之功」，指「修身煉氣」的功夫。同時修練的話，最終可以達到「性命雙修」的最高境界。

所謂「金華（光；金花；眞炁；金丹；金黃色的花彩）」也就是「光」，那「光」是什麼的顏色呢？「取像（取某事物的象徵）」於「金華（金花；金黃色的花彩）」，用「金華（金花）」來形容比喻，內涵祕密包藏著一個「光」字在內，這就是「先天太乙」的「眞炁（眞氣）」，是修煉「金丹大道」所達到的境界。

【註解一】「太乙」又稱「太一」，古代指天地未分前的「混沌之氣」，卽宇宙萬物的本源、本體，又稱爲「道」。

【註解二】「炁」是「氣」的異體字，但是兩者使用時卻有差別。「炁」是先天之氣；「氣」是後天之氣。先天之「炁」無形、至清；後天之「氣」有形、至濁。因此，「眞炁」又稱爲「太乙」、「太一」、「天一」或「先天太一」。

《入藥鏡》上所說：「水鄉鉛，只一味。」，就是在說這個「先天太乙眞炁（眞氣）」。「迴光（把意念集中於天心（眉間玄關），即意守玄關。））」的功夫，全用「逆法」，注想「天心」。「天心」是位居於「日和月（左右眼）」的中間。

【註解三】《入藥鏡》是唐朝「崔希范」寫的一部講「內丹修煉」的書，全書以三字爲一句，共二百六十四個字。書中認爲人只有通過「靜定爲藥鏡」，修煉「精氣神」，才能「長生久視」。「崔希范」提出「吾心爲鏡，身爲之台」；認爲精、氣、神爲煉丹大藥，心火內照，能見五臟六腑，故稱爲鏡。」，該書對後世「內丹術學說」影響很大。

【註解四】《入藥鏡》原文：

先天炁，後天氣，得之者，常似醉。日有合，月有合，窮戊己，定庚甲。上鵲橋，下鵲橋，天應星，地應潮。起巽風，運坤火，入黃房，成至寶。水怕干，火怕寒，差毫髮，不成丹。鉛龍昇，汞虎降，驅二物，勿縱放。產在坤，種在幹，但至誠，法自然。盜天地，奪造化，攢五行，會八卦。水眞水，火眞火，水火交，永不老。水能流，火能焰，在身中，自可驗。

是性命，非神炁，水鄉鉛，只一味。歸根竅，復命關，貫尾閭，通泥丸。眞橐籥，眞鼎爐，無中有，有中無。托黃婆，媒姹女，輕輕地，默默舉。一日內，十二時，意所到，皆可爲。飲刀圭，窺天巧，辨朔望，知昏曉。識浮沉，明主客，要聚會，莫間隔。採藥時，調火功，受炁吉，防成兇。火候足，莫傷丹，天地靈，造化慳。初結胎，看本命，終脫胎，看四正。密密行，句句應。

【註解五】「水鄉鉛」，「道家」的「內丹修煉」術語，指「元陽」，又稱爲「眞精」。只此一味，爲「大道之根」。

【註解六】「元陽」就是「腎陽」，又稱爲「眞陽、眞火、命門之火、先天之火」。是「腎臟」生理功能的動力，也是人體生命活動力的源泉。

【註解七】「眞精」就是人體內在的「精氣」，是生命最基本的要素，是生命本有的自然功能。

【註解八】「迴光」是一種逆向注想「天心」的方法，從意守「天心」入手。「迴光」的功法全稱爲「迴光守中」，又稱抱元守一，「守中」與「迴光」實際上是同一件事。所謂「迴光」就是使光逆轉，這「光」既不在身中，又不在身外；既在身中，又在身外。

「迴光修練法」是把意念集中於「天心（眉間玄關）」的位置，使「天心（眉間玄關）」的光迴轉。要求「意念集中、思想純粹」。只有在沒有任何「雜念妄想」中，才能「意守天心、迴轉金光」。

【註解九】「逆法」是「迴光守中」的一種逆行修煉法。以兩眼觀物而言，兩眼睜開向外觀看萬事萬物，那是「順視」；兩眼閉上，向內觀看兩眼間的「天心祖竅」，觀看體內的世界，這就是

「逆視、反視」，稱爲「逆法」。

【註解十】「天心」是道教「內丹功」所煉養的關鍵部位，在「眉間」，在「兩眼之間」，又被稱爲「玄關」、「先天竅」、「黃庭」，這個部位是「煉內丹」最玄妙、最緊要的關竅。

《黃庭經》上說：「寸田尺宅可治生。」

【註解一】《黃庭經》是指《太上黃庭內景玉經》和《太上黃庭外景玉經》，大約出於「魏晉」之際，收入《正統道藏》洞玄部本文類，大旨在於「服氣以養精神」。主張「固守精神」，則「身形」可以長存。《內景經》乃道教「上清一脈」修習要典，據傳爲「上清仙眞」降授於南嶽的「魏華存」，後來成爲宋元「內丹家」修煉內丹的重要典籍。

「尺宅」指的是人的面部；面部有一塊「一寸見方的田」，那不是指「天心」，又是指什麼？這「一方寸的地方」，居然有「鬱羅肖台（爲道教三清大聖居住遊歷之所，是神仙羨慕的聖地，道教徒嚮往的仙境。）」的勝景，「玉京丹闕（「玉京」是「玉京山」，位於「大羅天」。「金闕」是指「玉虛宮」，位於崑崙山上，是「元始天尊」的居所。）」的奇觀，它是最虛最靈的神的居住之處。

在人的面部，這「一方寸的地方」，「儒家」稱它爲「虛中」；「釋家」稱它爲「靈臺」；「道教」的稱呼更多，有「祖土」、「黃庭」、「玄關」、「先天竅」等等。

原來那「天心」就像「宅舍（宅子；住舍）」一樣，「那光」是這家「宅舍」的「主人翁（主人；當家作主的人）」。所以，只要一「迴光（意守玄關）」，則「全身之氣」都要上朝頭頂，就好像「聖王（古指德才超群達於至境之帝王）」定國都「立極（登帝位）」，萬邦都持有「玉帛（玉器和絲織品，古時用於祭祀，國與國之間交際時，用做禮物。）」前來朝賀；又像主人「精明（聰敏仔細）」，奴婢自然俯首聽命，各自負責自己的職責。各位只要實行「迴光（意守玄關）」，把「意念」集中在「天心（眉間玄關）」，就是無上的「妙諦（精妙之眞諦）」。

不過，要注意「那光」易動而難定，「迴光（意守玄關）」時間一久，「那光」就會漸漸凝結成「自然法身（修煉得道之身）」，最終能夠「凝神（精神集中）」於「九霄（道家謂仙人的居處）」之上。《心印經》上所講的「默朝飛升（默朝上帝，一紀飛升）」，就是指這件事情。

【註解一】《心印經》是氣功「內丹術」的著作，全稱《高上玉皇心印妙經》，共一卷，撰者不詳。《心印經》爲四言韻文，共五十句。主要講述「內丹術」的基本理論，闡發「精、氣、神」的含義，及它們之間的關係。

【註解二】《心印經》原文：

上藥三品，神與炁精。恍恍惚惚，杳杳冥冥。存無守有，頃刻而成。迴風混合，百日功靈。默朝上帝，一紀飛昇。智者易悟昧者難行。履踐天光，呼吸育清。出玄入牝，若亡若存。綿綿不絕，固蒂深根。人各有精，精合其神；神合其炁，炁合其眞。不得其眞，皆是強名。神能入石，神能飛形。入水不溺，入火不焚。神依形生，精依炁盈。不凋不殘，松柏青青。三品一理，妙不可聽。其聚則有，其散則零。七竅相通，竅竅光明。聖日聖月，照耀金庭。一得永得，自然身輕。太和充溢，骨散寒瓊。得丹則靈，不得則傾。丹在身中，非白非靑。誦持萬遍，妙理自明。

【註解三】「默朝飛升」是經文中「默朝上帝，一紀飛升。」的簡稱。此二句接上文，說名「煉炁化神」之事，即「大周天」「溫養（修煉的過程中，必須持續一定的火候，不可太急。）」的功夫。

「默朝」是「無爲」，耳目口閉塞勿發通，「朝」是以「我心之眞空」，合「天地之眞空」；「上帝」是上清之帝，居於「上丹田」，指「天谷（眉間玄關處）」的「元神」；「一紀」是指「歲星（卽木星）」繞「地球」一周約需十二年，故古稱十二年爲「一紀」。

修行「默朝上帝」的功夫，逐漸「身心無爲」，而「神炁合一」，經過「結丹、養丹」之功，就要將丹移至「上丹田」，準備「出元神」。「出元神」之後，卽可「身外有身，超脫生死，飛升天界，合於大道」。修爲至此，約需「一紀（十二年）」之功，故曰「一紀飛升」。

【註解四】「大周天」是「內丹術」功法中的第二個階段，即「練氣化神」的過程。它是在「小周天」階段的基礎上進行的。「內丹術」認爲，通過「大周天」，使「神」和「氣」密切結合，相抱不離，以達到「延年益壽」的目的。稱它爲「大」，是由於它的「內氣循行」，除沿「任督兩脈」之外，也在其他經脈上流走。相對來說，範圍大於「小周天」，故稱爲「大周天」。

實行上述的「宗旨（宗教的教義，指主要的思想。）」，別無更進一步的功法，只在「天心（眉間玄關處）」修練「純想（就是專一，就是一個想，沒有別的念頭）」的功夫。《楞嚴經》卷八上說：「純想卽飛，必生天上。」，這裡的「天」，並不是指「蒼蒼（深青色）」的天，而是隱喻「法身（道教謂天仙眞聖的眞身）」在「乾宮（頭頂）」生成是也。修練「純想天心（專一在眉間玄關處）」，日久天長，自然就會「身外有身」。

【註解一】「身外天」是「身外有身」的意思，指由「肉身」變化，產生出來的身體。修練工夫達到「神」跟「氣」凝合，這個身體會另外出來一個身體來，「道教」稱爲「陽神」，也稱爲「元神」。

「陽神」是自己用本身的「精氣神」跟「元神」配合，跟「意識」配合，所生出來一個身體，這個身體是自己生出來的，但是有形有相說話。

「道教」的「陽神」，在「佛教」稱爲「意生身」。「意生身」是非父母所生之身體，是「初地以上的菩薩」爲濟度衆生，依「意」所化生之身。

「金華（光；金花；眞炁；金丹；金黃色的花彩）」也就是「金丹」，它的「神明（「神」是「人的本質本源」，「明」是「明白透徹」。）」變化，隨各人的「心識」而不同。這種巧妙的祕訣，雖然差別不大，然而卻十分靈活。全要靠「聰明」，又必須要「沉靜」。所以，不是「最聰明的人」無法得到，不是「最沉靜的人」，無法持守。

（二）第二章　元神、識神

天地視人如蜉蝣，大道視天地亦泡影。惟元神眞性，則超元會而上之。其精氣則隨天地而敗壞矣。然有元神在，卽無極也。生天生地皆由此矣。學人但能守護元神，則超生在陰陽之外，不在三界之中，此惟見性方可，所謂本來面目也。

凡人投胎時，元神居方寸，而識神則居下心。下面血肉心，形如大桃，有肺以覆翼之，肝佐之，大小腸承之，假如一日不食，心上便大不自在，至聞驚而跳，聞怒而悶，見死亡則悲，見美色則眩，頭上何嘗微微些動也。

問天心不能動乎？方寸中之眞意，如何能動。到動時便不妙，然亦最妙，凡人死時方動，此爲不妙；最妙者，光已凝結爲法身，漸漸靈通欲動矣，此千古不傳之祕也。

下識心，如強藩悍將，欺天君暗弱，便遙執紀綱，久之太阿倒置矣。今凝守元宮，如英明之主在上，二目迴光，如左有大臣盡心輔弼，內政既肅，自然一切奸雄，無不倒戈乞命矣。

丹道，以精水、神火、意土三者，爲無上之訣。精水云何？乃先天眞一之炁，神火卽光也，意土卽中宮天心也。以神火爲用，意土爲體，精水爲基。凡人以意生身，身不止七尺者爲身也。蓋身中有魄焉，魄附識而用，識依魄而生。魄陰也，識之體也，識不斷，則生生世世，魄之變形易質無已也。

惟有魂，神之所藏也。魂晝寓於目，夜舍於肝，寓目而視，舍肝而夢，夢者神遊也，九天九地，剎那歷遍。覺則冥冥焉，淵淵焉，拘於形也，卽拘於魄也。故迴光所以煉魂，卽所以保神，卽所以製魄，卽所以斷識。

古人出世法，煉盡陰滓，以返純乾，不過消魄全魂耳。迴光者，消陰制魄之訣也，雖無返乾之功，止有迴光之訣，光卽乾也，回之卽返之也。只守此法，自然精水充足，神火發生，意土凝定，而聖胎可結矣。蜣蜋轉丸，而丸中生白，神注之純功也。糞丸中尙可生胎離殼，而吾天心休息處，注神於此，安得不生身乎。

一靈眞性，既落乾宮，便分魂魄。魂在天心，陽也，輕淸之氣也，此自太虛得來，與元始同形。魄陰也，沉濁之氣也，附於有形之凡體。魂好生，魄望死。一切好色動氣皆魄之所爲，即識神也。死後享血食，活則大苦，陰返陰也。物以類聚也，學人煉盡陰魄，即爲純陽也。

【白話翻譯】

「天地」看「人」，好像朝生暮死的「蜉蝣（ㄈㄨˊ ㄧㄡˊ，蟲類。長六、七分，頭似蜻蛉而略小，有四翅，體細而狹。夏秋之交，多近水而飛，往往數小時即死。）」；而「大道（宇宙的本原）」看「天地」，也像水中的「泡影」，它們存在的時間都很短暫。

唯有「人類」的「元神眞性」，能夠超越「元會」，更長久的存在著。但是，「人類」的「精氣（人體的元氣，是構成人體的基本物質，也是人體生長發育及各種功能活動的物質基礎。）」，卻隨著「天地」而腐朽敗壞，仍然不能持久。還好還有「元神」的存在，它就是所謂的「無極（中國的古代哲學認爲，形成宇宙萬物的本原，以其無形無象，無聲無色，無始無終，無可指名，故曰無極。）」；「天地」都是從那裡產生出來的。

【註解一】「元神」是「道家」的修煉用語，概念類似「靈魂」，可分爲「陰神（指人之魄，是指依附肉體而存在的精神，是重濁的陰氣，構成人的感覺形體。）」和「陽神（指人之魂，是指隨元神投胎而來的靈魂，是輕淸的陽氣，構成人的思維才智。）」。

「道家」以「元神」爲主要的修煉，先煉出「內丹」，再「成胎」化爲「陽神」。「修道人」

修煉的「元神」，可以離開「肉身」，外出遊走於天地之間，稱爲「元神出竅」，甚至捨棄肉身而去，而單守獨存在，或飛昇成仙，或轉世轉世。

《五篇靈文注》說：「元神者，乃不生不滅，無朽無壞之眞靈，非思慮妄想之心」。「道教」認爲「元神」在心窩進去約略一吋的地方，而「中醫學說」則認爲人的「腦部」，就是元神」所在。「眞性」是天賦的本性。

【註解二】「元會」是「元會運世」的簡稱，是北宋「邵雍（邵康節）」虛構的計算世界歷史年代的單位，出自《觀物外篇》上。「邵雍（邵康節）」把「世界」從「開始」到「消滅」的週期，叫做「元」，一元有十二會，一會有三十運，一運有十二世，一世有三十年。故「一元」的年數爲十二萬九千六百年。

「學道的人」只要把「元神」守護住，就可以「超生（開脫）」在「陰陽（化生萬物的兩種元素，卽陰氣、陽氣。）」之外，不在「三界（道教指天、地、人）」之中。不過，這必須要見到「眞性（本性）」才行，而「眞性（本性）」就是所謂的「本來面目（佛教用語，指人固有的本性。）」。

一般人投胎時，那「元神」就居住在那「方寸之地（眉間玄關處）」，而「識神（後天的意識）」則居住在下面的「心臟」處，下面那顆「血肉之心」，形狀像一顆「大桃子」，有「肺臟」「覆翼（遮蔽；保護）」著它，「肝臟」輔助著它，「大小腸」承接著它。

【註解一】「識神」，「道教」認爲「識神」是人類「認識世界」和「操控身體行動」的「意識體」，它屬於「後天的意識」。「識神」是依靠「魄」而存在的，是一個有形的「凡心」，它作爲整個身體的主要核心，飢餓、睏倦、乃至生氣、厭煩、悲傷等，都是由「識神」感受到這些「負面的情緒」。

在與「外界」的直接接觸中，「識神」也建立起分辨「自我」與「外界」不同的「認知」，由此也有「識神」對應的產生出「慾望」，並轉換爲「行動」，促使人作出對自己有利的行爲。

假如人們一日不吃食物，「心」上就覺得大不自在。甚至那顆「心」聽到「可驚的消息」，就蹦蹦跳；聽到「憤怒的消息」，就沉悶；見到「死亡的情景」，就感到悲傷；見到「絕色的美女」，就迷亂。

頭上「何嘗（未曾、從來沒有）」稍微有一些移動，有人問：「天心（眉間玄關處）」難道不能動嗎？答案是：「方寸處（眉間玄關處）」的「眞意（高度集中在練功上的意念）」，怎樣能動呢？如果「意念」眞的動了，事情就不妙了，但是卻也是最妙。

一般人死的時候，「天心（眉間玄關處）」才動，所以叫做「不妙」；而「最妙」，是指那個「神光」已經凝結成了「法身（修煉得道之身）」，漸漸「靈通（精神上有神通感應）」，它就躍躍欲動。這可是千古不傳的祕法啊。

一般人下面的「識心（指意識心，就是妄想心）」，就像專橫跋扈的「藩（諸侯）」和「將（軍閥）」，欺負上面「君主（指本性）」「暗弱（懦弱而不明事理）」，就在遠處掌控「紀綱（典章法度，比喻人的思維。）」，久而久之，「太阿（ㄊㄞˋ ㄜ，古代的寶劍名，相傳爲春秋時期，歐冶子和干將所鑄造，這裡比喻君主的權柄。）」倒置，「君臣的地位」就會顛倒過來，發生篡權奪位的事。

現在如果把「意識心」集中守在「乾元宮（天心，眉間玄關處）」，這就好比是「英明的君主」位居在上，「兩眼迴光（意守玄關）」，逆向注想「天心（眉間玄關處）」，意守「天心」，把意念集中於「天心（眉間玄關）」的位置，使「天心（眉間玄關）」的光迴轉。

好比「左右人臣」盡心「輔弼（輔佐；輔助）」，「內政（國家內部的政務）」既然已經整頓，政治清明，這時自然一切的「奸臣亂賊」，無不「倒戈（軍隊背叛，反戈相向。）」「乞命（請求寬饒活命）」了。

「丹道（道教所謂煉丹成仙之道）」是把「精（屬水）」、「神（屬火）」、「意（屬土）」這三項，當作無上的「祕訣（法術、方法。）」。

「精水」是什麼？就是「先天眞一之氣」，這是構成人體生命組織的精華，是在天地生成之前的一氣，是天地萬物的本根母體。

「神火（指煉丹之火）」就是「光」，目光炯炯有神，就是「神火」的具體體現。「意土」就是「中宮天心」。以「神火」爲作用，「意土」爲本體，「精水」爲基礎。

【註解一】「丹道」指「丹道修煉」，是一種「養生思想」，是人們在「自我意識」的覺悟下，對「自我生命」把持的一種「修持方式」。卽是人的「潛意識」，最深層處「理性」與「感性」的覺悟，對「人類命運」的根本改變，由之「長生久視（生命長久活存，永不衰老。）」是最終極追求的目標。

「丹道」是「宋代」至「現代」的主流修行方式，主張「內煉成丹（內丹）」，「外用成法（雷法，可以召喚風雷，降妖伏魔，祈晴雨、止澇旱的一種法術。）」。

【註解二】「內丹」，「內」指身體內部，「丹」指由人體「精、氣、神」結合而成的產物。「道教」的「內丹術」，是把「人的身體」比喻作「爐鼎」，把人體內部循環運行的「經絡」，比喻作「內丹」修煉的「通道」，在人爲的「精神意識」的嚴格控制下，利用體內「元氣」的推動力，把人體分泌的「精、氣」經過周身循環的修煉，使「精、氣、神」凝結爲「聖胎」或稱「丹藥」，這種功法就稱爲「內丹術」。修煉此項功法的派別，在「道教」內被稱爲「內丹派」。

【註解三】中國古代的「天文學家」劃分「星空」的區域稱爲「宮」，將「天體」的「恆星」分爲「三垣（ㄩㄢˊ）」、「二十八宿」及其他星座。「三垣（ㄩㄢˊ）」，即「太微垣、紫微垣、天市垣」的合稱。

「紫微垣」是「三垣」的「中垣」，居於北天中央，所以又稱「中宮（指中丹田；在胸部「膻中穴」）」，或「紫微宮」。「中宮」是指「北極」周圍的天區，象徵以「天帝」爲代表的中央朝廷。

所以，這裡的「中宮天心」，是指人體最重要的「天心」所在處，即「眉間玄關處」。

一般人的身體，是以「意」產生出來的，這裡所說的「身」，不僅是「七尺血肉之軀（七尺是指身體，人身長約當古尺七尺，故稱爲七尺。）」，因爲「身」中還有「魂（靈魂）」和「魄（指依附形體而存在的精神）」，「魄」附在「識（意識）」上，而產生「作用」，「識」依在「魄」上得以生存。「魄」是「陰性」的，是「識」的本體。

如果「識（意識）」不斷絕，那麼在你生生世世的「生死輪迴」裡，每一世都有新的「魄」產生，「魄」只是跟著變個形，換個「身體」而已。

唯有「魂（靈魂）」是隱藏「神（元神）」的場所，「魂」在白天，安住在「眼睛」裡，夜晚睡覺時，就安住在「肝臟」裡。安住在「眼睛」裡的時候，使人能夠看見物體；安住在「肝臟」裡的時候，使人「做夢」，「夢境」就是「神（元神）」在遊蕩。

那怕「九天九地（原指天上的最高層和地的最深處，後來比喻兩者相差極遠。）」，一剎那間也可以走遍。但是，醒來之後，卻昏昏然什麼也不記得了。那是受到「形體（身體）」的拘束，也就是受到「魄」的束縛限制。

所以，「迴光（意守玄關）」就是爲了「煉魂」，爲了「保神」，爲了「制魄」，爲了「斷識」。

古人的「出世法（超脫六道輪迴的方法）」，主張要煉盡陰性的「渣滓（ㄗˇ，物品提出水分或精華後剩下的東西。）」，返回「純乾（ㄑㄧㄢˊ，純陽的境界）」，其實不過是「消滅魄，保全魂。」而已。

所謂「迴光（意守玄關）」的功法，就是「消陰制魄」的訣竅，雖然沒有「返還（返回）乾陽」的功用，卻有「迴光（意守玄關）的口訣」。

所謂「光」，就是「乾（ㄑㄧㄢˊ）陽」；所謂「回」就是「返還（返回）」。只要堅持這個功法，自然「精水」充足，「神火（指煉丹之火）」自然發生，「意土」自然「凝定（安定；靜止）」，最後可以結成「聖胎（道教「金丹」的別名。「內丹家」以「母體結胎」比喻「凝聚精、氣、神三者所煉成之丹」。）」。

請看「蜣蜋（ㄑㄧㄤ ㄌㄤˊ，昆蟲。全體黑色，背有堅甲，胸部和腳有黑褐色的長毛，會飛，吃糞屎和動物的屍體，常把糞滾成球形，產卵其中。俗稱屎殼郎、屎屎蟲。）」不斷搓滾那「泥團丸」，而「泥團丸」裡，居然產生一種白色物質，這可說是一種「神注的純功」。

連「糞團丸」裡，都可以產卵、結胎、孵化、出殼，而我們「天心（眉間玄關處）」這一塊「元神」休息的寶地，如果能「集中意念」，哪能不產生出「法身」來呢？

人們那種靈妙的「眞性（天賦的本性）」，在「乾宮（頭部）」落腳之後，便分出了「魂（靈魂）」和「魄（指依附形體而存在的精神）」。

「魂（靈魂）」住在「天心（眉間玄關處）」，屬「陽性」，是一種「輕清之氣」，來自「太虛（指宇宙的原始的實體氣）」，與「元始（萬物的本原）」是同一類型。而「魄」屬「陰性」，是一種「沉濁之氣」，附著在有形的「凡體」上。

「魂」喜好「生」，「魄」盼望「死」。一切「好色（貪悅美色）、動氣（發脾氣，怒形於色，甚至怒到破口罵人或動手打架的程度。）」的壞習性，都是「魄」的作爲，就是「識神（第七識『末那識』）」。

「魄」在人死之後，能夠享受「血食（謂受享祭品。古代殺牲取血以祭祀，故稱血食。）」；但是「魄」在人活著的時候，它卻很苦。這是因爲從「陰性」返回到「陰界」，物以類聚，所以死後更快樂。「學道的人」如果能夠煉盡這種「陰魄」，就成爲「純陽之體」了。

（三）第三章　迴光守中（意守玄關）

迴光之名何昉乎？昉之自文始眞人也。迴光則天地陰陽之氣無不凝，所謂精思者此也，純氣者此也，純想者此也。初行此訣，乃有中似無，久之功成，身外有身，乃無中似有。百日專功，光纔眞，方爲神火。百日後，光中自然一點眞陽，忽生黍珠，如夫婦交合有胎，便當靜以待之，光之回，卽火候也。

夫元化之中，有陽光爲主宰，有形者爲日，在人爲目，走漏神識，莫此甚順也。故金華之道，全用逆法。迴光者，非回一身之精華，直回造化之眞氣，非止一時之妄念，直空千劫之輪迴。故一息當一年，人間時刻也，一息當百年，九途長夜也。凡人自囪的一聲之後，逐境順生，至老未嘗逆視，陽氣衰滅，便是九幽之界。故《楞嚴經》雲：「純想卽飛，純情卽墮」。學人想少情多，沉淪下道。惟諦觀息靜便成正覺，用逆法也。

《陰符經》雲：「機在目」。《黃帝素問》雲：「人身精華，皆上註於空竅是也。」得此一節，長生者在茲，超升者亦在茲矣。此是貫徹三教工夫。

光不在身中，亦不在身外，山河大地，日月照臨，無非此光，故不獨在身中。聰明智慧，一切運轉，亦無非此光，所以亦在身外。天地之光華，布滿大乾，一身之光華，亦自漫天蓋地，所以一迴光，天地山河一切皆回矣。人之精華，上註於目，此人身之大關鍵也。

子輩思之，一日不靜坐，此光流轉，何所底止！若一刻能靜坐，萬劫幹生，從此了徹。萬法歸於靜，眞不可思議，此妙諦也。然工夫下手，由淺入深，由粗入細，總以不間斷爲妙。工夫始終則一，但其間冷煖自知，要歸於天空海闊，萬法如如，方爲得手。

聖聖相傳，不離反照。孔雲：「致知」，釋曰：「觀心」，老云：「內觀」，皆此法也。但反照二字，人人能言，不能得手，未識二字之義耳。反者，自知覺之心，反乎形神未兆之初，則吾六尺之中，反求十天地未生之體。今人但一、二時中間靜坐，反顧己私，便雲反照，安得到頭！

佛道二祖，教人看鼻尖者，非謂著念於鼻端也。亦非謂眼觀鼻端，念又注中黃也。眼之所至，心亦至焉，何能一上而一下也，又何能忽上而忽下也。此皆誤指而爲月。畢竟如何？曰鼻端二字最妙，只是藉鼻以爲眼之準耳。初不在鼻上，蓋以大開眼，則視遠，而不見鼻矣。太閉眼。則眼合，亦不見鼻矣。大開失之外走，易於散亂。太閉失之內馳，易於昏沉。惟垂簾得中，恰好望見鼻端，故取以爲準。只是垂簾恰好，任彼光自然透入，不勞你注射與不注射。看鼻端，只於最初入靜處舉眼一視，定箇準則便放下。如泥水匠人用線一般，彼自起手一掛，便依了做上去，不只管把線看也。

止觀是佛法，原不祕的。以兩目諦觀鼻端正身安坐，繫心緣中，不必言頭中，但於兩眉中間，齊平處繫念便了。光是活潑潑的東西，繫念兩眉中間，光自然透入，不必著意於中宮也，此數語已括盡要旨。其餘入靜出靜前後，以下止觀書印證可也。

緣中二字極妙。中無不在，遍大乾旨在裏許，聊指造化之機，緣此入門耳。緣者緣此爲端倪，非有定著也，此二字之義，活甚妙甚。

止觀二字，原離不得，即定慧也。以後凡念起時，不要仍舊兀坐，當究此念在何處，從何起，從何滅，反複推究，了不可得。即見此念起處也，不要又討過起處，覓心了不可得。吾與汝安心竟，此是正觀，反此者，名爲邪觀。如是不可得已，即仍舊綿綿去止，而繼之以觀，觀而繼之以止，是定慧雙修，此爲迴光。回者止也，光者觀也。止而不觀，名爲有回而無光，觀而不止，名爲有光而無回，誌之。

【白話翻譯】

「迴光（意守玄關）」這個名詞，起始於何人呢？起始於「文始眞人（關尹子）」。「迴光（意守玄關）」的時候，則天地間的「陰陽之氣」無不凝聚，所謂「精思（精力和思慮）」，所謂「純氣（純眞之氣）」，所謂「純想（無雜念的精神專一）」，講的都是這件事。

【註解一】「文始眞人」，即「關尹子」，字「公度」，名「喜」，曾爲「關令」，與「老子」同時。先秦「天下十豪」之一，周朝大夫、大將軍、哲學家、教育家，爲先秦「諸子百家」重要的「道家」流派，道教「樓觀派」祖師、「文始派」祖師。老子《道德經》五千言，是「老子」應他懇請而撰著。

開始修行這個「訣（方法）」時，是「有中似無」，時間一久，練功就有成就，達到「身外有身（是「元神」出竅的「陽神」，指由「肉身」變化，產生出來的另一個身體。）」的境界，那就是「無中似有」。要專心練功「一百天」，「那光」才能夠達到「眞」的地步，那才是眞正的「神火（指煉丹之火）」。

【註解二】「神火（指煉丹之火）」，「道教內丹學」認爲：「有形之火」爲「凡火」，如燃燭之火、「識神（第七識『末那識』）」之火；「無形之火」爲「眞火（神火，煉丹之火）」，如未燃之燭中，所含「先天神火」，「元神」所含之火。

兩種火的區別在於：「凡火」是有形有限的「後天之火」，「眞火」是無形無限的「先天之火」；「凡火」傷身，「眞火」生神。但是，二者的關是如燭未燃時，火之潛能，與燃時，火之現實，不可分離。

在「一百日」之後，「那光」自然會「凝聚」成一點「眞陽（眞氣、腎陽、元陽、先天一炁）」，忽然產生「黍（玉米）粒」大小的「光珠」，就像「夫婦交合」會「懷胎」一樣，此時必須平靜地去等待。

「迴光」的程度，就是人們常說的「火候（火力的大小與時間的長短，比喻修養或修練的功夫。）」」。

【註解一】「眞陽」，指「眞氣、腎陽、元陽、先天一炁）」」。《靈寶畢法．燒煉丹藥》第四中說：「眞陽比心液中眞氣。」用「中醫」的理論來解釋，比較有概念。「眞陽」在「中醫」又稱爲「腎陽」、「元陽」。

「中醫」認爲「陰陽」相互對立，又相互依存，互爲因果。以人體臟器與功能來說，「陰」指實質的「臟器」，「陽」指「臟器」的功能，二者也互相依存，不可分離。

「眞陽」位於「命門穴」之中，爲「先天之眞火」，是「腎臟」生理功能的動力，也可說是人體「熱能」的源泉。「眞陰」則與「眞陽」相對而言，指「腎的陰液」，是「眞陽」功能活動的物質基礎。

在「元化（大自然的運轉變化）」之中，有「太陽」的「陽性光」作爲「主宰」，有「形體」的就是「太陽」；在「人身」中就是「兩眼」，通過「眼光」把「神識」洩漏出去，沒有比這種「神識」洩漏方式，還要順暢的。

所以，「金華功法」的功用齊備無遺，就是採用「逆法」，逆向注想「天心（眉間玄關）」，意守「天心」，把「意念」集中於「天心（眉間玄關）」的位置，使「天心（眉間玄關）」的光迴轉，不讓「神識」洩漏出去。

所謂「迴光（意守玄關）」，不是返回「一身的精華」，而是返回「造化的眞氣」；不是制止「一時的妄念」，而是直接解脫了「千劫的輪迴」。

所以，把「一息（一呼一吸）」的時間當作「一年」，是人間的時刻；把「一息（一呼一吸）」的時間當作「百年」，那就是「九途（九泉）」之下的漫漫長夜。

人自從娘胎中「囫（ㄏㄨㄛˋ，表示用力之聲）」地一聲誕生出世，從此就順著環境生活，一直到老，從來不曾「逆視（迴光；意守玄關）」過。「陽氣」就逐漸衰微，逐步走進那「九幽（極深暗的地下）之界（人死後鬼魂所住的地下）」。

所以《楞嚴經》云：「純想卽飛，純情卽墮。」你們「學道的人」原是「想」少「情」多，因而沉淪在「下道（沒正經；下流）」之中，只有「誦觀（內觀）」於「息靜（安靜）」，才能夠成爲「正覺（眞正的覺悟）」，這裡用的正是那種「逆法（把「意念」集中於眉間的玄關處）」。

【註解一】《楞嚴經》云：「純想卽飛，純情卽墮。」這句經文取自《大佛頂首楞嚴經》卷八原文：「純想卽飛，必生天上。⋯⋯⋯⋯。純情卽沉，入阿鼻獄。」

意思是：「純」是不含雜質的「專一」；「想」是「觀想」；「情」是心理上發於自然的意念，或因外界事物刺激所引發的心理狀態，包括喜、怒、哀、懼、愛、惡、欲七種感情。「想」是「陽氣」，故偏輕往上升；「情」是「陰氣」，故偏重往下墮。

如果「意念」集中，觀想「天心（眉間玄關）」，卽生「天人道、人道、阿修羅道」；如果「意念」集中在感情上，卽往下墜到「畜生道、惡鬼道、地獄道」。

《陰符經》上：「機在目。」「機」是事物發生的樞紐（重要的關鍵），意思是：「眼睛」是修道的重要關鍵。

《黃帝內經．素問》上也說：「人身精華，皆上註於空竅。」兩部經典都在強調這個「眼睛」和「空竅」最爲重要。

這裡所謂的「眼睛」，不是指「雙眼」，而是暗指「天心（眉間玄關處）」這個「空竅」。你們懂得了這一節所講的道理，「長生的方法」就在這裡，「超升（死者靈魂上升天界）的方法」也在這裡。這是貫通「儒、釋、道」三教的功夫原理。

「此光」並不在「身中」，但也不在「身外」。「山河大地」，「日月光華」照耀著它們，不外是「此光」。

所以，「此光」不獨在「身中」。聰明才智，一切事物的運轉，也不外是「此光」，所以它也在「身外」。

「天地的光華」佈滿了「大乾（大千世界）」；「一身的光華」也可說是「鋪天蓋地」。因此，只要你一「迴光（意守玄關）」（把「意念」集中於眉間的玄關處），那「山河大地」，「一切事物」也跟著「迴光（意守玄關）」了。

「人的精華」是向上「註（注視凝集）」在「眼睛」中的，這可是人身上的一大關鍵。你們想一想，假如一天不「靜坐」，「此光」隨著「視覺」而「流轉（流動轉移）」，能有個「底止（終點）」嗎？如果「一刻（指短暫的時間）」能夠「靜坐」，卽使是「萬劫千生」，從其中也能夠「了徹（了悟，見心明性。）」。

「萬法（指一切事物）」歸於「靜」，眞是不可思議，這是「妙諦（精妙的眞諦）」。然而，著手煉功，還是由淺入深，由粗入細，最重要的是要「不間斷的修煉」。「功夫」始終是一貫的，不過在「煉功」過程中，卻是「冷暖自知」，只能由個人去體會。總之，要達到「海闊天空」，「萬法如如（萬法絕待唯一，平等無差別。）」這種境界，才算是入門得手。

自古以來，「聖師」代代相傳，從未離開「反照（指返回映照）」的說法。「孔子」說：「致知（達到完善的理解）」，「釋迦牟尼佛」說：「觀心（觀照自己的心，以明心之本性。）」，「老子」說：「內觀（即「內視」，謂不觀外物，絕念無想。）」，都是指這個方法。

但是「反照（指返回映照）」這二個字，人人都會說，卻大多不能做到，這是因為還不懂這二個字的眞正含義。「反」者，就是從「有知有覺的心」，返回到自己「身體」和「精神」還未形成的那個階段；也就是在自己「六尺之軀」當中，反求那個「大地」尚未形成之前的「本體」。

現在「學道的人」，只知道每天靜坐一二小時，反思一下自己種種的行為，便說做到了「返照」，那怎能叫做徹底呢？

「佛家」和「道家」二教的教祖，教人「靜坐」時，觀看「鼻尖」，這並不是讓你把「意念」集中在「鼻端」那裡；也不是教你把「眼睛」觀注盯著「鼻端」，而「意念」又集中在「中黃（人體的橫膈膜；指腹中）」部位。

因為，「眼睛」所到之處，「心意」也跟著到此處；「心念」所到之處，「氣」也跟著到了。這怎麼能一上又一下呢？又怎麼能忽上忽下呢？

這都是誤把「手指」當作「月亮」，那到底要如何做才好呢？說「鼻端」這二個字最妙，只是藉著「鼻端」來作為「眼睛的標準」。

這本意並不是在「鼻子」上面，因為「靜坐」時，「眼睛」開得太大，就看得太遠，於是就看不見「鼻子」了；「眼睛」閉的太緊，就合上了「眼睛」，也是看不見「鼻子」。「眼睛太開」的缺點，是「眼光外走」，容易產生「散亂現象」；「眼睛太閉」的缺點，是「眼光內馳（鬆懈）」，容易產生「昏沉現象」。

唯有「眼皮垂簾（放下）」的適中，恰好能望見「鼻端」，所以取「鼻端」做為標準。只是「眼皮垂簾（放下）」做到恰到好處，任由「此光」自然透入，不必勞煩你「注射（用意念集中）」或「不注射」。

「眼睛」看「鼻端」，只是在最初「入靜」時，抬起「眼睛」看一下，定個準則之後，便「放下」，不去管它。就好比「水泥匠」在「砌牆（建築時堆磚塊，用泥灰粘合）」時用線一樣，他把線一掛（懸吊）起來，便照著這條線一直往上砌，並不需要一邊砌磚，一邊去看線。

【註解一】「認指為月」，出自於《楞嚴經》的妙諭，就是說有人用「手指（佛法）」指著「月亮（本性）」給人看，那人沒有看「月亮（本性）」，只看著他的「手指（佛法）」。比喻「手指（佛法）」只是指引「月亮（本性）」的工具而已，學習「佛法」，不要執著在「佛法」上。

【註解二】《楞嚴經》原文：

佛告阿難：汝等尚以緣心聽法，此法亦緣，非得法性。如人以手，指月示人，彼人因指，當應看月。若復觀指，以為月體，此人豈惟亡失月輪，亦亡其指。何以故？以所標指，為明月故。豈惟亡指？亦復不識明之與暗。何以故？即以指體，為月明性，明暗二性，無所了故。

◎《楞嚴經》白話翻譯：

「佛陀」跟「阿難」說：「你們還是用『因緣生滅心』來聽『法』，那所聽到的『法』，也是有『因緣生滅的』，沒辦法體會到不生不滅的『法性眞理』。

這就像人用『手指』去指『月亮』，告訴別人『月亮』，是順著『手指』看過去的那一輪『月亮』。但是聽話的，人卻盯著『手指』看，以爲那就是『月亮的本體』，那他不只是不認識『月亮』，也根本不認識『手指』。

爲什麼這麼說呢？因爲他不認識『月亮』有明亮的特性，而『手指』相對之下則是暗的，反而認爲暗的『手指』是明亮的『月亮』，這根本是不明白『明暗』兩種特性啊！」

「止觀」是「佛家」的法，並沒有什麼祕密。「止觀」的功法，是以「兩眼」仔細觀看「鼻端」，然後「正身安坐」，把心聯繫在「緣中（心所攀緣之境中）」部位。不必把那裡稱作「頭中（頭部之中）」，只需要在「兩眉中間」與「眼珠」齊平之處，聯繫「意念」就可以。

「那光」是活潑潑的東西，在「兩眉」中間聯繫「意念」，「那光」就會自然而然的透入，不必將「意念」集中在「中宮（指中丹田；在胸部「膻中穴」）」的部位。我這幾句話，已經括盡「佛家功法」的要領，其餘「入靜」、「出靜」的前後應注意事項，大家可以參考隋代「智顗大師」所著的「下止觀書（《小止觀書》）」來印證。

【註解一】「止觀」，爲「佛教」重要修行法門之一。「止」是止息一切外境與妄念，而貫注於特定之對象，專心一境；「觀」是在「止」的基礎上，生起「正智慧」，辨清事理，以觀此一對象。即指「定、慧」二法。佛教主張通過「止觀」，即可悟到「性空」而「成佛」。

【註解二】「繫心緣中」，指「藉境繫念」時，心所攀緣之境中。初學者爲令心住於攀緣之中而無分散，則繫心於鼻端，或眉間，或額上。所緣之境雖多，但只緣於一處。「緣中」亦非等於「境」，否則一心繫念兩境，心境分張，而不成定。

【註解三】「下止觀書」，即隋代「智顗（ㄧˇ）大師」所著的《小止觀書》，內容介紹「天台宗」的修行方法「止觀法門」，包括修習的準備工夫、正式程序、善根或不善根顯發的處理、魔境的對治法、身心問題的療癒方法，以及所證果位等。「智顗大師」原來只是寫給他俗家的兄長，讓他便於修行入門的小書，沒想到因爲其內容精巧、扼要、豐富，反而讓許多初學者大大地受用，因而廣受歡迎。修「止」能伏煩惱，而得禪定；修「觀」則能斷煩惱，而得智慧。「止」與「觀」即是「定慧雙修」。

「緣中（心所攀緣之境中）」這二個字，下得妙極了。「中」是「無所不在」；整個「大千世界」都可以包括在裡面，略微指出「造化之機（自然界自身發展繁衍的機能）」，必須緣著這條路入門。所以，「緣」字就是「緣」著這一起點來開端，不是叫你去攀緣著它，這二個字的意義，眞是太活了，太妙了！

「止」和「觀」這二個字，原來是離不開的，就是「定」和「慧」。以後大家在「靜坐」時，如果有「雜念」出現，不要仍舊「兀坐（ㄨˋ，端坐不動）」，應當追查這個「念頭」出現在何處？從何而起？又從何而滅？反覆推論研究，一直追到追不出結果來，那就是「念頭生起之處」。

但是，你不要又去硬找那「念頭生起之處」，最好是達到所謂「覓心了不可得（我找這個心找不著），吾與汝安心竟（我已經安完你的心了）。」這種程度，像這樣才是「正觀」，若不是這樣，就不是「正觀」，叫做「邪觀」。

【註解一】「覓心了不可得，吾與汝安心竟。」，這是禪宗二祖「神光」，向初祖達摩求法的典故。

有一天晚間，二祖「神光」站再那雪裡頭，等到天明，這時候就雪齊到腰。「達摩祖師」看他這樣子，就問他了：「你想要求什麼？」

二祖「神光」說：「我心裡頭不安寧，我想請求祖師您給我安心！」

「達摩祖師」說：「你把你的心拿來，我給你安一安！」

二祖「神光」想了許久後，回答說：「覓心了不可得。（我找這個心找不著）」

「達摩祖師」說：「與汝安心竟。（我已經安完你的心了）」二祖「神光」這時候言下大悟。

像這樣尋找「念頭」而不可得，以後還會有「新的念頭」生出來，那麼仍然綿綿地止住它，接著又去觀它，觀到合適的程度，就再去止住那「觀的念頭」，這是一種「定慧雙修法」的功法，也就是我前面所講的「迴光（意守玄關）」。

「迴」者就是「止」；「光」者就是「觀」。「止」而不「觀」，稱爲「有迴無光」；「觀」而不「止」，稱爲「有光無迴」，請大家務必記住這一點。

（四）第四章　迴光（意守玄關）調息

宗旨只要純心行去，不求驗而驗自至。大約初機病痛，昏沉散亂，二種盡之。卻此有機竅，無過寄心於息，息者自心也。自心爲息，心一動，而卽有氣，氣本心之化也。吾人念至速，霎頃一妄念，卽一呼吸應之。

故內呼吸與外呼吸，如聲響之相隨，一日有幾萬息，卽有幾萬妄念。神明漏盡，如木槁灰死矣。然則欲無念乎，不能無念也，欲無息乎，不能無息也。莫若卽其病而爲藥，則心息相依是已。故迴光兼之以調息，此法全用耳光。一是目光，一是耳光。目光者，外日月交光也，耳光者，內日月交精也。

然精卽光之凝定處，同出而異名也。故聰明總一靈光而已。坐時用目垂簾後，定個準則便放下。然竟放下，又恐不能，卽存心於聽息。息之出入，不可使耳聞，聽惟聽其無聲也。一有聲，便粗浮而不入細，卽耐心輕輕微微些，愈放愈微，愈微愈靜，久之，忽然微者速斷，此則眞息現前，而心體可識矣。

蓋心細則息細，心一則動氣也，息細則心細，氣一則動心也。定心必先之以養氣者，亦以心無處入手，故緣氣爲之端倪，所謂純氣之守也。

子輩不明動字，動者以線索牽動言，卽製字之別名也。卽可以奔趨使之動，獨不可以純靜使之寧乎。此大聖人，視心氣之交，而善立方便，以惠後人也。丹書雲：「雞能抱卵心常聽」，此要訣也。蓋雞之所以能生卵者，以暖氣也。

暖氣止能溫其殼，不能入其中，則以心引氣入，其聽也，一心注焉，心入則氣入，得暖氣而生矣。故母雞雖有時出外，而常作側耳勢，其神之所注未常少間也。神之所注，未嘗少間，卽暖氣亦晝夜無間，而神活矣。神活著，由其心之先死也。

人能死心，元神活矣。死心非枯稿之謂，乃專一不二之謂也。佛云：「置心一處，無事不辦。」一心易走，卽以氣純之，氣易粗，卽以心細之，如此而焉有不定者乎。

大約昏沉、散亂二病，只要靜功，日日無間，自有大休息處。若不靜坐時，雖有散亂，亦不自知。既知散亂，卽是卻散亂之機也。昏沉而不知，與昏沉而知，相去奚啻幹裡！不知之昏沉，眞昏沉也。知之昏沉，非全昏沉也，清明在是矣。

散亂者，神馳也，昏沉者，神未清也，散亂易治，而昏沉難醫。譬之病焉，有痛有癢者，藥之可也，昏沉則麻木不仁之症也。散者可以收之，亂者可以整之，若昏沉，則蠢蠢焉，冥冥焉。散亂尚有方所，至昏沉全是魄用事也。散亂尚有魂存，全昏沉則純陰爲主矣。

靜坐時欲睡去，便是昏沉。卻昏沉，只在調息，息卽口鼻出入之息，雖非眞息，而眞息之出入，亦於此寄焉。凡坐須要靜心純氣，心何以靜，用在息上，息之出入，惟心自知，不可使耳聞，不聞則細，細則清，聞則氣粗，粗則濁，濁則昏沉而欲睡，自然之理也。

雖然心用在息上，又善要會用，亦是不用之用，只要微微照聽可耳。此句有微義，何謂照？卽眼光自照。目惟內視而不外視，不外視而惺然者，卽內視也，非實有內視。何謂聽？卽耳光自聽，耳惟內聽而不外聽，不外聽而惺然者，卽內聽也，非實有內聽。

聽者聽其無聲，視者視其無形。目不外視，耳不外聽，則閉而欲內馳。惟內視內聽，則既不外走，又不內馳，而中不昏沉矣，此卽日月交精交光也。

昏沉欲睡，卽起散步，神清再坐。淸晨有暇，坐一炷香爲妙。過午人事多擾，易落昏沉，然亦不必限定一炷香，只要諸緣放下，靜坐片時，久久便有入頭，不落昏沉睡者。

【白話翻譯】

「宗旨（宗教的教義，指主要的思想。）」只要「純心（專心）」去實行，不求「效驗」而「效驗」自來。大致估計，初學「靜坐」時的病痛，不外乎有「昏沉（頭腦迷糊，神志不清。）」和「散亂（卽心對於所攀緣之境，流蕩散亂的精神作用。）」二種毛病。要處理這二種毛病的「機竅（訣竅）」，不外乎把心寄託在「調息」上面，「息」這個字，是由「自」和「心」兩字組成，所以說「自心爲息」。

心一動，就有了「氣息」，「氣息」本是「心」所化出。我們心中的「念頭」來去很快，一霎那間就會產生一個「妄念」，一次「呼吸」相應一個「妄念」。「念頭」是「內呼吸」，「氣息」是「外呼吸」，就像「聲音」和「響動」一樣的相隨相應。一天之中有幾萬次「呼吸」，就有幾萬個「妄念」，「神明（精神）」就會漏盡，最終就好像「槁木死灰」一樣。

那麼，想要「無念（沒有念頭）」嗎？一般不能夠「無念（沒有念頭）」，一般人做不到沒有「妄念」；想要「無息（沒有呼吸）」嗎？一般人不能夠「無息（沒有呼吸）」。不如就這個病，下這個藥，就是「心息相依」這個方法，將「心」和「息」緊緊依靠在一起。

所以，在「迴光（意守玄關）」時，同時也要「調息」，「調息功法」全用「耳光（耳朵的光芒）」。「迴光（意守玄關）」是用「眼睛」，而「調息」則用「耳光」。

【註解一】「調息」，「調息」的內涵是運用「意識」，通過「調整呼吸」使「意氣相合」，以「後天氣」換取「先天氣」。

【註解二】「耳光」，「迴光（意守玄關）」返回的「光芒」，兼併著調整「氣息」，此法全部用的都是「耳朵」，可以聽到的。一個是「眼睛」看到的「光芒」，一個是「耳朵」能聽到，也會發出「光芒」，所以稱爲「耳光」。

所謂「目光（眼光）」，是「眼睛的光芒」，對外與日月「交光（與太陽和月亮的光芒交融）」；所謂「耳光」，是「耳朵的光芒」，對內與日月「交精（與雙眼的光芒交融的精華）」。但是，那個「精華」就是「光芒」，凝聚安定在此處」，實際上是出自同樣的，但是名稱卻不同。所以，人的「聽（聽覺）」和「明（視覺）」，總而言之，只是「一點靈光」的作用而已。

「靜坐」時，先將「兩眼垂簾（眼皮放下）」後，定個「準則（標準）」，便將「思慮」放下。但是，直接把「思慮」放下，又恐怕不能做到，那麼就著意去聽「呼吸的聲音」。

但是，「息（呼吸）」的出入，不能讓「耳朵」聽到。「聽」是聽「無聲」的狀態，一聽到有聲音，那就說明「息（呼吸）」是「粗浮（粗心浮躁）」的，還未入細；必須耐心的把「息（呼吸）」再放輕微一些，靜細一些，照這樣愈放愈微，愈微愈靜，久而久之，忽然連那「微細的氣息」，也突然斷了。這時候，「眞息（眞氣）」就來到你的面前，而你的「心體（思想）」可以覺察到這股「眞息（眞氣）」。

因爲「心」一細，「氣息」也會跟著細，只要「心」一「專一」，就可以調動「眞氣」。「息

（呼吸）」一細，「心」也會跟著細，只要「氣息」一「專一」，就可以調動「心神（意識）」。

在「定心」之前，必定先要「養氣」，也是因爲「心意」無處著手。所以，藉著「緣氣（攀緣氣息）」作爲「定心」的開端，這就是所謂「純氣之守（守護純眞之氣）」。

各位還不明白「動（調動）」字的意義，「動（調動）」是拿「線索牽動」來做比喻，那就是「制」字的別名，就是可以「奔趨（奔跑）」使它動起來，「物體」可以用「線索」拉著跑，使它動起來；「心神（意識）」難道就不可以用「純靜」來使它安定下來嗎？這是「大聖人」觀察到「心」和「氣」的交互關係，總結出來的簡便方法，用以惠賜後人。

「丹書（《丹法參同十九訣》）」上說：「雞能抱卵心常聽。」這是一句「要訣（重要的方法）」。

【註解一】「丹書」，泛指道教煉丹之經書。「雞能抱卵心常聽」這句經文，出自「白玉蟾祖師」所著述的《丹法參同十九訣》，當中的「十、分胎。雞能抱卵心常聽，蟬到成形殼自分。」。

【註解二】《丹法參同十九訣》，爲道教南宗「白玉蟾祖師」所著述。「參同」指東漢「魏伯陽」所著《周易參同契》。《丹法參同十九訣》原文如下：

(1)採藥。收拾身心，斂藏神氣。
(2)結丹。凝氣聚，念不動。
(3)烹煉。玉符保神，金液煉形。
(4)固濟。忘形絕念，謂之固濟。

(5)武火。奮迅精神，驅除雜念。
(6)文火。專炁致柔，含光默默；溫溫不絕，綿綿若存。
(7)沐浴。洗心滌慮，謂之沐浴。
(8)丹砂。有無交入，隱顯相符。
(9)過關。果生枝上終期熟，子在胞中豈有殊。
(10)分胎。雞能抱卵心常聽，蟬到成形殼自分。
(11)溫養。知白守黑，神明自來。
(12)防危。一念外馳，火候差失。
(13)工夫。朝收暮採，日煉時煎。
(14)交姤。念念相續，同成一片。
(15)大還。對景無心，晝夜如一。
(16)聖胎。蟄其神於外，藏其氣於內。
(17)九轉。火候足時，嬰兒自現。
(18)換鼎。子又生孫，千百億化。
(19)太極。形神俱妙，與道合眞。

母雞「孵蛋」，用的是「暖氣」。但是，那股「暖氣」只能夠「溫暖蛋殼」，而不能透入蛋中，「母雞」只有用「心」來把「暖氣」引進去蛋中。「母雞抱蛋」時，專心的「聽」，一心專注，「心」進入蛋內，「氣」也隨著進入蛋內，蛋得到「暖氣」，於是生出「小雞」。

所以，「母雞」在「孵蛋期間」，有時候也會外出，但是它經常做「側耳而聽」的姿勢，「母雞」的「心神（意識）」還是專注在蛋上，一直沒有間斷。也就是說，「暖氣」也晝夜沒有間斷過，「神」就活了。「神」會活，是由於「心」的「先死」，人如果能夠「死心」，「元神」也就會活過來。但是，這裡所講的「死心」，不是「使心枯槁而死」，乃是「使心專一不分」。

「佛家」常說：「置心一處，無事不辦。」「心」容易走掉，就用「氣」來安定它；「氣」容易粗，就用「心」來微細它。照這樣做，還會有「心神（意識）不定」的情況發生嗎？

【註解一】「置心一處，無事不辦。」，出自《佛遺教經》，經上說「制之一處，無事不辦」。「一處」就是「定」，「定」生「智慧」。我們把「心」放在一個地方，無事不辦；「心」要散亂了，「妄念」多了，什麼事都辦不成。把「念頭」聚成一個「焦點」，那個「能量」不可思議。

大體上，「昏沉」和「散亂」這二種毛病，只要每天不間斷的修練「靜功功夫」，自然會有很大的改善。如果不「靜坐」，雖然存在著「散亂」，自己也不知道。現在知道有「散亂」這種毛病存在，那就是消除「散亂」的開端了。

「昏沉而不自覺」與「昏沉而自覺」，兩種相比，何只相差千里！「不自覺的昏沉」，才是眞正的「昏沉」；「自覺的昏沉」，還不是「完全昏沉」，因爲其中還有「清明（淸澈明淨；淸楚明白）」在裡面。

「散亂」是「神馳（心神嚮往，意識嚮往）」，「昏沉」是「心神（意識）不清楚」。「散亂」容易治理，而「昏沉」很難醫治。譬如「生病」一樣，「有痛」和「有癢」的病，「對症下藥」就可以把它治療好；而「昏沉」好比是「麻木不仁」的病症，不大好治。

「散」的可以收攏；「亂」的可以整理；而「昏沉」則是「蠢蠢的（愚笨的樣子）」、「冥冥的（指人不明事理）」，眞不好下手醫治。「散亂」還有個「方所（方向處所；範圍）」，而「昏沉」則全是「魄」在操縱。「散亂」時，尚有「魂」在，而「昏沉」時，則純粹是「陰氣」爲主。

「靜坐」時，想要昏睡，那就是「昏沉」的情況。要消除「昏沉」，就要「調息」，「息」就是「由口鼻出入的呼吸」。雖然不是「眞息（眞氣）」，但是「眞息（眞氣）」的出入，也寄託在這「一呼一吸」之間。

「靜坐」時，必須要「靜心純氣（純眞之氣）」。心怎樣「靜」呢？運用在「息」上，「息」的出入，唯有「心」自己明白，不能讓「耳朵」聽見。「耳朵」聽不見，「息」就細，「息」一細，「氣」就清平。「耳朵」聽得見，「息」就粗，「息」一粗，「氣」就濁亂。「氣濁」當然就會「昏沉」而想睡，這是自然的道理。

雖然把「心」用在「息」上，又要善於「運用」，那是一種「不用之用」，不要過於認眞，只要微微「照聽（聽到，知道，但是不做分析判斷。）」就可以了。這句話有「微義（微言精義；精微的言辭，深刻的道理。）」。

何謂「照」？就是「用眼光自照」。「兩眼」只向「內視（內觀）」，而不向「外視（外觀）」；「眼睛」不「外視（外觀）」而「惺然（清醒）」，就是「內視（內觀）」，並不是眞正有一種「內視（內觀）」。

何謂「聽」？就是用「耳光（耳朵的光芒）」自聽，「耳朵」只向「內聽」而不向「外聽」；「耳朵」不「外聽」而「惺然（清醒）」，就是「內聽」，並不是眞正有一種「內聽」。

「聽」是聽其無聲，「視」是視其無形。「眼不向外視」，「耳不向外聽」，「心神（意識）」會因閉塞住了，而想「內馳（鬆懈）」；只有做到「內視」和「內聽」，於是「心神（意識）」既不能「外走」，又不能「內馳（鬆懈）」；處在中間，那就不會「昏沉」了，這就是「日月交精」和「日月交光」的方法。

實在「昏沉」想睡，就不要勉強去坐，應當起來散步一下，等「神清」之後再坐。淸晨起來有空，靜坐「一柱香」的時間爲最妙。過了中午，「人事（指人世間的事）」多擾亂，靜坐中容易發生「昏沉」，但是也不必限定，必須要坐「一柱香」的時間。只要把各種「雜念」放下，「靜坐」片刻，久而久之，便有「入頭（入門）」，就會有所進步，再也不會產生「昏沉欲睡」的現象。

（五）第五章　迴光「差謬（ㄇㄧㄡˋ，錯誤；差錯）」

諸子工夫，漸漸純熟，然枯木嵒前錯落多，正要細細開示。此中消息，身到方知，吾今則可以言矣。吾宗與禪宗不同，有一步一步證驗，請先言其差別處，然後再言證驗。宗旨將行之際，予作方便，勿多用心，放教活潑潑地，令氣和心適，然後入靜。

靜時正要得機得竅，不可坐在無事中甲，所謂無記空也。萬緣放下之中，惺惺自若也。又不可以意興承當，凡大認眞，卽易有此。非言不宜認眞，但眞消息，在若存若亡之間，以有意無意得之可也。惺惺不昧之中，放下自若也。又不可墮於蘊界，所謂蘊界者，乃五陰魔用事。如一般入定，而槁木死灰之意多，大地陽春之意少。此則落於陰界，其氣冷，其息沉，且有許多寒衰景象，久之便墮木石。

又不可隨於萬緣，如一入靜，而無端衆緒忽至，欲卻之不能，隨之反覺順適，此名主爲奴役，久之落於色欲界。上者生天，下者生狸奴中，若狐仙是也。彼在名山中，亦自受用，風月花果，與樹瑤草，三五百年受用去，多至數千歲，然報盡還生諸趣中。此數者，皆差路也。差路既知，然後可求證驗。

【白話翻譯】

各位現在的「功夫」漸漸純熟了，不過俗話說：「枯木岩前錯路多。」，我卽將細細的給大家點化，這當中的訣竅，要身到方知，但是現在我可以對大家詳細講了。

我們「道家」的功法與「禪學」不同，那是有一步一步的「證驗（證實檢驗）」。請允許我先講差異之處，然後再談「證驗（證實檢驗）」。

「宗旨（宗教的教義，指主要的思想。）」將要實行的時候，預先要作好準備，不要多用心，使「心神（意識）」活活潑潑地，讓「氣息」平和，「心神（意識）」恬適，然後再靜坐入靜。

入靜時，卽將「得到機（關鍵）」和「得到竅（訣竅）」，不可以坐在一種無所事事的狀態裡，就是所謂的「無記空（「無記」是非善非不善，入靜一念不生時，一切都不知道了，就是「無記空」。）」。

在「萬緣（世俗的一切因緣）」放下之中，「心神（意識）」依然「惺惺自若（和平常一樣清醒自然）」，但是又不可以「意興承當（興致承擔）」，不能夠興致勃勃地「放下萬念」，那樣就太過分了。凡是「入靜」太認眞，就容易發生這種現象。這並不是說，不可以認眞「入靜」，但是眞正的「消息（訣竅）」，是在「若存若亡（若有若無）」之間，以「有意無意」來「入靜」才可以。

但是，在「惺惺（清醒）不昧（不糊塗）」之中，要態度自然如常的放下「萬念」，又不能放任自流，以致墮入「蘊界」。所謂「蘊界」是指色（形象）、受（感覺）、想（意象）、行（意志）、識（意識），五種「陰魔」的活動。

【註解一】「蘊界」，指「五蘊」，又作「五陰」，「佛教」用語。「蘊」是積聚、類別之意，即類聚一切「有爲法」的五種類別，如下：

⑴色蘊：即一切色法之類聚。

⑵受蘊：苦、樂、捨、眼觸等所生之諸受。

⑶想蘊：眼觸等所生之諸想。

⑷行蘊：除色、受、想、識外之一切有爲法，亦即意志與心之作用。

⑸識蘊：即眼識等諸識之各類聚。

一般入定的時候，「槁木死灰（枯乾的樹木和火滅後的冷灰。比喻心情極端消沉，對一切事情無動於衷。）」的「意（心思）」多，大地陽春的「意（心思）」少，這就落到「陰界（指陰間）」裡去了，他的「氣」是冷的，他的「息（呼吸）」是沉的，而且還有許多「寒衰」景象，照這樣修煉久了，就成爲「木頭」和「石頭」了。

但是，又不能追隨「萬緣」，如果在「靜坐」時「入靜」，而無緣無故地各種思緒紛紛來臨，想要消除它們又消除不掉，隨順聽任它們來來去去，反而覺得順當舒適，這種情況叫做「主爲奴役（指使奴隸一樣使喚別人；沒有自由，由得別人使喚的人。）」。

照這樣修煉下去，日久就落入「色欲界」去了。「上者（有福報的人）」投胎到「天人道」，「下者（沒有福報的人）」投胎到「畜生道」的「狸奴（指貓）」中，比如說成了「狐仙」。「狐仙」在名山之中，也還算是享福。那些「風月（清風明月，指眼前的閒適景色）」和「花果」，「輿樹（奇樹）瑤草（仙草）」，三五百年任它享用，壽命長的可以到幾千年。

但是，福報受盡，還是要進入「諸趣（六道輪迴）」中。以上說的幾種，都是「差路（錯誤的方法）」。知道了「差路（錯誤的方法）」，然後就可以尋求證實檢驗了。

(六) 第六章　迴光「證驗（證實檢驗）」

證驗亦多，不可以小根小器承當，必思度盡衆生。不可以輕心慢心承當，必須請事斯語。靜中綿綿無間，神情悅豫，如醉如浴，此爲遍體陽和，金華乍吐也。既而萬籟俱寂，皓月中天，覺大地俱是光明境界，此爲心體開明，金華正放也。

既而遍體充實，不畏風霜，人當之興味索然者，我遇之精神更旺，黃金起屋，白玉爲臺；世間腐朽之物，我以眞氣呵之立生；紅血爲乳，七尺肉團，無非金寶，此則金華大凝也。

第一段，是應《觀無量壽經》雲：「凋落大水，行樹法像。」日落者，從混沌立基，無極也。上善若水，淸而無暇，此卽太極主宰，出震之帝也。震爲木，故以行樹象焉，七重行樹，七竅光明也。西北乾方，移一位爲坎，舊落大水，乾坎之象。坎爲子方，冬至雷在地中，隱隱隆隆，至震而陽方出地上矣，行樹之像也，餘可類推矣。

第二段，卽肇基於此，大地爲冰，琉璃寶地，光明漸漸凝矣。所以有蓬台而繼之有佛也，金性卽現，非佛而何，佛者大覺金仙也。此大段證驗耳。

現在證驗，可考有三：

一則坐去，神入谷中，聞人說話，如隔裡許，一一明了，而聲入皆如穀中答響，未嘗不聞，我未嘗一聞，此爲神在谷中，隨時可以自驗；

一則靜中，目光騰騰，滿前皆白，如在雲中，開眼覓身，無從覓視，此爲虛室生白，內外通明，吉祥止止也；

一則靜中，肉身絪細，如綿如玉，坐中若留不住，而騰騰上浮，此爲神歸頂天，久之上升可以立待。

此三者，皆現在可驗者也。然亦是說不盡的，隨人根器，各現殊勝。如《摩訶止觀》中所云：

「善根發相是也。」此事如人飲水，冷煖自知，須自己信得過方眞。

先天一氣，卽在現前證驗中自討，一氣若得，丹亦立成，此一粒眞黍珠也。一粒復一粒從微而至著。有時時之先天，一粒是也，有統體之先天，一粒乃至無量是也。一粒有一粒力量，此要自己膽大，爲第一義。

【白話翻譯】

「迴光（意守玄關）」的「證驗（證實檢驗）」也很多，不能夠以「小根、小器（「根器」是指人的稟賦、氣質）」來承受擔當，必定要想到「渡盡衆生」；也不可以用「輕心（指輕率，漫不經心。）」、「慢心（輕慢之心）」來承受擔當，必須「請事（卽訊問事情發生的原因）」，以及按照我所講的內容去實行。

「入靜」中，感覺到「綿綿（微細；連續不斷的樣子）」而不間斷，「神情（面部表露出來的內心活動）」「悅豫（愉快）」，好像處在微醉之中，「沐浴（洗心滌慮）」之後，這是全身「陽和（溫暖；和暖）」，「金華（光；金花；眞炁；金丹；金黃色的花彩）」初露的象徵。

隨後，又覺得「萬籟俱寂（萬物無聲，一片寂靜。）」，一輪「皓月（明月）」升到「中天（高空中）」，感覺大地全都是光明的境界，這就是「心體（指思想）開明（思想開通，不頑固守舊。）」，「金華（光；金花；眞炁；金丹；金黃色的花彩）」正在發出的現象。

隨後，又感覺到全身非常的「充實（充足不虛）」，不畏懼風霜，別人感到「興味索然（興致情趣全無）」的事情，我遇到了卻精神更旺盛，就像用黃金建屋，用白玉築台。世間上「腐朽（腐爛敗壞）」的東西，我用「眞氣（人體的元氣，生命活動的原動力，由「先天之氣」和「後天之氣」結合而成，「道教」稱爲「性命雙修」所得之氣。）」來「呵（噓氣）」它，它立刻就恢復生機，「紅血」變成了「乳汁」。

我這「七尺之軀」的肉身，全是「金寶（黃金和珠寶，泛指貴重財物。）」所構成的，這種現象是達到了「金華（光；金花；眞炁；金丹；金黃色的花彩）大凝（凝結，聚集）」的階段。

第一階段，正如佛家《觀無量壽經》所說：「凋落大水，行樹法像。」要求觀想的「凋落（日落）」、「大水」、「行樹（指七重行道樹，爲極樂世界之寶樹。）」等種種初期的「法像」。所謂「日落」，是從「混沌（天地未形成時的那種元氣未分，模糊不清的狀態。）」之中，建立基礎，就是「無極（形成宇宙萬物的本原）」。

所謂「大水」，符合「老子」所說的「上善若水（最善良的人，有如水的品德，水滋潤萬物，但從不與萬物爭高下，這樣的品德才最接近道。）」，清潔無瑕疵，那就是由「無極」進化成的「太極（最原始的混沌之氣。謂太極運動而分化出陰陽，由陰陽而產生四時變化，繼而出現各種自然現象，是宇宙萬物之原。）」「主宰（具有支配、制裁事物能力的主體）」，也就是《易經．說卦》所謂的「帝出乎震」。「震」在「八卦」中屬「木」，所以用「行樹」來作爲表象。經中所說的「七重行樹」，象徵的「七竅（兩眼、兩耳、兩鼻孔及口）光明」。

「八卦」中的西北「乾方」，移一位爲「坎方」，「凋落大水」是「乾卦、坎卦」的象。「坎卦」爲「子方」，「冬至」雷在地中，隱隱隆隆，至「震卦」而陽才出地上，這是「行樹」的象徵，其餘可以類推。

第二階段，是從「第一階段」奠基而來的。觀想「人地」變成「冰雪世界」，化爲「琉璃寶地」，「光明」逐漸凝聚。所以，觀想的景像中，就出現了「篷台」，而接著出現了「諸佛」。「金性」顯露，那不就是佛嗎？所謂「佛」，就是「大覺金仙」。上面一大段所講的是，整個「功法修煉」中的「證驗（證實檢驗）」。

現在能夠印證的「證驗（證實檢驗）」，可考的有三種：

第一種是靜坐「入靜」之後，「心神（意識）」進入「谷（眉間的玄關處）」中，聽到外邊有人說話，聲音就像隔了一里多路似的，但是又清楚而明了。那聲音進入「耳鼓」，好像深山大谷中的迴聲，未必聽不見，但是又未必能聽得見。這種「心神（意識）」入「谷（眉間的玄關處）」中的現象，大家隨時可以體驗到。

第二種是在「入靜」之中，眼光騰騰（旺盛），「滿前（滿目；遍佈眼前）」都是白色，就好像在雲彩當中，即使睜開眼去尋找自己的身體，也無從看見，這種現象稱爲「虛室生白（比喻心境若能保持虛靜，不爲欲念所蒙蔽，則能純白空明，眞理自出。）」，內外「通明（十分明亮）」「吉祥止止（喜慶好事的徵兆不斷出現。）」的徵象。

【註解一】「吉祥止止」，出處是《莊子．人間世》：「瞻彼闋（ㄑㄩㄝˋ）者，虛室生白，吉祥止止。」，第一個「止」字是「留止」的意思，第二個「止」字是助詞，指「喜慶」。）

第三種是在「入靜」之中，肉體溫暖和軟，又像棉花，又像碧玉，坐在那裡好像留不住似的，有「騰騰（旺盛）」上浮的感覺。這種現象稱爲「神歸頂天（心神、意識歸到頭頂）」；久而久之，身體升空，是可以「立待（卽時等候）」，是可以實現的。

這三種現象，都是現在可以驗證的景象。可是，還有許多「驗證」是說不盡的，隨著各人的「根器（指人的稟賦、氣質、素質）」不同，各自顯現「殊勝（指特別的勝境）」。正如《摩訶止觀》中所說：「善根發相」。這件事如人飲水，冷暖自知，必須自己信得過，那才是眞切。

【註解一】「善根發相」，經查證這句經文不是出自《摩訶止觀》，而是出自《修習止觀坐禪法要》的「善根發第七」，原文：「今略明善根發相。有二種不同。一外善根發相。所謂布施持戒孝順父母尊長。供養三寶及諸聽學等。善根開發。此是外事。若非正修。與魔境相濫。今不分別。二內善根發相。」

【註解二】「善根發相」，最主要是指一個人在修行的過程中，所產生的「身心變化」情況。首先會產生所謂的「外善根發相」，就是很容易由外在表相出來，而且讓別人輕易就能發現的一種改變。再從「外善根發相」進一步過渡到「內善根發相」。

「先天一氣」，就在現前這些「證驗（證實檢驗）」中去尋找。如果得到了「先天一氣」，「丹」也就可以煉成。這可是一粒眞正的「黍珠」。正如「張伯端」著述《金丹四百字》上所說「一粒復一粒，從微而至著。」

「先天」也有「階段性的先天」，就是上面所講的「一粒」，也有「統體（總體；全體）的先天」，就是「一粒」，甚至是「無窮粒」。不過「一粒」有「一粒的力量」，這個要自己「膽（勇氣）」大，爲「第一義（佛教用語，指最上至深的妙理。）」」。

【註解一】「一粒復一粒從微而至著」，出自「張伯端」的著述《金丹四百字》，原文：「一粒複一粒，從微而至著。」」。

【註解二】「張伯端」，字「平叔」，號「紫陽」，因此被尊爲「紫陽眞人」。又人稱「悟眞先生」。「北宋」台州臨海（今屬浙江）人，知名「道教」學者，據說得到「全眞教」北五祖之中的廣陽眞人「劉海蟾」眞傳而得道，成爲「全眞派南宗五祖」之「第一祖」。

【註解三】「第一義」，卽「第一義諦」，佛教用語，卽最殊勝之第一眞理，又稱爲勝義諦、眞諦、聖諦、涅槃、眞如、實相、中道、法界。總括其名，卽指深妙無上之眞理，爲諸法中之第一，故稱「第一義諦」。

（七）第七章　迴光「活法（靈活的方法）」

祖師曰：迴光循循然行去，不要廢棄正業。古人云：「事來要應過，物來要識過。」予以正念治事，卽光不爲物轉，當境卽回。此時時無相之迴光也。

日用間，能刻刻隨事返照，不著一毫人我相。便是隨地迴光，此第一妙用。淸晨能遣盡諸緣，靜坐一、二時。最妙。凡應事接物，只用返法，便無一刻間斷。如此行之兩月三月，天上諸眞，必來印證矣。

【白話翻譯】

呂祖說，「迴光（意守玄關）功法」要按步就班的去實行，不要廢棄自己的「正業（本職工作）」。古人說：「事來要應過，物來要識過。」你們要用「正念（佛教用語，修行方法，八正道的第七支。謂將心念專注觀身不淨、觀受是苦、觀心無常、觀法無我。）」行事，「那光」就不會被物所移轉。遇到「外境」，立即返回「天心（眉間玄關處）」，這叫做「時時（經常）」作無形無相的「迴光（意守玄關）」。

日常生活中，能夠時時刻刻，隨著「事（變故）」做「返照」的功夫，不執著人相（指一切眾生外現的形象狀態。），又不執著「我相（謂眾生於五蘊法中，妄計有實我、我所。）」，那就是隨時隨地在「迴光（意守玄關）」，這才是「第一妙用」。

清晨起來，能夠排除「諸緣（指色香等百般世相，此種種世相，皆爲我心識攀緣之所，故稱諸緣。）」，靜坐一二個小時，那就是最妙。不過，就在平常的一切待人接物中，練習「返照法」，能夠做到沒有一刻間斷。照此方法實行兩個月、三個月，也會感動天上的「仙眞（道家稱昇仙得道之人）」，來與你印證了。

（八）第八章　逍遙訣

玉清留下逍遙訣，四字凝神入氣穴。六月俄看白雪飛，三更又見日輪赫。水中吹起藉巽風，天上遊歸食坤德。更有一句玄中玄，無何有鄉是眞宅。

律詩一首，玄奧已盡。大道之要，不外無爲而爲四字。惟無爲，故不滯方所形象，惟無爲而爲，故不墮頑空死虛。作用不外一中，而樞機全在二目。二目者，斗柄也，斡旋造化，轉運陰陽，其大藥則始終一水中金，卽水鄉鉛而已。前言迴光，乃指點初機，從外以製內，卽輔以得主。

此爲中、下之士，修下二關，以透上一關者也。今頭緒漸明，機括漸熟，天不愛道，直洩無上宗旨，諸子祕之祕之，勉之勉之！

夫迴光其總名耳。工夫進一層，則光華盛一番，回法更妙一番。前者由外制內，今則居中禦外。前者卽輔相主，今則奉主宣猷，面目一大顛倒矣。法子欲入靜，先調攝身心，自在安和，放下萬緣，一絲不掛。

天心正位手中，然後兩目垂簾，如奉聖旨，以召大臣，孰敢不遵。次以二目內照坎宮，光華所到，眞陽卽出以應之。離外陽而內陰，乾體也。一陰入內而爲主，隨物生心，順出流轉，今迴光內照，不隨物生，陰氣卽住，而光華注照，則純陽也。同類必親，故坎陽上騰，非坎陽也，仍是乾陽應乾陽耳。

二物一遇，便紐結不散，絪縕活動，倏來倏去，倏浮倏沉，自己元宮中，恍若太虛無量，遍身輕妙欲騰，所謂雲滿乾山也。次剛來往無蹤，浮沉無辨，脈住氣停，此則眞交媾矣，所謂月涵萬水也。俟其冥冥中，忽然天心一動，此則一陽來復，活子時也。

然而此中消息要細說，凡人一視一聽，耳目逐物而動，物去則已，此之動靜，全是民庶，而天君反隨之役，是嘗與鬼居矣。今則一動一靜，皆與人居，天君乃眞人也。彼動卽與之俱動，動則天根；靜則與之俱靜，靜則月窟；靜動無端，亦與之爲靜動無端；休息上下，亦與之爲休息上下，所謂天根月窟閑來往也。

天心鎭靜，動違其時，則失之嫩；天心已動，而後動以應之，則失之老；天心一動，卽以眞意上升乾宮，而神光視頂，爲導引焉，此動而應時者也。天心既升乾頂，遊揚自得，忽而欲寂，急以眞意引入黃庭，而目光視中黃神室焉，既而欲寂者，一念不生矣。

視內者，忽忘其視矣，爾時身心，便當一場大放，萬緣泯跡，卽我之神室爐鼎，亦不知在何所，欲覓己身，了不可得，此爲天入地中，衆妙歸根之時也，卽此便是凝神入氣穴。

夫一迴光也，始而散者欲斂，六用不行，此爲涵養本原，添油接命也。既而斂者，自然優遊，不費纖毫之力，此爲安神祖竅，翕聚先天也。既而影響俱滅，寂然大定，此爲蟄藏氣穴，衆妙歸根也。一節中具有三節，一節中具有九節，俱是後日發揮。

今以一節中，具三節言之，當其涵養而初靜也。翕聚亦爲涵養，蟄藏亦爲涵養，至後而涵養皆蟄藏矣。中一層可類推，不易處而處分矣，此爲無形之竅，幹處萬處一處也。不易時而時分焉，此爲無候之時。元會運世一刻也。

凡心非靜極，則不能動，動動忘動，非本體之動也。故曰感於物而動，性之欲也，若不感於物而動，卽天之動也。是知以物而動，性之欲也，若不以物而自動，卽天之動也。不以天之動對天之性，句落下說個欲字，欲在有物也，此爲出位之思，動而有動矣。一念不起，則正念乃生，此爲眞意。

寂然大定中，而天機忽動，非無意之動乎，無爲而爲，卽此意也。詩首二句，全括金華作用。

次二句是日月互體意，六月卽離火也，白雪飛卽離中眞陰將返乎坤也。三更卽坎水也，日輪卽坎中一陽將赫然而返乎乾也。

取坎塡離，卽在其中。次二句說斗柄作用，升降全機，水中非坎乎。目爲巽風，目光照入坎宮，攝召太陽之精是也。天上卽乾宮，遊歸食坤德，卽神入照中，天入地中，養火也。末二句是指出訣中之訣，訣中之訣，始終離不得，所謂洗心滌慮，爲沐浴也。

聖學以知止始，以止至善終，始乎無極，歸乎無極。佛以無住而生心，爲一大藏教旨。吾道以「致虛」二字，完性命全功。總之三教不過一句，爲出死入生之神丹。「神丹」爲何？曰一切處無心而已。吾道最祕者沐浴，如此一部全功，不過「心空」二字，足以了之，今一言指破，省卻數十年參訪矣。

子輩不明一節中具三節，我以佛家「空、假、中」三觀爲喻，三觀先空，看一切物皆空；次假，雖知其空，然不毀萬物，仍於空中建立一切事；既不毀萬物，而又不著萬物，此爲中觀。當其修空觀時，亦知萬物不可毀，而又不著，此兼三觀也。然畢竟以看得空爲得力，故修空觀。則空固空，假亦空，中亦空。修假觀，是用上得力居多，則假固假，空亦假，中亦假。中道時亦作空想，然不名爲空而名爲中矣。亦作假觀，然不名爲假而名爲中矣，至於中則不必言矣。

吾雖有時單言離，有時兼說坎，究竟不曾移動一句。開口提雲：樞機全在二目。所謂樞機者用也，用卽斡旋造化，非言造化止此也。六根七竅，悉是光明藏，豈取二目，而他概不問乎，用坎陽，仍用離光照攝，卽此便明。朱子雲陽師諱元育，嘗雲：「瞎子不好修道，聾子不妨。」與吾言暗合，特表其主輔輕重耳。

日月原是一物，其日中之暗處，是眞月之精，月窟不在月而在日，所謂月之窟也，不然自言月足矣。月中之白處，是眞日之光，日光反在月中，所謂天之根也，不然自言天足矣。一日一月，分開止是半個，合來方成一個全體。

如一夫一婦，獨居不成室家，有夫有婦，方算得一家完全。然而物難喩道，夫婦分開，不失爲兩人，日月分開，不成全體矣。知此則耳目猶是也。吾謂瞎子已無耳，聾子已無目，如此看來，說甚一物，說甚兩日，說甚六根，六根一根也。說甚七竅，七竅一竅也。吾言只透露其相通處，所以不見有兩，子輩專執其隔處，所以隨處換卻眼睛。

【白話翻譯】

「玉清留下逍遙訣，四字凝神入氣穴；六月俄看白雪飛，三更又見日輪赫；水中吹起藉巽風，天上游歸食坤德；更有一句玄中玄，無何有鄉是眞宅。」

【註解一】玉清留下逍遙訣：

①白話翻譯：「玉清（元始天尊）」留下《逍遙訣》。

②「玉清」是道教「三清境」之一，爲「元始天尊」所居，亦以代稱「元始天尊」。

③「三清境」是「道教」所稱最高神「三清天尊」所居之最高天界。卽「元始天尊」所居之清微天「玉清境」，「靈寶天尊」所居之禹余天「上清境」，「道德天尊」所居之大赤天「太清境」。

【註解二】四字凝神入氣穴：

①白話翻譯：「無爲而爲」這四個字，是「凝神」進入「氣穴」的口訣。

②「無爲」指一種「順應自然」的作爲。經過「有爲的思考」，以時勢、趨勢的判斷做出「順勢而爲」的行爲，卽順應「自然」的變化規律，使事物保持其「天然的本性」，而不「人爲」做作，從而達到「無爲而爲」的境界。

③「凝神」是「精神集中、全神貫注、聚精會神」。

④「氣穴」在人體「關元穴」旁，爲「元氣」所發之處，故名「氣穴」。「氣穴」屬於「足少陰腎經」，是「沖脈」和「足少陰腎經」的交會處。「氣穴」這個穴位在人體的下腹部，臍下三寸「關元穴」旁開五分處，卽左右「一橫指」寬處（三個手指併攏寬處）。取穴方法，站立，將一手掌的四指併攏，「拇指」收起，放於腹部，掌心朝內，「食指」剛好位於「肚臍眼」，「小指」所處的位置卽是。

【註解三】六月俄看白雪飛：

①白話翻譯：炎熱的六月夏季，「俄（一會兒，指極短的時間。）」看到白雪紛飛。

②「六月」是指「離卦（☲）」的火；「白雪飛」是指「離卦（☲）」中間一爻的眞陰，將返歸於「坤卦（☷）」。

③「六月俄看白雪飛」和下面「三更又見日輪赫」這二句，意思是「日月互體」的意義，「日月」是指「陰爻、陽爻」，「互體」又稱爲「互卦」。

④「互體」是「舊體詩」修辭的手法之一，謂一聯上下兩句，文意互相映襯補充。「上文」的話裡，含有「下文」說出的詞在內，「下文」的話裡，含有「上文」說出的詞在內。「互體」這個詞，被引用到《周易》裡，又稱爲「互卦」，指的是「卦中之卦」。

⑤「互卦」是由「本卦」的兩個「內卦」組合而成的。組合方法是：「本卦」中的第三、四、五爻，拿出來作爲「互卦」的「上卦」，「本卦」的第二、三、四爻，拿出來作爲「互卦」的「下卦」。「上卦」、「下卦」組合在一起，就得到了「互卦」。「互卦」反映「幕後勢力」，以及「執行力」，反映「本卦」進一步的發展運用，體現近期結果。

【註解四】三更又見日輪赫：

①白話翻譯：「三更（卽指子時，夜間十一時至隔日凌晨一時。）」又見到「日輪（指太陽，日形如車輪而運行不息，故名。）」「赫（盛紅的樣子）」。

②「三更」指「坎卦（☵）」的水；「日輪」指「坎卦（☵）」中間一爻的陽，將要「赫然（顯耀的樣子）」返歸於「乾卦（☰）」。所謂「取坎塡離」就包含在這兩句詩當中。

③「抽坎塡離（取坎塡離）」，語出《周易》，「坎卦」和「離卦」兩卦，是由「乾卦」和「坤卦」兩卦，中間一爻互換位置而變成的。人體中，「心」爲火，爲「離卦（☲）」。「腎」爲水，爲「坎卦（☵）」。「抽坎塡離」卽將「坎卦（☵）」中間的「陽爻」抽出來，塡進「離卦」中間原本「陰爻」的位置，使得原來的「離卦（☲）」變成「乾卦（☰）」，原來的「坎卦（☵）」變成「坤卦（☷）」。「煉丹家」認爲。人成「胎兒」

後，即由「先天八卦」的「乾卦（☰）」和「坤卦（☷）」相對調，變爲「後天八卦」的「坎卦（☵）」和「離卦（☲）」相對，則形成「離（☲）上坎（☵）下」的「未濟卦」局面，但是如果通過修練，則可「返還（返回）」本原的「先天八卦」圖形，使「乾（☰）上坤（☷）下」。通過修練後，則形成「坎（☵）上離（☲）下」的「既濟卦」，達到「心腎之氣」相交的局面，就可以延年益壽。

④「先天八卦」，相傳來自於《河圖》，是古人用來推演世界空間時間各類事物關係的工具。先天八卦它是乾坤定南北，坎離定東西，是天南地北爲序，上爲天爲乾，下爲地爲坤，左爲東爲離，右爲西爲坎。先天八卦演變過程中，首先是太極，其次是兩儀，接著是四象，最後是八卦，它們是宇宙形成的過程。

⑤「後天八卦」，相傳來自於《洛書》。它是離坎定南北，震兌定東西。

【註解五】水中吹起藉巽風：

①白話翻譯：藉著「巽風」在「水中」吹起「陽精（腎精）」。

②「水中」指的是「坎卦」，「坎卦」的自然象徵是「水」，代表器官是「腎」。「九宮八卦」在人體肚腹上的位置，坎屬水，「水性」往低處流，「腎」與「膀胱」均屬水，因此「坎宮」是在「肚臍」以下的「腹部（下丹田）」。

③「巽風」指的是「巽卦」，「巽卦」的自然象徵是「風」，代表器官是「肝」。借喻「十二經脈」之一的「足厥陰肝經」，它的循經路線，從大拇趾背的「大敦穴」開始，向上沿著足

背內側，連接「眼球」後面的脈絡，上行出於「額部」，與「督脈」交會於「頭頂」。

④「藉巽風」就是藉著「眼睛」，「眼光」照入「坎宮（下丹田）」，吸引那「陽精（腎精）」」。

⑤「水中吹起藉巽風」和「天上游歸食坤德」這二句，說的是「斗柄作用」，能夠升降整個「氣機（指人體內氣的正常運行，包括經絡、臟腑的功能活動。）」

⑥「斗柄」，星座名。由七顆星組合排列在北方的天空中，形狀很像古代「舀酒的斗」，故稱爲「北斗七星」。從「斗口」到「斗柄」，依次是天樞、天璇、天璣、天權、玉衡、開陽和搖光七顆星。「斗柄」是指「北斗七星」中，第五至七顆星「玉衡、開陽、搖光」，排列成弧狀，形如「酒斗之柄」，故稱爲「斗柄」。「北斗七星」常年運轉，古人即根據「斗柄」的指向，來定「時間」和「季節」。「斗柄東指」，天下皆春；「斗柄南指」，天下皆夏；「斗柄西指」，天下皆秋；「斗柄北指」，天下皆冬。」。

⑦「斗柄的比喻」，「氣之升降，天地之更用也。」是中國古代哲學，對「自然界規律」認識的描述，認爲「氣」的「升降運動」在「自然界」中更替發揮作用，於是產生了「四時」的各種自然現象。「道教」的「內丹家」，解釋「自然界萬物」產生變化的「內在原因」，是「氣」的運動，由此來解釋人體臟腑「氣機」的升降運動及意義，並且用「斗柄」來比喻「眞意」，即能夠高度集中在練功上的意念。

⑧「斗柄作用」，「內丹家」以「日」爲「後天炁」，以「月」爲「先天陽精」，二者在「斗

柄（即眞意，能夠高度集中在練功上的意念。）」的作用下，由「會陰穴」逆行上「督脈」，由「任脈」下降入「中宮（指中丹田；在胸部「膻中穴」）」。「採藥（發動體內的「眞氣」）」時，「先天元精」上升，「後天炁」下降，「先天元精」所化之「甘露」下降，「後天炁」上升，亦如自然界中，日月之執行。「內丹家」認爲「斗柄」有「眞意（能夠高度集中在練功上的意念）」的作用，可以指揮「日月」的執行。「眞意」生於「心」，故「心」爲「斗柄」。

⑨「柳華陽禪師」在《金仙證論》總結「斗柄」之喻意：「立定『天心』之主宰。『天心（眉間玄關處）』名曰『中黃（這裡指中央）』，居於天之正中，一名『天罡（即北斗七星的柄；斗柄）』，一名『斗杓（即斗柄）』，在天爲『天心』，在人爲『眞意中宮（指中丹田）』，若失『眞意（能夠高度集中在練功上的意念。）』，猶如『臣』失『君主』矣。」

⑩「採藥」即採集藥草，又爲「內丹學」術語。所謂「採」是「採取」，道教的「內丹家」把「藥」比喻成修煉時，所發動的體內「眞氣」，這種「眞氣」又稱作「先天元精」、「元炁」。

【註解六】天上游歸食坤德：

①白話翻譯：「天」歸入「地」中。

②「天上」指的就是「乾宮（頭頂）」的「天心（眉間玄關處）」，「遊歸」是把體內的「眞氣」歸入，「食」是依賴、依靠，「坤德」是指后妃之德，指「地」，比喻「中宮（指中丹

田；在胸部「膻中穴」）」。「遊歸食坤德」指「心神（意識）」入「氣」中，「天」入「地」中，需要「溫養（修煉的過程中，必須持續一定的火候，不可太急。）」「神火（指煉丹之火，先天之火）」。

③「溫養」，「金丹學」術語，。它是煉養丹藥的基本環節之一。「溫養」的「溫」表明在「金丹」修煉過程中，必須持續一定的「火候（火力的大小與時間的長短，比喻修養或修練的功夫。）」，不可使之熄滅，否則「金丹（指修煉的「內丹」，即把「人體」當作「爐鼎」，以體內的「精、氣」當作「藥物」，用「神（心神，意識）」燒煉，「道教」認爲使「精、氣、神」凝聚可結成「聖胎（道教「金丹」的別名。「內丹家」以「母體結胎」比喻「凝聚精 、氣 、神三者所煉成之丹」。）」」，即可脫胎換骨而成仙。）」就無法煉製成功；「溫養」的「養」表明在「火候（火力的大小與時間的長短，比喻修養或修練的功夫。）」操持的時候不可以「武火（指旺盛的火，比喻意念太強。）」猛煉，如果操之過急，將使「陰陽」進退失序。

【註解七】更有一句玄中玄：

①白話翻譯：還有一句「玄中玄」的妙訣。

②「玄中玄」，是佛教「禪宗」的「臨濟宗」的「義玄禪師」，接引「學人」的方法之一。在《臨濟義玄禪師語錄》裡，提到「義玄禪師」提出「三玄三要」的主張。所謂「三玄」即：

㈠體中玄：指「語句」全無修飾，乃依據所有事物之「眞相」與「道理」，而表現之「語句」。

㈡句中玄：指不涉及「分別情識」之「實語」，卽不拘泥於「言語」，而能悟其玄奧。

㈢玄中玄：又作「用中玄」。指離於「一切相待（對待）」之「論理」與「語句」等「桎梏（ㄓˋㄍㄨˋ，束縛）」之玄妙句。

③「玄中玄」，卽「言語道斷」，亦卽沒有「分別心」的境界，非「言語」所能表達。

④最後二句「更有一句玄中玄」和「無何有鄉是眞宅」，是指出「訣中之訣」，那「訣中之訣」始終離不開所謂「洗心滌慮爲沐浴」這句名言。

⑤「洗心滌慮爲沐浴」，出自元代「李道純」所撰的《中和集》，原文是「洗心滌慮謂之沐浴。」，一般在「精氣」過「夾脊」時，和降下「丹田」時進行，稱爲「卯酉沐浴」。

⑥「沐浴」，指「周天」練功時，「精氣」沿著「任督二脈」運行中，「呼吸之間」換氣時，小作停頓，撤除「意守」，休息「念慮」。

【註解八】無何有鄉是眞宅：

①白話翻譯：「無何（沒有什麼）」有「鄉（某種境界或狀態）」是「眞宅（謂人死後的眞正歸宿。）」。

②道教功法中，最奧祕的就是這個「沐浴」，可是整部功法，不過用「心空」兩個字，就足以全部概括了。

我寫這一首「律詩」，已經把「功法的玄奧」說完了。「大道」的要領，不外乎「無爲而爲

（無爲不是憑空的無爲，而是經歷過有爲階段最終達成的一種道家境界。）」這四個字。唯有「無爲」，才不會「凝滯（不流通）」在「方所（範圍）」和「形象」上；唯有以「無爲」而行「有爲」，才不致墮入「頑空（佛教語。指一種無知無覺的、無思無爲的虛無境界。）」和「死虛（不通達的空間）」之中。

其中的作用，不外乎一個「中」字，而「樞機（ㄕㄨ，戶樞（指門閂）與弩牙（弓弩機鉤弦的部件），比喻事物的關鍵。）」全在「兩眼」。「兩眼」就好比那「北斗七星」的「斗柄」一樣。「造化（化育萬物的大自然）」的「斡旋（扭轉）」，陰陽的「轉運（運行不已）」，全都靠著它。而「大藥」，始終只是「水中金」這一味，卽「水鄉鉛」而已。

【註解一】「大藥」，「道家」的「金丹」，指修煉「內丹」，卽把「人體」當作「爐鼎」，以體內的「精、氣」當作「藥物」，用「心神（意識）」燒煉，「道教」認爲使「精、氣、神」凝聚，可結成「聖胎（道教「金丹」的別名。「內丹家」以「母體結胎」比喻「凝聚精、氣、神三者所煉成之丹」。）」，卽可脫胎換骨而成仙。

【註解二】「水中金」一詞，取自南宋道士「陳楠」所撰的《羅浮翠虛吟》，原文：「掃除末學小伎術，分別「火候（火力的大小與時間的長短，比喻修養或修練的功夫。）」鍊藥物。只取一味水中金，收拾虛無造化窟。」，「陳楠」是「金丹派南宗」的「南五祖」之一。

【註解三】「水中金」卽是「先天一炁」，必須從「天心（眉間玄關處）」中修練起，讓心神（意識）專注在「天心（眉間玄關處）」，達到脈住氣停的境界，則「先天一炁」自「虛無」

中來，結成「內丹」。「水中」指的是「坎卦」，「坎卦」的自然象徵是「水」，代表器官是「腎」。「九宮八卦」在人體肚腹上的位置，坎屬水，「腎」與「膀胱」均屬水，因此「坎宮」是在「肚臍」以下的「腹部（下丹田）」；「金」是指「金鉛（眞陽、腎陽、元陽、先天一炁）」，「金鉛」生於「坎」，即「眞金」生於「水」，「水」中產金」，是指藏於「坎」中的「眞一之水」，故曰「金鉛」。「金鉛（眞陽、腎陽、元陽、眞氣）」藏於「命門（坎）」之中，爲「先天之眞火、先天一炁」，生於恍惚杳冥的虛無之中，是「腎臟」生理功能的動力，也可說是人體熱能的源泉。

【註解四】「水鄉鉛」一詞是「內煉術語」，指「元陽眞精」，取自《性命圭旨．利集．天人合發採藥歸壺》，原文：「有此眞意，眞鉛方生。蓋動極而靜，眞意一到，則入窈冥，此意屬陰，是謂己土。陰陽交媾，正當一陽爻動之時，自覺心花發現，暖氣衝融，陰陽年交，眞精自生，眞精即是眞鉛，所謂水鄉鉛，只一味是也。」

【註解五】「元陽」就是「腎陽」，又稱爲「眞陽、眞火、命門之火、先天之火」。是「腎臟」生理功能的動力，也是人體生命活動力的源泉。

【註解六】「眞精」就是人體內在的「精氣」，是生命最基本的要素，是生命本有的自然功能。

【註解七】另外，「水鄉鉛」一詞，在唐朝「崔希範」寫的《入藥鏡》裡也有提到，原文：「是性命，非神氣。水鄉鉛，只一味。」《入藥鏡》全書以三言爲一句，共八十二句。全書以口訣的形式，簡明扼要的論述「丹法」。

【註解八】「水鄉鉛」，「性」即「神」也，「命」即「氣」也。「性命」混合，是「先天之體」；「神氣」運化，是「後天之用」，「修煉之士」欲得其「性靈命固」，從下手之初，必是採「水鄉之鉛」。所謂「水鄉鉛」，「坤」因「乾」破而爲「坎」，「坎水」中而有「乾金」，「金」爲「水母」，「水母」隱「子胎」，「一點眞陽」居於此處，遇身中「子時」陽動之際，急採之。「鉛」遇「癸」生須急採，採時須以「徘徊之意」引「火」逼「金」，正所謂「火逼金行顚倒轉」，自然「鼎內大丹凝」。只此一味「水鄉鉛」，爲「大道之根」。

前面所講的「迴光（意守玄關）功法」，是用來指點「初學者」，從「外部」來控制「內部」，用「臣」來輔佐「君王」。這是爲「中士」和「下士」修練下面的兩關，來顯露上面那一關所提出的功法。現在修行的「頭緒（條理，事物的先後次序）」逐漸明朗，功法的「機括（比喻處理事務的關鍵）」已經逐步純熟。「上天」不愛惜那珍貴的「道法」，讓我直接透露那至高無上的「宗旨（宗教的教義，指主要的思想。）」。你們各位要珍惜啊！要勤奮努力啊！

「迴光（意守玄關）」是功法的總名稱，但是功夫再上進一番，則「光華（光芒）」更「盛（熾烈）」「一番（一次）」，「迴光（意守玄關）」的方式也更神奇「一番（一次）」。前面的功法是由「外部」控制「內部」，現在的功法則是「居中（處於兩者之間）」「禦（抵抗）外圍」。前面的功法是用「臣」來「輔相（幫助）」「君主」，而現在的功法則是奉「君主」的命令，來發號施令，面目完全是一大顚倒。

想要「入靜」的「法子（方法）」，首先要「調攝（調養）」「身心（心思，精神）」，使它「自在（自由；無拘束）安和（安定平和）」，接著放下「萬緣（世俗的一切因緣）」，「一絲不掛（佛教用語，意爲棄絕塵世，無牽無掛。）」。讓「天心（眉間玄關處）」正位處於中央，然後兩眼「垂簾（放下眼皮）」，就像奉了「聖旨（卽封建社會時皇帝下的命令）」，去召喚「大臣」，誰敢不遵從？

接著就用兩眼的目光內照「坎宮（下丹田）」，「光華（光芒）」所到之處，「眞陽（腎陽、元陽、先天之眞火）」就會出來應接。八卦中的「離卦（☲）」，外部是「陽爻」而內部是「陰爻」。它的本體原是「乾卦（☰）」，一個「陰爻」進入內部，卻成爲主人。於是「隨物生心（隨著看到外物，生出心識、想法。）」，「順出流轉（心識、想法順著外物流動轉移）」。現在「迴光（意守玄關）」內照，不隨「外物（指外界的人或事物）」而生出「心識、想法」，那「陰氣」就受到了控制，而「光華（光芒）」「注照（指心神、意識凝聚集中照射）」，逐步變成了「純陽」。

【註解一】「眞陽」，又稱「腎陽、元陽、先天一炁」，中醫學名詞。中醫認爲陰陽相互對立，又相互依存，互爲因果。以「人體臟器」與「功能」來說，「陰」指「實質臟器」，「陽」指「臟器的功能活動」，二者也互相依存，不可分離。「眞陽」藏於「命門」之中，爲「先天之眞火」，是「腎」生理功能的動力，亦可說是「人體熱能的源泉」。「眞陰」則與「眞陽」相對而言，指「腎」的陰液（包括腎所藏的精），是「眞陽」功能活動的物質基礎。

因爲同類必定親近，所以會調動那「坎卦（☵）」中間的「陽爻」向上升騰。這個「陽爻」原來不是「坎卦（☵）」的「陽爻」，實際上是「乾卦（☰）」的「陽爻」，所以仍然屬於「乾卦（☰）」的「陽爻」，呼應「乾卦（☰）」的「陽爻」。這二件物體一相遇，便「紐結（糾纏）」不散去，「絪縕（ㄧㄣ ㄩㄣ，指陰陽二氣交會和合的樣子）」活動，忽來忽去，忽浮忽沉。這時在自己的「元宮（指胸腹腔）之中」，彷佛「太虛（太空）」那樣無邊無際，全身輕快美妙，飄飄然好像要騰空上升一樣，這就是所謂「雲滿乾山（《山海經》中記載的一座山）」的境界。

接著，那「氣機（指人體內氣的正常運行機制，包括臟腑經絡等的功能活動。）」來往無蹤蹤，浮沉沒有區別，忽然「脈住氣停（脈停住了，氣息也停了，深度的禪定現象。）」。這是「眞交媾（坎離交媾）」的狀態，就是所謂「月涵萬水」的境界。

【註解一】脈住氣停，氣功、修行的專有名詞，意指一個人「入定」之後，他的「呼吸氣息」沒有了，「脈搏」也停止了，但是這不是「休克」，也不是「死亡」，而是一種「深度的禪定」，是能夠與「宇宙能源」高度又密切交流的時候，如同「龜、鶴」的呼吸一樣，細長、均勻、又穩定，對練功者、修行人而言是個非常好的現象。

【註解二】「眞交媾（坎離交媾）」，「坎離交媾」一詞，《規中指南》說：「夫坎離交媾，亦謂之小周天，在立基百日之內見之。水火升降于「中宮（指中丹田；在胸部「膻中穴」）」，陰陽混合於丹鼎，雲收雨散，炁結神凝，見此驗矣。夫乾坤交媾，亦謂之大周天，在坎離交媾之後見之，蓋藥既生矣，於斯出焉。」又《性命圭旨》說：「交媾之理有二：有內交者，有外交者。坎離龍虎交，內交也，產藥也；乾坤子午交，外交也，結丹也。」

由此可知，「坎離交媾」講的就是「小藥（腎水）」前的「產藥」，又叫做「龍虎交媾」。那什麼時候是「坎離交媾」出現的時機呢？「張紫陽眞人」說，心靜而腎動，就是「坎離交會」之時，所出現的狀況，也就是當功夫做到「陽氣發動」的時候，就是「藥產」的時機。這時候，接著馬上就要用「採藥（當元精受煉而發動眞氣，這時就以意念稍加引導，這種引導就是「採小藥」。）」的功夫來採取，拖久了，藥老了就不能採了。

【註解三】「月涵萬水」，「月」代表「本性」，「水」代表「意念、心念」。「萬水（萬緣）」能夠透過「眞意（高度集中在練功上的意念）」，讓「意念、心念」平靜無波，水面靜止如鏡，自然能夠映照天上的「月（本性）」，「本性」自然顯現。

等到在那「冥冥（幽暗、晦暗）」之中，忽然「天心（眉間玄關處）」一動，這就是「一陽來復」，「活子時」出現了。但是，這裡面的「消息（祕密、訣竅）」還要「細說（詳細地解說、述說）」。一般人用「眼睛」去看，用「耳朵」去聽，那「眼睛」和「耳朵」一直是隨著「外物（指外界的人或事物）」而動的，「外物（指外界的人或事物）」走了，「看」和「聽」的行爲也結束了。這裡頭的「動靜」，就好比是下邊「臣民」辦事，而上面的「天子」，反而隨著他們去服務一樣。這樣下去，無異是跟「鬼」住在一起了。

【註解一】要解釋「一陽來復」和「活子時」，必須先了解「十二闢卦」。

【註解二】「十二闢卦」，指《周易》的「十二闢卦」，又稱作「十二消息卦」，代表一年十二個月，也代表一日十二個時辰。。

在《周易》的六十四卦中，把十二個卦叫作「消息卦」，即「闢卦」。「闢」者，「君」也，意思是這十二個卦統治其餘的卦。在一個卦體中，凡「陽爻去」而「陰爻來」稱爲「消」；「陰爻去」而「陽爻來」稱爲「息」。

「十二消息卦」即由「乾卦」和「坤卦」二卦，各爻的「消」和「息」的變化而來的。在「十二闢卦」中，有「息卦」六卦，和「消卦」六卦。

【註解三】「息卦」六卦，「息」是「滋息；生長」，是「陽爻」遞生的六個卦，「陽爻」從「初爻」的位置逐次上升，即「復卦」初爻爲陽爻，「臨卦」是初爻、二爻爲陽爻，「泰卦」是初爻、二爻、三爻爲陽爻，「大壯卦」是初爻、二爻、三爻、四爻皆陽爻，「夬（ㄍㄨㄞˋ）卦」是初爻、二爻、三爻、四爻、五爻皆陽爻，而「乾卦」則六爻全爲陽爻，在此六個卦像中，「陽爻」逐次增長，故稱爲「息卦」。

【註解四】「消卦」六卦，「消」是「減少；損失」，是「陰爻」逐序上升，「陽爻」依序遞減的六個卦，「陰爻」從「初爻」的位置逐次上升，即「姤（ㄍㄡˋ）卦」初爻爲陰爻，「遯（ㄉㄨㄣˋ）卦」是初爻、二爻爲陰爻，「否（ㄆㄧˇ）卦」是初爻、二爻、三爻爲陰爻，「觀卦」是初爻、二爻、三爻、四爻皆陰爻，「剝卦」是初爻、二爻、三爻、四爻、五爻皆陰爻，而「坤卦」則六爻全爲陰爻，在此六個卦像中，「陰爻」逐次增長，故稱爲「息卦」。

【註解五】「內丹」煉養的「十二闢卦」，「內丹煉養者」用來表示「煉丹火候」的節度。

第一「復卦」：五陰一陽；陰氣已極，陽氣復生，一日之中，指夜半子時「火候（火力的大小與時間的長短，比喻修養或修練的功夫。）」初起。
第二「臨卦」：四陰二陽；陽氣漸進，進二陽火候。
第三「泰卦」：三陰三陽；陰陽相承，進三陽火候。
第四「大壯卦」：二陰四陽；陽氣雖盛，猶含陰氣，進四陽符候。
第五「夬卦」：一陰五陽；盛陽之際，尚餘些微陰氣，進五陽火候。
第六「乾卦」：純陽；進六陽火候。
第七「姤卦」：五陽一陰；陽極生陰，以陰爲主，退陰符候。
第八「遯卦」：四陽二陰；陰氣漸盛，陽氣漸衰，退二陰符候。
第九「否卦」：三陽三陰；陰陽二氣，不相交通，退三陰符候。
第十「觀卦」：二陽四陰；陰氣已盛，退四陰符候。
第十一「剝卦」：一陽五陰；陰盛陽衰，純陰將至，退五陰符候。
第十二「坤卦」：六爻純陰，退六陰候。

【註解六】「一陽來復」的意思，在「十二闢卦」裡，「復卦」就一天來講，是從半夜「子時」開始；就一年來講，是從每年的「冬至」開始，「冬至」的意思是卽將進入寒冷時節，「冬至」是「太陽直射點」南行的極致。「冬至」這天，太陽光直射「南迴歸線」，太陽光對「北半球」最爲傾斜，是「北半球」各地「白晝最短、黑夜最長」的一天。

「冬至」也是太陽直射點，北返的轉折點，這天過後它將走「回頭路」，「太陽直射點」開始從「南迴歸線」向北移動，「白晝」將會逐日增長。

在「十二闢卦」裡，「陰曆十月」是第十二卦「坤卦」，接著「陰曆十一月」又回到第一卦「復卦」。這時候，六爻純陰的「坤卦」，「陰氣已極，物極必反，「陽氣」復生，變回「五陰一陽」的第一卦「復卦。

「北半球」從「冬至」起，白天開始變長，古人認爲「白天屬陽、夜晚爲陰」，從這一天開始，「陽氣」開始生發，就有了「冬至一陽生」這種說法。「冬至一陽生」的出處，最早是來自於唐代的「孔穎達」，他說：「冬至一陽生，是陽動用而陰復於靜也。」。

「冬至一陽生」是敘述「復卦」「五陰一陽」的最下爻，「一陽爻」開始發動，從此「陽爻」往上增加。到了「陰曆十二月」的「臨卦」，陽氣漸進，變成「四陰二陽」。「復卦」的「復」是「恢復」的意思，上個月「坤卦」的黑暗過去了，這個月「復卦」又開始「恢復光明」，所以叫做「一陽來復」。

【註解七】「一陽來復」在道教「內丹修煉」上的意思，在「內丹修煉」上，如何運用「一陽來復」的道理來修煉呢？

首先要了解，「一陽來復」在「內丹修煉」上，是代表身體生理上的「陽舉」功能。「陽舉」就是「勃起」，指男性的「生殖器官」內，因爲「動脈」擴張，「海綿體」充血，而使「生殖器官」膨大、豎直的現象。「男嬰兒」有時候「陰莖」會翹起來，這代表他要排尿，這時候「男嬰兒」絕對沒有男女的「性意識」慾念。

這是因爲「膀胱尿液」脹滿之後，會刺激「膀胱壁」，引起「脊髓」下段的「排尿中樞（性興奮中樞也在這個部位）」的興奮，從而誘發「性興奮中樞」的反射，使「陰莖海綿體」充血膨脹，進而出現「陰莖勃起」的現象。

因此，當「男嬰兒」憋尿時，「陰莖」會向上豎起。「男嬰兒」尿完後，「陰莖」就會鬆弛回縮。而正常男人晚上睡覺，隔天早上起床前，都會出現「陽舉」的現象，這時並沒有男女的「性意識」慾念。

這是因爲晚上睡覺時，身體經過一整晚的休息，身體充電得到「能量」，「能量」走背後的「督脈」，當經過「命門穴」時，「腎火」會旺盛，早晨「陽舉」的現象，自然會發生。如果沒有，就代表身體的「腎陽氣」出問題。在「內丹修煉」上，認爲「腎火」旺盛，是身體上「一陽來復」的現象。

【註解八】「一陽來復」在道教「內丹修煉」上的方法，北宋的易學家「邵雍（邵康節）」，最重視「冬至」和「復卦」，他寫了兩首《冬至吟》，是他「先天之學」的代表詩句。

其中四句最重要：「冬至子之半，天心無改移。一陽初起處，萬物未生時。」

意思是說：「冬至」是「子月（十一月）」一半的時候，宇宙萬物到了一個不屬於「動態」，也不是「靜態」的時刻。此時「天心（天地之心）」並沒有改變和移動，一股「陽氣」開始在萌動，在萬物未產生時。

有關「心性」的修養，我們先要瞭解如何把握「冬至一陽生」的法則。在「十二闢卦」中，「一陽來復」，就是指「一陽初生之處」，在「內丹修煉」上最爲重要。

「邵雍（邵康節）」說「天心無改移」，就是「佛家」所講的「萬緣放下，一念不生」時的狀態。這個時候，身體的「陽氣」將要發動，「道教」叫做「無陰陽之地」，此時「不陰也不陽」，也就是「佛家」所講的「非空非有，卽空卽有。」，所謂「止」的道理。「禪定」修到「無念（沒有念頭）」的狀態，「念頭」眞正空了，就是身體「陽氣」要來之前的境界。

【註解三】「活子時」，在「內丹修煉」上，運用「一陽來復」的方法，就是在「靜坐」時，把自己的「心念」平息下來，聽其自然，等到「念頭」一空，「精、氣、神」就凝結了，「陽氣」就會凝聚，就是「一陽來復」時，「腎間氣」發動，陽氣」就從「下丹田」上來。這個生理變化，就是身體的「一陽來復」，「道教」又稱作「活子時」，以「復卦」的「初陽爻」，來比喻「陽精初動」的現象。

修道人要懂得「活子時」的道理，就是自己身體上的「一陽來復」，每個人「陽氣」的發生時間不同，際遇也不同，所以叫做「活子時」，要活用。

現在我們煉功的人，一動一靜，都和人在一起。「天君（指心，因爲心是思維的器官）」就是「眞人（指古代道家洞悉宇宙和人生本原，眞正覺醒覺悟的人。）」，就是自己身中的「天子」。「天子」一動，下面的「臣民」一齊跟著動，這種動就稱爲「天根」；「天子」一靜，下面的「臣民」也一齊跟著靜，這種靜就稱爲「月窟」。

「天子」的動靜「無端（沒來由；沒道理）」，「臣民」們也隨著「動靜無端」；「天子」的休息「上下（增減）」，「臣民」們也跟著「休息上下」，這就是所謂的「天根月窟閒來往」。

【註解一】「天根月窟閒來往」，這句詩源自於北宋「邵雍（邵康節）」所寫的《觀物吟》：「耳目聰明男子身，洪鈞賦予不爲貧。須探月窟方知物，未躡天根豈識人。乾遇巽時觀月窟，地逢雷處見天根。天根月窟閒來往，三十六宮都是春。」

◎白話解釋如下：

①耳目聰明男子身：一個完整的「男子身體」，耳朵好，聲音聽得清楚叫「聰」；眼睛好，東西看的清楚叫「明」，這是指「有福報的男子」。

②洪鈞賦予不爲貧：「洪鈞」指上天、造化、自然；「賦予」是給予。「洪鈞（上天）」「賦予（給予）」我們一個健康的身體，不算窮，很不錯，可以修道。

③須探月窟方知物：「月窟」是指「月亮」，在「八卦」裡，「坎卦（☵）」代表月亮，也代表水，外面是「陰爻」，裡頭有「陽爻（眞陽之氣）」，代表「先天一炁（指生天生地生人生萬物的原始之炁，是構成天地萬物的基本素質。）」。

我們投胎爲人時，必須要有「父精」、「母血（卵）」加上「先天一炁」，才能受孕「坎卦（☵）」成胎。胎兒出生後，「先天一炁」就潛藏到「下丹田」。我們的身體就是一個「坎卦（☵）」，「身體」像是外面的「陰爻」，但是陰中有一點「眞陽之氣（先天一炁）」，生命的功能就藏在你的身上。「修道者」必須探求「月窟（月亮、坎卦、身體）」，去探求

「身體」內部的「眞陽之氣（先天一炁）」，才知道「修道的方法」。

④未躡天根豈識人：「躡（ㄋㄧㄝˋ）」是踩踏、登上；「天根」，是星名，是東方七宿的第三宿「氐（ㄉㄧ）宿」；又比喻自然的稟賦、根性，這裡是指「先天一炁」。修道人不認識自己體內的「天根（先天一炁）」，怎麼能夠了解這個肉體的生命，是怎麼存在的？

⑤乾遇巽時觀月窟：在後天八卦中，「乾卦（☰）」的對面卦，就是「巽卦（☴）」。「乾卦（☰）」代表「先天」，「巽卦（☴）」代表「風」，風一動，氣就來，暗示「一陽初動處」。修道人要想返回「先天」，知道要靠「後天氣（呼吸）」的修煉，但是接下來要怎麼做呢？就要「觀月窟」。前面說到，「月窟」代表「月亮」，「月亮」屬於「坎卦（☵）」，「坎卦（☵）」代表「身體」內部有「一陽眞炁」。所以，「觀月窟」就是暗示要觀注「身體」的「下丹田」處。

修禪定修到「一念不生」，完全清淨，「念頭」沒有動，「一念清淨」，這個是「一陽初動處」，這是生命的根本，返回「先天」的著手處。

⑥地逢雷處見天根：在「先天八卦」中，「地」屬於「坤卦（☷）」，「雷」屬於「震卦（☳）」，順時針轉，「坤卦（☷）」的下一卦是「震卦（☳）」；在「後天八卦」中，「坤卦（☷）」代表「腹」，「震卦（☳）」代表「足」。修道人想要見到自己體內的「天根（先天一炁）」，必須要從代表「腹」的「坤卦（☷）」下手修練，修禪定修到「一念不生」，完全清淨，「念頭」沒有動，「一念清淨」，靜極思動，心的一個「陽能」在「腹

部」發動了，「坤卦（☷）」的「初陰爻」，變成「初陽爻」，「坤卦（☷）」就變成下一卦「震卦（☳）」。「陽能」在下面的「腹部」發動上來，也就是「震卦（☳）」下面「初陽爻」的「一陽初動處」，這就是「地逢雷處見天根」，就可以見到「天根（先天一炁）」了。

⑦天根月窟閒來往：上面解釋過，「天根」是指「先天一炁」，「月窟」是指「月亮、坎卦、身體」。修道人想要「見天根」，見到「先天一炁」，就要「觀月窟」，就是要觀注「身體」的「下丹田」處。然後「閒（安靜悠閒）」的靜坐，再配合「來往（往返不斷的一呼一吸）」，最後達到「一念不生」，完全清淨，「念頭」沒有動的境界。

⑧三十六宮都是春：所謂「三十六宮」就是指「六十四卦」，先說「綜卦（反卦）」的概念，就是把六爻卦的上下翻轉過來，成爲另一卦，把「卦象」倒過來看，比如「屯卦」反過來就是「蒙卦」。

在《易傳》中，《上經》從乾、坤到坎、離共三十卦，其中「綜卦（反卦）」跟「本卦」一樣的有六個：乾卦、坤卦、頤卦、大過卦、坎卦、離卦。其它還有二十四卦可以各自兩兩互相成爲一對「綜卦（反卦）」，這樣實際是十二卦，十二卦加六卦等於十八卦。

《下經》從咸、恆到既濟、未濟共三十四卦，其中「綜卦（反卦）」跟「本卦」一樣的有兩個：中孚卦、小過卦。其它還有三十二卦可以各自兩兩互相成爲一對「綜卦（反卦）」，這樣實際是十六卦，十六卦加二卦共十八卦。《上經》十八個正反卦，加上《下經》十八個正反卦共三十六卦，合稱三十六宮，可成六十四卦，這就是「六十四卦」的「三十六宮」說法。

「三十六宮都是春」，就是指當自己的「內丹」已經成就，身體的內外都生機勃勃，免疫力提升，身體健康無病。而「八卦」跟我們身體全部對應，有「六十四卦」的「三十六宮」，「都是春」是代表我們「整個身體」和「精神層面」，和諧圓融的樣子。

「天心（眉間玄關處）」處在「鎮靜（平靜）」之中，「氣機（指人體內氣的正常運行，包括經絡、臟腑的功能活動。）」發動得過早，就犯了「火侯（火力的大小與時間的長短，比喻修煉的功夫）」太「嫩（指事物尚處在輕微的狀態，力道不夠。」）的錯誤；「天心（眉間玄關處）」已經在動，那「氣機」在後面才發動，「火侯」就犯了太「老（與「嫩」相對，力道太多。）」的錯誤。

正確的方式，是「天心（眉間玄關處）」一動，立刻用「眞意（高度集中在練功上的意念）」導引「氣機」向「乾宮（頭頂）」上升，兩眼的「眼神之光」也注視「頭頂」做爲「導引（引導）」，這就是發動得恰到時機。

「天心（眉間玄關處）」一動，立刻用「眞意（高度集中在練功上的意念）」導引「氣機」向「乾宮（頭頂）」上升，「氣機」既然已經上升到「乾宮（頭頂）」，正在「遊揚自得（悠閒而舒適）」的時候，忽然那「氣機」的運動似乎要停止下來。

這時候，應當趕快用「眞意（高度集中在練功上的意念）」引導那「氣機」下降到「黃庭（中丹田；胸部「膻中穴」）」的部位，而眼光內視那「中黃（人體的橫膈膜；指腹中）」「神室（位

果。於腎心之間，爲丹家煉藥之處。）」」。接著，「氣機」運動又想要停止，那是「一念不生」的結

這時候，眼光向內注視的「意念」，也忽然忘記這個「眼光向內注視」的動作。那個時候，「身心（肉體和精神）」來了一場大解放，「萬緣（世俗的一切因緣）」隱藏消失，卽使自己「神室（位於腎心之間，爲丹家煉藥之處。）」中，煉丹的「爐鼎（修煉者自己的身體）」，也不知道在什麼地方。

想要尋找自己的身體在什麼地方，也找不到。這就叫作「天人地中」的境界，那就是「衆妙歸根」的時刻。到了這個階段，就是所謂「凝神入氣穴」。

「迴光（意守玄關）」功法的次序，開始的時候，「那光」是「散（由聚集而分離）」的狀態，後來逐漸有「欲斂（將要收攏聚集）」的趨勢，「六用（指六根，眼、耳、鼻、舌、身、意的功能）」這六種功能不作用，停止運行，這就是「涵養本原」、「添油接命」的功法。

【註解一】「涵養本原」，出自於《性命圭旨》的「涵養本原圖」。《性命圭旨》，全名《性命雙修萬神圭旨》，作者不詳，成書時間宋至明朝。分元、亨、利、貞四集。相傳出於尹眞人高弟之手。

《性命圭旨》爲總結性書籍，主張破除三教門戶之見，宗羅三教歷代精義，一出世就廣泛流傳。全書分爲元、亨、利、貞四集，每集前有目錄。亨集爲《涵養本源圖》，第一節口訣《涵養本源救護命寶》、《內附退藏沐浴、玉液煉形二法》，第二節口訣《安神祖竅翕聚先天》，第三節口

訣《蟄藏炁穴眾妙歸根》。

【註解二】「涵養本原」的意思，是在說明修道要從「迴光（意守玄關）」處下手，就是指「玄關竅」這一竅。

在「亨集」的《涵養本源圖》第一節口訣《涵養本源救護命寶》裡，就有詳細說明下：

「然而大道茫茫，當從何處下手，是以齊襟必舉領，整綱要提綱。

昔『尹師』指出：『修行正路一條，教人打從源頭上做起。若源頭潔淨，天理時時現前，識念自然污染不得。』

譬如杲日當空，魍魎滅跡。此一心地法門，是古今聖不易之道，故老子曰：『若夫修道，先觀其心。觀心之法，妙在靈關一竅。』

人自受生感氣之初，稟天地一點元陽，化生此竅，以藏元神，其中空空洞洞，至虛至明，乃吾人生生主宰，眞所謂有之則生，無之則死，生死盛衰，皆由這個。

儒曰靈臺，道曰靈關，釋曰靈山，三教同一法門，總不外此靈明一竅。

釋教曰：『佛在靈山莫遠求，靈山只在汝心頭，人人有個靈山塔，好像靈山塔下修。』論其所也。

玄教曰：『大道根莖識者稀，常人日用孰誰知，爲君指出神仙窟，一竅彎彎似月眉。』論其形也。

蓋『此竅』乃『神靈之臺』，祕密之府，眞淨明妙，虛徹靈通，卓然而獨存者也。重生之本原。故曰『心地』；諸佛之所得，故曰『菩提』；交徹融攝，故曰『法界』；寂淨常樂，故曰『涅槃』；不濁不漏，故曰『清淨』；不妄不變，故曰『眞如』；離過絕非，故曰『佛性』；護善遮惡，故曰『總持』；隱履含攝，故曰『如來藏』；超越玄祕，故曰『密嚴國』；統眾德而大備，爍眾昏而獨照，故曰『圓覺』：其實皆『一竅』也。」

【註解三】「添油接命」一詞，出自於《證道仙經》，原名《尹眞人東華正脈皇極闔闢證道仙經》裡的《添油接命章第一》，原文節錄如下：「欲點長明燈，須用添油法。一息尚存皆可複命。人若知添油之法，續盡燈而複明，卽如返魂香點枯亥而重茂也。油乾燈絕，氣盡身亡，若非此竅（玄關竅）則必不能添油、必不能接命，無常到來，懵懵而去矣。」

接著，「那光」「收斂（收攏；聚集）」起來，自然而然的自在悠遊，不費「纖毫（極其細微）」的力氣，這就是「安神祖竅，翕（ㄒㄧ，收斂、收縮）聚先天。」的功法。

【註解一】「安神祖竅，翕聚先天。」一詞，出自於《性命圭旨》裡，「亨集」的《涵養本源圖》的第二節口訣《安神祖竅翕聚先天》，原文節錄如下：「蓋祖竅者，乃老子所謂玄牝之門也。《悟道篇》雲：『要得穀神長不死，須憑玄牝立根基』。所以『紫陽』言：『修煉金丹，全在玄牝。』

於《四百字序》雲：『玄牝一竅，而採取在此，交媾在此，烹煉在此，沐浴在此，溫養在此，結胎在此，至於脫胎神化，無不在此。修煉之士，誠能知此一竅，則金丹之道盡矣，所謂得一而萬事畢者是也。』」

接著，影響「俱滅（全部毀滅）」，進入「寂然（沉靜無聲的樣子）」「大定（斷一切妄惑；指心神、意識寧靜，氣息平和，雜念不生的入靜狀態。）」的狀態，這就是「蟄（ㄓㄜˊ）藏氣穴，衆妙歸根」的功法。

【註解一】「蟄藏氣穴，衆妙歸根。」一詞，出自於《性命圭旨》裡，「亨集」的《涵養本源圖》的第三節口訣《蟄藏炁穴衆妙歸根》，原文節錄如下：「前節言翕聚乃守中抱一之工夫，此節言蟄藏則深根固蒂之口訣。翕聚、蟄藏相爲表裡，非翕聚則不能發散，非蟄藏亦不能發生，是此二節一貫而下，兩不相離者也。」

這裡是「一節功法」中具有三節，至於「一節功法」中具有九節，等到以後再向大家闡發分析。

現在先談談「一節功法」中具有三節的問題，當處於「涵養（指內心的修鍊工夫）」階段開始入靜時，「翕（ㄒㄧ，收斂、收縮）聚」就是「涵養」，「蟄（ㄓㄜˊ，動物入冬藏伏土中，不飲不食）藏」也是「涵養」，到了「翕聚」階段，「涵養」和「蟄藏」都是「翕聚」，到了最後「涵養」和「翕聚」也就是「蟄藏」，中間一層還可以依此類推。

不要改變「意念」所守的「玄關竅」位置，所守的「玄關竅」自然會「處分（處置）」，這就是所謂的「無形之竅」，部位有「幹處（主要的部位）」和「萬處（萬個部位）」，實際上只有「一處（一個部位）」。

不要改變「功法」所立的「時（規定的時刻）」，「時（規定的時刻）」自然會處置，這就是所謂的「無候之時」，那怕「時（規定的時刻。）」分成「元會運世（一世爲三十年；一運爲十二世；一會爲三十運；一元爲十二會。）」，也只是「一刻（指短暫的時間；片刻）」而已。

一般來說，「心神（意識）」不到極靜的階段，它就是不能動。卽使動，也是一種「妄動」，而不是「本體」的動。

所以說：「心神（意識）因爲對事物有所感受而動」，那是「人性的欲望」所驅使，假如不因對事物有所感受而心動的動，那才是「天之動」。

所以，我們可以得知，因爲對事物有所感受而心動的動，是「人性的欲望」所驅使，假如不因對事物有所感受而心動的「自動」，那就是「天之動」。

不要用「天之動」來對應「天之性」，這句話說的是個「欲」字，「欲望」來自於「有物」。這就是《易經．艮卦．象辭》所反對的「出位之思」，是一種「有動」的動。

【註解一】「出位之思」，出自《易經．艮卦．象辭》：「兼山艮，君子以思不出其位。」

【註解二】「思不出其位」，「思」是考慮「位」是職位。意思是：考慮事情不超過自己的職責範圍，不把精力浪費在自己其實並不瞭解、也無法施加影響的事情上。知道什麼是自己該做的，什麼不是自己該做的。比喻腳踏實地，實事求是。類似的還有「不在其位，不謀其政。」。

如果能做到「一念不起」，那麼「正念（卽止、覺照，保持對某個對象深入地觀察。）」就會產生，「正念（卽止、覺照）」也就是「眞意（高度集中在練功上的意念）」。在這「寂然（沉靜無聲的樣子）」「大定（斷一切妄惑；指心神、意識寧靜，氣息平和，雜念不生的入靜狀態。）」

之中，「天機（上天的機密）」忽然一動，那不就是「無念（沒有念頭）」的動嗎？所謂「無爲而爲（無爲不是憑空的無爲，而是經歷過有爲階段最終達成的一種道家境界。）」，指的正是這個意思。

我那首詩的頭二句（玉清留下逍遙訣，四字凝神入氣穴。），已經全部概括了「金華（光；金花；眞炁；金丹；金黃色的花彩）」的作用。

下面二句（六月俄看白雪飛，三更又見日輪赫。），意思是「日月互體」的意義，「六月」指「離卦（☲）」的火；「白雪飛」是指「離卦（☲）」中間一爻的「眞陰」，將返歸於「坤卦（☷）」。

「三更」指「坎卦（☵）」的水；「日輪」指「坎卦（☵）」中間一爻的「眞陽（眞氣、腎陽、元陽、先天一炁）」，將要「赫然（光明、顯耀的樣子）」返歸於「乾卦（☰）」。所謂「取坎塡離」就包含在這兩句詩當中。

【註解一】「互體」，舊體詩修辭手法之一，謂一聯上下兩句文意互相映襯補充。「互體」是上文的話裏含有下文說出的詞在內，下文的話裏含有上文說出的詞在內。

【註解二】「取坎塡離」，又稱爲「抽坎塡離」。指人體中，「心」爲「火」，是「離卦（☲）」；「腎」爲「水」，是「坎卦（☵）」。「抽坎塡離」即將「坎卦（☵）」中間的「陽爻」，抽出來塡進「離卦（☲）」中間，原本「陰爻」的位置，使得原來的「離卦（☲）」變成「乾卦（☰）」，原來的「坎卦（☵）」變成「坤卦（☷）」。

「煉丹家」認爲，人出生成「胎兒」後，卽由「先天八卦」的「乾卦（☰）」和「坤卦（☷）」相對變爲「後天八卦」的「坎卦（☵）」和「離卦（☲）」相對，則形成「火上水下」的「未濟卦」局面。但是，如果通過練功，則可「返還（返回）」本原的「先天八卦」圖形，使乾上坤下，坎上離下形成「既濟卦」，達到「心腎之氣」相交的局面，就可以延年益壽。

再下面二句（水中吹起藉巽風，天上遊歸食坤德。），說的是「斗柄作用」，能夠升降整個「氣機（指人體內氣的正常運行，包括經絡、臟腑的功能活動。）」，「水中」豈不是「坎卦（☵）」嗎？

「巽風」指的就是「眼睛」，「眼光」照入「坎宮（下丹田）」，吸引那「太陽之精」。「天上」指的就是「乾宮（頭頂）」，「遊歸食坤德」，指神入氣中，天入地中，須要「溫養（修煉的過程中，必須持續一定的火候，不可太急。）」「神火（指煉丹之火）」。

最後二句（更有一句玄中玄，無何有鄉是眞宅。），是指出「訣中之訣」，那「訣中之訣」，始終離不開所謂「洗心滌慮」，卽爲「沐浴」這句名言。

【註解一】「洗心滌慮」和「沐浴」這二詞，出自於《性命圭旨》裡，「元集」的《退藏沐浴工夫》，原文節錄如下：「易之洗心退藏於密這句話頭，唐宋神仙謂之沐浴，近代諸人標爲艮背，總只是這個道理，這個竅妙。原夫心屬乎火，而藏之以背之水者，洗之之義也，心居乎前，而藏之以背之後者，退之之義也。故初機之士，降伏其心，束之太緊，未免有煩燥火炎之患，是以暫將心火之南而藏背水之北，水火自然交養，自然念慮不生。卽白玉蟾所謂洗心滌慮爲沐浴是也。」

然沐浴雖爲洗心之法，艮背雖有止念之功，二理是則是矣，皆未到實際之地。此向上一著，千聖祕而不傳後世。學徒所以罕聞、罕遇。人若明得此竅，眞可以奪神功，改天命。」

「儒家」的《大學》要義，是從「知止」開始，到「止於至善」歸結，也就是開始於「無極」，終歸結束於「無極」之義；「佛家」的精髓，是以《金剛經》所講的「應無所住而生其心」爲《大藏經》的教旨；我們「道學」，則以「老子」在《道德經》第十六章所講的「致虛」二個字，來完成「性命全功」。

【註解一】《大學》，「大學之道，在明明德，在親民，在止於至善。知止而后有定，定而后能靜，靜而后能安，安而后能慮，慮而后能得。物有本末，事有終始，知所先後，則近道矣。」

【註解二】《金剛般若波羅蜜經》，「諸菩薩摩訶薩應如是生清淨心，不應住色生心，不應住聲、香、味、觸、法生心，應無所住而生其心。」

【註解三】《道德經》第十六章，「致虛極，守靜篤，萬物並作，吾以觀復。夫物芸芸，各復歸其根，歸根曰靜，是謂復命。復命曰常。知常曰明；不知常，妄作凶。」

【註解四】「性命全功」，「性命」是「內丹學」術語，指「性命雙修」，分爲「性功」與「命功」兩種，意思是「身心全面修煉，達到至高完美的境界」。「全功」，意思是「保全身心之功」。

總而言之，「儒、釋、道」三教不過是用一句話，來作爲「出死入生（從死亡裡獲救）」的「神丹（道教所煉的靈藥，謂服之能成仙。）」。那「神丹」又是什麼呢？就是「一切處無心」而已。

【註解一】「一切處無心」這一詞，出自於《性命圭旨》裡，「貞集」爲《嬰兒現形圖》，第七節口訣《嬰兒現形出離苦海》，原文節錄如下：「但事來不受一切處，無心卽是無念也。無念之念，謂之正念。」

在「道教」的功法中，最奧祕的就是這個「沐浴（洗心滌慮、止念）」，如此一部功法，不過是用「心空」兩個字，就足以全部概括了。現在我用這句「沐浴（洗心滌慮、止念）」簡單的話點破玄機，省掉你們各位再費幾十年功夫去參訪了！

你們不明白前面所講的「一節中具有三節」的意義，現在我以「佛家」的「空、假、中」三觀來作比喻。

這「三觀」當中，第一個是「空觀」，就是把一切事物都看成是「空虛」的；

第二個是「假觀」，雖然把一切事物都看成了「空虛」，但是又不能把「萬物」都毀掉，仍然要在這名爲「空虛」的世界裡，建立一切事物；

第三個是「中觀」，既不能把「萬物」毀掉，又不對「萬物」執著，「中觀」同時具有「三觀」的特性。

但是，終歸以「看得空」爲「得力（有效果地）」，所以修「空觀」，則「空」當然是「空觀」，「假」也是「空觀」，「中」也是「空觀」。

修「假觀」時，是在用字上下的「得力（有效果地）」居多，則「假」當然是「假觀」，

「空」也是「假觀」，「中」也是「假觀」。

修「中道（中觀）」時，也把「萬物」想成是「空的」，但是不稱爲「空」，而稱爲「中」。也把「萬物」看成是「假的」，但是不稱爲「假」，而稱爲「中」。至於「中」，就更不用說，必然稱爲「中」。

我雖有時候單獨說「離卦」，有時候兼說「離卦」、「坎卦」二卦，但是中心的意思，究竟沒有變動過一句。我開口就提示說：「樞機（戶樞與弩牙，比喻事物的關鍵。）全在兩眼」。所謂「樞機」指的是「用（功用、效用）」，「用」就是「斡旋（扭轉）造化（指自然界；自然界自身發展繁衍的功能）」的意思，不是只說「造化」而已。

人的「六根（眼、耳、鼻、舌、身、意）」和「七竅（眼、耳、口、鼻）」，全都是「光明寶藏」，難道我只選擇「兩個眼睛」，而其它「器官」，就全部不聞不問嗎？不是這樣的，取用「坎卦（☵）」的「一陽」時，仍然要用的「離卦（☲）」的光去「照攝（映射留取）」，就可以明白。

朱子「雲陽」先生，諱「元育」，曾經講過：「瞎子不好修道，但是聾子不礙事。」這與我說的「暗合（沒有經過商討而意思恰巧相合。）」，我只不過特別強調一下誰是主，誰是輔，誰輕，誰重而已。

「日」和「月」原來是一種物質，其實「日」中的暗處，是「月」的精華。「月窟（月亮、坎卦、身體）」並不在「月」上，而在「日」上，所謂「月之窟」，應當叫「月留的窟」。不然直接說「月」就好了，何必說「月窟」呢？

「月」中的「白處（眞陽、眞氣、腎陽、元陽、先天一炁）」，是「眞日」的光華，「日光」反而在「月」中，這是所謂的「天之根（先天一炁）」，不然的話，直接說「天」就行了，何必說是「天根（先天一炁）」。

一個日，一個月，分開了只能看成是半邊，合起來才是一個全體。這就好像一個夫，一個婦，一個人獨居，就不能成爲「室家（夫婦）」。在「有夫有婦」的情況下，才算是一家完整。

但是，用「事物」很難來比喻「大道」，因爲「夫婦」分開，仍然是兩個人；而「功法」中的「日、月」兩者分開，就不成全體了。懂得這個道理，就明白了「眼睛」和「耳朵」也是一個整體。

我說，「瞎子」已經沒有「耳朵」，「聾子」已經沒有「眼睛」。這樣看來，說什麼一件「東西」？兩個「眼睛」？說什麼「六根（眼、耳、鼻、舌、身、意）」？「六根」其實就是「一根」。

說什麼「七竅（兩眼、兩耳、兩鼻孔和口）」？「七竅」其實就是「一竅」。我說的這些話，只是透露它們相通的地方，所以看不出有什麼兩樣，你們各位卻專門執著那些「隔處（界限的地方）」，所以隨時會更改看法。

（九）第九章　百曰築基

《心印經》雲：「回風混合，百日功靈。」總之立基百日，方有眞光如。子輩尙是目光，非神火也，非性光也，非慧智炬燭也。回之百日，則精氣自足，眞陽自生，水中自有眞火，以此持行，自然交媾，自然結胎，吾方在不識不知之天，而嬰兒自成矣。

若略作意見，便是外道。百日立基，非百日也。一日立基，非一日也。一息立基，非呼吸之謂也。息者自心也，自心爲息，元神也，元氣也，元精也。升降離合，悉從心起，有無虛實，咸在念中。一息一生持，何止百日，然百日亦一息也。

百日只在得力，晝間得力，夜中受用，夜中得力，晝間受用。百日立基，玉旨耳。上眞言語，無不與人身應。眞師言語，無不與學人應。此是玄中玄，不可解者也。見性乃知，所以學人，必求眞師授記，任性發出，一一皆驗。

【白話翻譯】

《心印經》上說：「回風混合，百日功靈。」說明煉功要有一百天，才能奠定基礎，才有「眞光」出現。

【註解一】《心印經》，「內丹術」著作，全稱《高上玉皇心印妙經》。共一卷。撰者不詳。此經爲四言韻文，共五十句。主要講述「內丹術」的基本理論，闡發「精、氣、神」的含義及它們之間的關係。原文節錄如下：「上藥三品，神與炁精。恍恍惚惚，杳杳冥冥。存無守有，頃刻而成。迴風混合，百日功靈。默朝上帝，一紀飛昇。」。

各位所迴的光，目前還是「眼光」，不是「神火（指煉丹之火）」，不是「性光（練習靜功到一定程度，眼前就會自然而然現出一種光體，古人稱爲「本性靈光」，簡稱「性光」。）」，更不是「慧智（聰慧機智）」的「炬燭（火炬照耀）」。

「迴光」一百天之後，「精氣」自然充足，「眞陽（眞氣、腎陽、元陽、先天一炁）」自然生成，水中自然會產生「眞火」，照這樣實行下去，「坎卦（☵）」和「離卦（☲）」自然會「交媾（指陰陽二氣交合）」，自然會凝結成「聖胎（道教「金丹」的別名。「內丹家」以「母體結胎」比喻「凝聚精、氣、神三者所煉成之丹」。）」。

我還在「不識不知」之中，那「嬰兒」卻已經自己發育生成了，整個過程完全是自然的。如果稍稍用「意見（見解；主張）」來促進的話，那就不是「正道」，而是「外道」。

「百日立基（一百日建立基礎）」，不是硬性規定，一定要一百天不可。那就好比說：「一日立基」，並不是指「一天」；「一息立基」，也不是指「一次呼吸」。「息」這個字，是「自」和「心」兩個字組成的。

「自」、「心」爲「息」，是指「元神、元氣、元精」的升降離合，全都由「心」來操縱，沒有什麼「有、無」和「虛、實」，全部都依靠「意念」在操縱。所謂「一念一生持」，何止是「一百天」？卽使是「一百天」，也不過是「一息（一念）」而已。此是玄中玄，不可解者也。見性乃知，所以學人，必求眞師授記，任性發出，一一皆驗。

立基的一百天中，關鍵是要「得力（有效果地）」。白天「得力」，晚上「受用（受益）」；

夜間「得力」，白天「受用」。「百日立基」本是「玉皇（中國道教崇奉的天帝，卽昊天金闕至尊玉皇大帝，簡稱玉皇大帝或玉帝。）」的旨意。

「上眞（道家稱第一等的仙人）」說的話，沒有一句不與「人身」相應。世上眞師說的話，沒有一句不與「學道的人」相應。這是「玄中玄（沒有分別心的境界，非「言語」所能表達。）」的涵義，不可以用理解的，只有到了「見性」的時候，你才會明白。

所以，「學道的人」必須求「眞師」「授記」傳授，儘管他是想到哪裡，便說到哪裡，但一句一句都有它的效驗。

【註解一】「玄中玄」，是佛教「禪宗」的「臨濟宗」的「義玄禪師」，接引「學人」的方法之一。在《臨濟義玄禪師語錄》裡，提到「義玄禪師」提出「三玄三要」的主張。

所謂「三玄」卽：「體中玄、句中玄、玄中玄」，其中「玄中玄」，又作「用中玄」。指離於「一切相待（對待）」之「論理」與「語句」等「桎梏（ㄓˋ ㄍㄨˋ，束縛）」之玄妙句。「玄中玄」，卽沒有「分別心」的境界，非「言語」所能表達。

【註解二】「授記」，佛教用語，謂「佛」對「菩薩」或「發心修行的人」給予將來證果、成佛的預記。

（十）第十章　性光識光

迴光之法，原通行住坐臥，只要自得機竅。吾前開示雲；「虛室生白」，光非白邪。但有一說，初未見光時，此爲效驗，若見爲光，而有意著之，卽落意識，非性光也。子不管他有光無光，只要無念生念。

何爲無念？千修千處得；何爲生念？一念一生持，此念乃正念，與平日念不同。今心爲念，念者現在心也。此心卽光卽藥。凡人視物，任眼一照去，不及分別，此爲性光，如鏡之無心而照也，如水之無心而鑒也。少刻卽爲「識光」，以其分別也。鏡有影已無鏡矣，水有像已無水矣。光有識尚何光哉！

子輩初則「性光」，轉念則識，識起而光杳無可覓，非無光也，光已爲識矣。黃帝曰：「聲動不生聲而生響」，卽此義也。

《楞嚴推勘入門》曰：「不在塵，不在識，惟選根」，此則何意？塵是外物，所謂器界也。與吾了不相涉，逐之則認物爲己。物必有還，通還戶牖，明還日月，借他爲自，終非吾有。至於不汝還者，非汝而誰。明還日月，見日月之明無還也。天有無日月之時，人無有無見日月之性。

若然則分別日月者，還可與爲吾有耶。不知因明暗而分別者，當明暗兩忘之時，分別何在，故亦有還，此爲內塵也。惟見性無還，見見之時，見非是見，則見性亦還矣。

還者還其識念流轉之見性，卽阿難使汝流轉，心目爲咎也。初入還辨見時，上七者，皆明其一一有還，故留見性，以爲阿難拄杖。究竟見性旣帶八識（眼識、耳識、鼻識、舌識、身識、意識、傳送識、阿賴耶識），非眞不還也。最後並此亦破，則方爲眞見性，眞不還矣。

子輩迴光，正回其最初不還之光，故一毫識念用不著。使汝流轉者，惟此六根，使汝成菩提者，亦惟此六根。而塵與識皆不用，非用根也，用其根中之性耳。今不墮識迴光，則用根中之元性，落識而迴光，則用根中之識性，毫釐之辨在此也。

用心卽爲識光，放下乃爲性光。毫釐千里，不可不辨。識不斷，則神不生；心不空，則丹不結。心靜則丹，心空卽藥。不著一物，是名心靜，不留一物，是名心空。空見爲空，空猶未空，空忘其空，斯名眞空。

【白話翻譯】

「迴光（意守玄關）」的功法，不論「行、住、坐、臥」都能夠實行，並不拘於形式，但是要自己懂得「機竅（訣竅）」。我在前面曾經提示過說：「虛室生白（比喻心境若能保持虛靜，不爲欲念所蒙蔽，則能純白空明，眞理自出。）」那句話，「那光」不就是白色的嗎？

但是，有句話要提醒大家，剛開始煉功的時後，沒有出現「光」，這是煉功的「效驗（效果、成效）」；如果出現「光」，而你有「意念」執著追隨它，就落在「意識界」裡，「那光」就不是「本性之光」。

你不要管它有光無光，只要「無念生念」，生出「無念」的念頭。什麼叫做「無念」呢？就是「佛家」常說的「千修千處得」。

【註解一】「千修千處得」一詞，出自於《性命圭旨》裡，「元集」的《飛升說》，原文節錄如下：「白沙先生云：千修千處得，一念一生持。」。此句出自「白沙先生」的「白沙詩」。

【註解二】「白沙先生」，及陳獻章，字公甫，號石齋，一作實齋，世稱「白沙先生」，明朝書法家、詩人、教育家、思想家，爲嶺南學派創始人。是嶺南唯一詔准從祀孔廟的學者，有「嶺南第一人」、「廣東第一大儒」的稱譽。

什麼叫做「生念」呢？就是「佛家」常講的「一念一生持」。這個「意念」是一種「正念」，與平時的「念頭」不同」。「今」和「心」兩字，組成「念」這個字，所謂「念」，就是「現在的心」。這個「心」就是光，也是用來作煉丹的藥。

一般人看外界的「事物」，任由眼睛看去，還來不及分別「事物」的特徵和屬性，這時的眼光屬於「性光（練習靜功到一定程度，眼前就會自然而然現出一種光體，古人稱爲「本性靈光」，簡稱「性光」。）」。就好像「鏡子」是無心的反照，也像「靜水」一樣，映照出各種影像，也是無心的。

【註解二】「性光（練習靜功到一定程度，眼前就會自然而然現出一種光體，古人稱爲「本性靈光」，簡稱「性光」。）」，指在「靈修」狀態中，所看見的，類似於人間的「太陽」一樣，能夠普照四方的強光。泛指佛家、道家、氣功、瑜伽等，在「靈修」狀態中，「腦海」所能看見的「光」，類似於人間「日光」的光。

過了一會兒，那「眼光」就變成「識光（意識光；第六識「意識」）」了，因爲它已經在分別事物的「特徵」和「屬性」了。「鏡子」裡有了「影像」，已經不是「鏡子」了；「靜水」裡有了「影像」，已經不是「靜水」了。「光」裡面帶有「意識」，還叫什麼「光」呢？

各位在「迴光（意守玄關）」時，開始時是一種「性光（練習靜功到一定程度，眼前就會自然而然現出一種光體，古人稱爲「本性靈光」，簡稱「性光」。）」，「轉念」之後，就變成「識光（意識光；第六識意識）」，因爲「意識」一生起，「光」也就「杳（一ㄠˇ，不見蹤影。）」無蹤影，無從尋覓。這並不是說沒有「光」，而是「光」已經轉化成了「意識」。

「黃帝」說過：「聲動不生聲而生響。」，就是這個意思。

【註解一】「聲動不生聲而生響」，此句出自《列子》卷一的《黃帝書》，原文如下：「形動不生形而生影，聲動不生聲而生響，無動不生無而生有。」意思是說：「形體動，不生形體，而生影子；聲音動，不生聲音，而生反響；『無』的變動，不生『無』，而產生『有』。」所以，「無」就成了「天地」的本源。

《楞岩推勘入門》說：「不在塵，不在識，惟還根。」這句話是什麼意思呢？「塵」是指「外物」，「佛家」稱之爲「器界」，與「自我」毫不相干。「心」如果去追逐「外物」，那就是把「外物」當作「自我」。「外物」的屬性，總歸要「返還（返回）」給「外物」。

比如說，「通氣（使空氣暢通；通風）」是「戶牖（一ㄡˇ，門窗）」的屬性，但是「通氣」要還給「門窗」；「明亮」是「日月」的屬性，但是「明亮」要還給「日月」，把它當作「自我」，始終都不會爲我所有。至於有一個「屬性」，不能「返還（返回）」給人了，這東西不是你的「自我」，又是什麼呢？

將「明亮」還給「日月」，但是「日月」被你所看見過的那部分「明亮」，卻不能「返還（返回）」。「天空」有看不見「日月」的時候，人卻沒有見不到「日月」的功能。如果是這樣，那麼分別「日月」的屬性，還可以為我所有嗎？

不知道根據「明暗」來分別的「屬性」，當「明」和「暗」都忘掉的時候，那個「分別心」又何在？所以，這裡面也有「返還（返回）」，這就是所謂的「內塵」。

【註解一】「內塵」，「佛家」用語，指「意識」所攀緣之「法塵」。「外塵」的對稱。色、聲、香、味、觸、法等「六塵」中，前五者為「前五識（眼識、耳識、鼻識、舌識、身識）」所緣，稱為「外塵」；「法塵」為「意識」所攀緣，攀緣於內，故稱為「內塵」。

只有達到「見性」的階段，那才是沒有「返還（返回）」。不過，在「見性」的階段，「見」並不是「真正的見」，所以連「見性」也要「返還（返回）」。這裡所「返還（返回）」的，是那種隨「識念（意識念慮）」而「流轉（流動轉移）」的「見性」，也就是在《楞嚴經》上，「釋迦牟尼佛」向弟子「阿難」所說的「使汝流轉，心目為咎。」。

他闡述「八識（眼識、耳識、鼻識、舌識、身識、意識、末那識、阿賴耶識）」和「八還」時，前面的七種識，都一一論證他們存在「返還（返回）」，但是到了「第八識「阿賴耶識」，姑且留下這個「見性」不談，當作「阿難」的「柱杖（手杖）」。

【註解一】「使汝流轉，心目為咎。」，這句經文出自《大佛頂首楞嚴經》卷二，原文如下：「使汝流轉。心目為咎。吾今問汝。唯心與目。今何所在。」意思是：「這種妄心使你流動轉移於六道輪迴中，生死輾轉不停，這都是你的心和眼睛的過錯，我現今再問你：你的心和眼睛，究竟在何處？」

【註解二】「八還」，佛家用語，全名是「八還辯見」。「還」是「復（恢復、回復）」的意思，世間諸「變化相」，各還其本所因處，凡有八種，稱爲「八還」。「辯」是「分別」的意思；「見」是「能見之性」。「八還辯見」，卽以所見八種「可還之境」，而辯「能見之性」不可還。

【註解三】「八還辯見」，根據《楞嚴經》卷二的記載，「阿難」不知「塵有生滅，見無動搖」之理，而妄認緣塵，隨塵分別，「如來」遂以「心」、「境」二法辨其眞妄，若言「心」，則謂「今當示汝無所還地」；若言「境」，則謂「吾今各還本所因處」，用以顯示「所見之境可還，能見之性不可還」之理，故以八種變化之相辯之。卽：

⑴「明還日輪」，以日出則明，無日則暗，是則明因於日，故復還於日。然明爲所見之塵境，非能見之性。以塵境則有生滅，見性原無生滅，故所見之明可還，而能見之性不可還。

⑵「暗還黑月」，以白月則明，黑月便暗，是則暗因黑月，故復還於黑月。故知所見之暗可還，而能見之性不可還。若能見之性亦可還，則不暗時，無復見其明。

⑶「通還戶牖（ㄧㄡˇ，窗戶）」，以有戶牖，則見「通（沒有堵塞，可以穿過的。）」，若無戶牖，則不見通，是則通屬戶牖，故復還於戶牖。故知所見之通則可還，而能見之性不可還。若能見之性亦可還，則不通處，無復見其壅。

⑷「壅還墻宇」，以有「墻宇（屋簷）」，則見「壅（堵住、阻塞不通）」，若無墻宇，則不見壅，是則壅屬墻宇，故復還於墻宇。故知所見之壅則可還，而能見之性不可還。若能見之性亦可還，則無壅處，不復見其通。

(5)「緣還分別」，緣者，繫之義。謂有分別所對之處，則有所緣之相，若無所對五塵之境，則無緣相而可分別，是則緣屬分別，故復還於分別。故知所緣分別之相可還，而能分別之性不可還。若能分別之性亦可還，則不緣境時，無復知其無分別。

(6)「頑虛還空」，頑者，無知之義。頑虛，謂無形相，頑然無有知覺。謂無形相之礙，則遍是虛空，若有形相，則不見其虛，是則頑虛即空，故復還於空。故知所見之虛則可還，而能見之性不可還。若能見之性亦可還，則不虛時，無復見其形相。

(7)「鬱[土*孛]還塵」，鬱者，滯之義。[土*孛]者，氣盛貌。以有塵象，則見鬱[土*孛]，無塵則不見其昏滯，是則鬱[土*孛]屬於塵象，故復還於塵象。故知所見鬱[土*孛]之象則可還，而能見之性不可還。若能見之性亦可還，則無塵時，不復見其清明。

(8)「清明還霽（ㄐㄧˋ，雨後或霜雪過後轉晴）」，以澄霽則見清淨，昏暗則不能見其明淨，是則清明屬霽，故復還於霽。故知所見清明之象可還，而能見之性不可還，若能見之性亦可還，則不明時，無復見其昏暗。

到底「見性」這回事，卽然它帶有「八識（眼識、耳識、鼻識、舌識、身識、意識、傳送（末那）識、阿賴耶識）」，那就不是眞的沒有「返還（返回）」。最後連這個也給破掉了，那才是眞正的「見性」，眞正的沒有「返還（返回）」了。

各位「迴光（意守玄關）」，正要回那最初沒有「返還（返回）」的那種「性光（練習靜功到一定程度，眼前就會自然而然現出一種光體，古人稱爲「本性靈光」，簡稱「性光」。）」，所以一絲一毫的「識念（意識念慮）」也用不著。

使你的「識念（意識念慮）」在「流轉（流動轉移）」的，就是這「六根（眼、耳、鼻、舌、身、意）」。但是，能使你成就「菩提（正覺）」的，也只有這「六根」，一切的「塵（佛家稱有礙身心開朗的欲念）」和「識」都用不上。這裡，不是講利用那「六根」本身，而是利用那「六根」中的「屬性」。

【註解一】「菩提」，廣義而言，乃斷絕「世間煩惱」而成就「涅槃」之「智慧」。卽佛、緣覺、聲聞各於其果所得之「覺智」。此三種「菩提」中，以「佛之菩提」爲無上究竟，故稱「阿耨多羅三藐三菩提」，譯作「無上正等正覺、無上正遍智、無上正眞道、無上菩提」。

現在你如果不想陷墮入「識（意識）」的困境，那麼在「迴光（意守玄關）」時，必須利用那「六根」中的「元性（本原之性）」；如果帶著「識（意識）」去「迴光（意守玄關）」，那就是利用那「六根」中的「識性」了。差之毫釐，謬以千里，就在這個地方。

【註解一】「元性」，卽人心的自然淸虛之本性，它「冥寂一源」，但是又不是空無一物，卽「眞實空」，非空不空，亦非「不空」，衆生皆與自然相同。也就是說，「元性」是關於衆生皆有的和合於「天地自然」的，不爲「塵俗」所動的寧靜「本性」。

總而言之，「用心」就是「識光」，放下「意念」就是「性光（練習靜功到一定程度，眼前就會自然而然現出一種光體，古人稱爲「本性靈光」，簡稱「性光」。）」。這兩者有毫釐千里之差，不可不去仔細地分辨。

要知道「識神（第七識『末那識』）」不斷，「元神（第八識『阿賴耶識』）」就不生；「心」不空，「丹」就不結。「心靜」就成了「丹」，「心空」就成了「藥」。不執著任何事物，叫作「心靜」；不留戀任何事物，叫作「心空」。如果「空」是能夠發現的「空」，那這種「空」就不能算是「空」；直到「空」的忘掉了「空」，這才算做是「眞空」。

（十二）第十二章　坎離交媾

凡漏洩精神，動而交物者，皆離也。凡收轉神識，靜而中涵者，皆坎也。七竅之外走者爲離，七竅之內返者爲坎。一陰主於逐色隨聲，一陽主於返聞收見。坎離卽陰陽，陰陽卽性命，性命卽身心，身心卽神照。一自斂息，精神不爲境緣流轉，卽是眞交。而沉默趺坐時，又無論矣。

【白話翻譯】

用「卦象」來解釋，凡是漏洩「精神」，流動而接觸外物的，都屬於「離卦」；凡是收轉「神識」，「靜定」而「涵養中心」的，都屬於「坎卦」。

「七竅（指人頭上的七個孔，卽兩眼、兩耳、兩鼻孔和口）」中外走的是「離卦」；「七竅」內返的是「坎卦」。

「離卦（☲）」中間那一個「陰爻」，以追逐「顏色」和「聲音」爲本職；「坎卦（☵）」中間那一個「陽爻」，以收回「聽覺」和「視覺」爲本職。

廣義言之，「坎、離」就是「陰、陽」；「陰、陽」就是「性命」，「性命」就是「身心」，

「身心」就是「神氣」。

學道的人，一開始「收斂氣息」，他的「精神」就不再隨「外部環境」的變化而「流轉（流動轉移）」。就是已經眞正的「坎離相交」了。何況沉默安靜下來打坐，那當然更高一等了。

【註解一】「坎離相交」，我們的身體也就像個小宇宙。「性」者「天」也潛藏於「頭頂」。「上丹田」爲「鼎器」，「頂」者「性之根」。「後天離卦」屬「火、汞」。黃庭，中央土，中丹田。心臟與肚臍之間，一寸二分之腔子裏。

下丹田爲爐。「後天坎卦」屬「水、鉛」。「命」者潛藏於「臍」。「臍」者「命」之蒂。以「卦相」論之，調「坎氣」至「離氣」之上，則爲「水火既濟卦」，合乎自然法則。「坎卦」與「離卦」相重疊，則成爲「乾卦」，是爲我們的「元神」，爲純陽之體。「坎離相交」，水火既濟，鉛汞入鼎。

以《易經》養生來解釋，「坎離相交」又稱爲「取坎塡離」，就是通過任督升降，督脈升發，任脈肅降的方法，用「腎（坎卦中間的陽爻）」與「心（離卦中間的陰爻）」互換，從而把「後天坎離」還原爲「先天乾坤」的「泰卦」，這是《易經》養生的最高境界。

（十二）第十二章　週天

週天非以氣作主，以心到爲妙訣。若畢竟如何週天，是助長也，無心而守，無意而行。仰觀乎天，三百六十五度，刻刻變遷，而鬥樞終古不移，吾心亦猶是也。心卽鬥樞，氣卽群星。吾身之氣，四肢百骸，原是貫通，不要十分著力。於此煅煉識神，斷除妄見，然後藥生，藥非有形之物，此性光也。

而卽先天之眞氣，然必於大定後方見，並無採法，言採者大謬矣。見之旣久，心地光明，自然心空漏盡，解脫塵海。若今日龍虎，明日水火，終成妄想。吾昔受火龍眞人口訣如是，不知丹書所說更何如也。

一日有一周天，一刻有一周天，坎離交處，便是一周。我之交，卽天之迴旋也。未能當下休歇，所以有交之時，卽有不交之時。然天之迴旋也，未嘗少息。果能陰陽交泰，大地陽和，我之中宮正位，萬物一時暢遂，卽丹經沐浴法也。非大周天而何？此中火候，寔寔有大小不同，究竟無大小可別。

到得工夫自然，不知坎離爲何物，天地爲何等，孰爲交，孰爲一周兩週，何處覓大小之別耶。總之一身旋運難眞。不眞得極大亦小，若一迴旋，天地萬物，悉與之迴旋，卽在方寸處，極小亦爲極大。

金丹火候，要歸自然。不自然，天地自還天地，萬物各歸萬物。欲強之使合，終不能合。卽如天時亢旱，陰陽不和。乾坤未嘗一日不周，然終見得有多少不自然處。我能轉運陰陽，調適自然，一時雲蒸雨降，草木酣適，山河流暢，縱有乖戾，亦覺頓釋，此卽大周天也。

問活子時其妙，必認定正子時似著相，不著相不指明正子時。從何識活子時，卽識得活子時，確然又有一正子時，是二是一，非正非活，總要人看得眞，一眞則無不正，無不活矣。見得不眞，何者爲正，何者爲活耶。即如活子時，是人所時時見得的。畢竟到正子時，志氣淸明，活子時愈覺發現。人未識得活的明了，只向正的時候驗取，則正者現前，活者無不神妙矣。

【白話翻譯】

所謂「週天」，並不是以「氣」爲主體，而是以「心到」爲妙訣。如果要問究竟怎樣來實行「週天」，那就等於揠苗助長了。「無心而守」，「無意而行」，這就是「周天」的要領。

【註解一】「週天」，又稱爲「周天」，「周天」者，「圓」也，「氣路之行徑」也。「圓」者，週而復始，連綿不斷之謂也。「周天」可分爲「小周天」，小圓；「大周天」，大圓。

【註解二】「小周天」，常指「任、督二脈」之循環。廣義地說，左手、右手「三陰三陽」之單獨循環，左足、右足「三陰三陽」之單獨循環，「帶脈」之單獨循環，「五臟六腑」之單獨循環，以及「百會」與「會陰」和「百會」與「湧泉」之上下交接等等，亦可稱爲「小周天」。

【註解三】「大周天」，有「體內」和「體外」之分。「體內大周天」是指全身經絡之大循環，「體外大周天」是指「人體之氣」與「天地自然之氣」相互交換。

請大家仰望「天空」，把「天球」劃分爲三百六十五度，日月星辰時時刻刻都在變換位置，而「鬥樞（北斗七星的第一星，名天樞、北極星。亦泛指北斗。）」卻永遠不移動，我們的「心」也是像這樣。

「那心」好比「鬥樞（北極星）」，「氣」好比「群星」，繞著「鬥樞（北極星）」在轉。我們身上的「氣」，在四肢「百骸（指人的各種骨骼或全身）當中，原是貫通著的，煉功時不要十分用力。只要利用這「肉身」，鍛煉好「識神（第七識『末那識』）」，斷除了「妄見（佛家認爲一切皆非實有，肯定存在都是妄見。）」，「煉丹的藥」於是就會產生。

「那藥」並不是什麼有形之物，而是「性光（練習靜功到一定程度，眼前就會自然而然現出一種光體，古人稱爲「本性靈光」，簡稱「性光」。）」，也就是先天的「眞氣」，可是必須在寂然「大定」以後才會出現。這種藥並沒有什麼「採法」，說什麼「採法」的人，那就大錯特錯了。

持久出現了「眞氣」，心地一片光明，自然會達到「心空塵漏」的境界，就能從「塵海（謂茫茫塵世）」中解脫出來。如果你今天大談「龍虎」，明天大談「水火」，把「功理」掛在嘴裡，不去實踐，最終只能成爲「妄想」。我從前親受「火龍眞人（鄭思遠）」的口訣，講的就是這樣，不知現在的「丹書（煉丹之書）」上是怎麼說的？

【註解一】「龍虎」，指「心氣」。「紫陽眞人」曾說：「收拾身心，謂之降伏龍虎。」「心不動」則「龍吟」，「身不動」則「虎嘯」。「龍吟」則「氣固」，「虎嘯」則「精凝」。「元精」凝結，則足以「保形」，「元氣」固牢，則足以「凝神」。所以，所謂「降龍」，就是「凝神」，「控制妄動之心」；所謂「伏虎」，則是「靜氣」，「馴服調息之氣」。不論「南宗」或「北宗」都講究「修性」，修煉「內丹」時候，只有經常心沉「下丹田」才可以「入靜」。

【註解二】「水火」，「水」是指「腎水」，「火」是指「心火」。在《道樞》的「水火篇」裡提到：「人身有三昧之火焉：一曰君火，是爲上昧，其心是也；二曰臣火，是爲中昧，其腎是也；三曰民火，是爲下昧，其膀胱是也。今之所行者，有曰長生之火，有曰周天之火。」

又說：「夫孰知水之功哉？水之在人也，爲汗、爲演、爲血、爲捜、爲矢、爲涎、爲沫，此數者皆水之在人而外鶩者也。其在內也，腦爲髓海，心爲血海，丹田爲氣海，脾胃爲水穀之海。百骸射百川也，四海流通則百川灌盈矣。」

又說：「學者於是當明水火既濟之法。夫火在心爲性者也，水在腎爲命者也，二者實相須以濟焉。腎之水非心之火養之則不能上升矣，心之火非腎之水藏之則不能下降矣。」

【註解三】「火龍眞人」，即「鄭思遠」，唐末五代人，號「小祝融、火龍眞人」，精通禮記、尚書，善律侯，閱覽九宮、三奇、河洛、讖記。

根據《雲笈七籤》卷一一、《歷世眞仙體道通鑒》卷二的記載，他善以「符祝、咒水」爲人治病，人稱「神醫」。游「江州」，至「廬山」遇「呂洞賓」，見其有仙風道骨，遂傳以「內丹法訣」及「天遁劍法」。「鄭思遠」與八仙中的「鍾離權」爲道侶，著有《眞元妙道要略》傳於世。

【註解四】「丹書」，「道教」用語，即「丹書墨籙」。指以墨書寫「符文」的朱漆之簡。泛指「煉丹之書」，「道教經書」。

「一天」有一次「週天」，「一刻（十五分鐘；亦指一會兒，片刻）」也有一次「週天」。「坎離相交之處」就是「一周」。我身中的「坎離相交」，也相當於「天穹（ㄑㄩㄥˊ，天空）」的不停迴旋。但是，有「坎離相交」之時，也就有「坎離不相交」之時。而「天穹（天空）」的迴旋，卻沒有一刻停止過。

【註解一】「坎離相交」，我們的身體也就像個小宇宙。「性」者「天」也潛藏於「頭頂」。

「上丹田」爲「鼎器」，「頂」者「性之根」。「後天離卦」屬「火、汞」。黃庭，中央土，中丹田。心臟與肚臍之間，一寸二分之腔子裏。下丹田爲爐。「後天坎卦」屬「水、鉛」。

「命」者潛藏於於「臍」。「臍」者「命」之蒂。以「卦相」論之，調「坎氣」至「離氣」之上，則爲「水火既濟卦」，合乎自然法則。「坎卦」與「離卦」相重疊，則成爲「乾卦」，是爲我們的「元神」，爲純陽之體。「坎離相交」，水火既濟，鉛汞入鼎。

【註解二】「陰陽交泰」，以《易經》養生來解釋，「坎離相交」又稱爲「取坎塡離」，就是通過任督升降，督脈升發，任脈肅降的方法，用「腎（坎卦中間的陽爻）」與「心（離卦中間的陰爻）」互換，從而把「後天坎離」還原爲「先天乾坤」的「泰卦」，這是《易經》養生的最高境界。

如果能做到那樣的「陰陽交泰」，達到「大地陽和（大地充滿春天的暖氣，比喻全身腎氣充足。）」。這時，我的「中宮（指中丹田，在心窩部位。）」居於正位，萬物隨著「一時暢遂（同時暢茂順遂）」，這就是「丹經（泛指道教煉丹之經書）」中所提的「沐浴法」，那不是「大周天」又是什麼？

這裡頭的「火候（火力的大小與時間的長短，比喻修養或修練的功夫。）」，實實在在有大小的不同，但是認眞說來，卻又沒有大小之分別。

等到你功夫純熟自然，也不知到「坎離（心、腎）」是什麼東西？「天地」是什麼類別？什麼叫做「相交」？什麼叫做「一周」？什麼叫「雨凋」？又從何處去找那「大周天」與「小周天」的分別呢？

【註解一】「沐浴法」，指「周天」練功時，「精氣」沿著「任督二脈」運行中，「呼吸之間」換氣時，小作停頓，撤除「意守」，休息「念慮」。

【註解二】「大周天」，是「內丹術」功法中的第二個階段，即「練氣化神」的過程。它是在「小周天」階段的基礎上進行的。「內丹術」認爲，通過「大周天」，使「神」和「氣」密切結合，相抱不離，以達到「延年益壽」的目的。稱它爲「大」，是由於它的「內氣循行」，除沿「任督兩脈」之外，也在其他經脈上流走。相對來說，範圍大於「小周天」，故稱爲「大周天」。

總之，身中的迴旋運行，很難達到「眞」的地步，「不眞」，雖然看起來很大，實際上還是很小；而「眞」，身內一迴旋，天地萬物一齊跟著迴旋；即使在一方寸的地方運行，雖然是很小，實際上卻是極大。

所以，「金丹」的「火侯（火力的大小與時間的長短，比喻修煉的功夫）」，全都要尊循「自然」二個字。「不自然」，「天地」還是那個「天地」，「萬物」還是各自的「萬物」，如果想硬行讓它們揉合在一起，卻始終也合不起來。

【註解一】「金丹」，指修煉的「內丹」，即把「人體」當作「爐鼎」，以體內的「精、氣」當作「藥物」，用「神（心神，意識）」燒煉，「道教」認爲使「精、氣、神」凝聚可結成「聖胎（道教「金丹」的別名。「內丹家」以「母體結胎」比喻「凝聚精、氣、神三者所煉成之丹」。）」，即可脫胎換骨而成仙。

比如「天時（氣候）」「亢旱（大旱）」，陰陽不調合，但是「乾坤（天地）」的運行，不曾不按照「周天規律」在運轉。不過，始終覺得有許多不自然的地方。如果我們能「轉運陰陽」，「調和自然」，同時「雲滿天空」，甘霖下降，草木都得到了充分濕潤，山河也隨之運行流暢，這時即使有「乖戾（不和諧，不一致。）」的地方，也會覺得很快煙消雲散，這就是「大周天」的原理。

【註解一】「大周天」，是「內丹術」功法中的第二個階段，即「練氣化神」的過程。它是在「小周天」階段的基礎上進行的。「內丹術」認爲，通過「大周天」，使「神」和「氣」密切結合，相抱不離，以達到「延年益壽」的目的。稱它爲「大」，是由於它的「內氣循行」，除沿「任督兩脈」之外，也在其他經脈上流走。相對來說，範圍大於「小周天」，故稱爲「大周天」。

有人問起「活子時」的奧妙，必定必須先認定「正子時（指夜晚十一時到一時的時間）」，這不是「著相（佛家用語，有意識地表現出來的形象狀態。）」了嗎？其實是「不著相」，如果不指明「正子時」，又怎樣來認識「活子時」呢？

既然認識「活子時」，畢竟還有那「正子時」的存在，它們是一體，或是分成二種，不是「正子時」，也不是「活子時」，總歸要人們看得眞才行。

看得眞，就沒有不是「正子時」，沒有不是「活子時」了。如果看得「不眞」，能弄清楚哪個是「活子時」？哪個是「正子時」嗎？就像「活子時」，那是時時都可能出現的，終歸到半夜那個「正子時」裡，人的「志氣（指心志氣力）」清明一些，「活子時」就顯得更加容易出現。

如果沒有發現「活子時」，暫且可以在「正子時」的時候去察看求取。當「正子時」到來時，那「活子時」也無不顯其神妙了。

【註解一】「活子時」，在「內丹修煉」上，運用「一陽來復」的方法，就是在「靜坐」時，把自己的「心念」平息下來，聽其自然，等到「念頭」一空，「精、氣、神」就凝結了，「陽氣」就會凝聚，就是「一陽來復」時，「腎間氣」發動，「陽氣」就從「下丹田」上來。這個生理變化，就是身體的「一陽來復」，「道教」又稱作「活子時」，以「復卦」的「初陽爻」，來比喻「陽精初動」的現象。

修道人要懂得「活子時」的道理，就是自己身體上的「一陽來復」，每個人「陽氣」的發生時間不同，際遇也不同，所以叫做「活子時」，要活用。

（十三）第十三章　勸世歌

吾因度世丹中熱，不惜婆心並饒舌。世尊亦為大因緣，直指生死真可惜。老君也患有吾身，傳示穀神人不識。吾今略說尋真路：黃中通理載大易，正位居體是玄關。子午中間堪定息，光回祖竅萬神安。

藥產川原一氣出，透幕變化有金光。一輪紅日常赫赫，世人錯認坎離精。搬運心腎成間隔，如何人道合天心。天若符合道自合，放下萬緣毫不起。此是先天真無極，太虛穆穆朕兆捐。性命關頭忘意識，意識忘後見本真。水清珠現玄難測，無始煩障一旦空。玉京降下九龍冊，步雲漢今登天關，掌雷霆兮驅霹靂。凝神定息是初機，退藏密地爲常寂。

吾昔度張珍奴二詞，皆有大道。子後午前非時也，坎離耳。定息者，息息歸根，中黃也。坐者，心不動也。夾脊者，非背上輪子，乃直透玉京大路也。雙關者，此處有難言者。地雷震動山頭雨者，眞氣生也。黃芽出土者，藥生也。小小二段，已盡修行大路，明此可不惑人言。

昔夫子與顏子登泰山頂，望吳門白馬，顏子見爲疋練，夫子急掩其目，恐其太用眼力，神光走落，迴光可不勉哉！

迴光在純心行去，只將眞息凝照於中宮，久之自然通靈達變也。總是心靜照定爲基，心忘氣凝爲效，氣息心空爲丹成，心氣渾一爲溫養，明心見性爲了道。子輩各宜勉力行去，錯過光陰可惜也。一日不行，一日卽鬼也。一息行此，一息眞仙也。勉之！勉之！

【白話翻譯】

我因爲度世心腸熱，不惜苦口婆心，並且「饒舌（嘮叨；多嘴）」。「世尊（釋迦牟尼佛）」也是爲了一大因緣，直指「生死」眞是可惜；「老君（老子）」說憂患是由於有身體，留傳示知「穀神」，但是一般人不認識。

【註解一】「穀神」，「穀」與「谷」相同意思，「穀神」又寫作「谷神」。「谷神」出自《道德經》第六章，原文是：「穀（谷）神不死，是謂玄牝。玄牝之門，是謂天地根。綿綿若存，用之不勤。」

【註解二】「谷神」，一般的解釋，「谷」是指「山谷」，是「虛空」的意思。「谷神」就是「空虛之神」，是萬物產生的總根源。此章闡述了「本體論」的「道」，「老子」把他稱爲「谷神」，認爲它產生了「宇宙的萬物」，是萬物的「本原」，並認爲它有綿綿不絕，永不窮竭的特性。

【註解三】「谷神」，修道的解釋，「谷」是指兩眉之間的「玄關處」。「鼻梁」又稱爲「山根」，眉上髮下的「額頭」，也像是隆起的高山，「谷」是指兩山之間，就是「玄關處」。「玄關處」又稱爲「天心」或「方寸之地」，修道要用「迴光」，就是把「意念」集中於「天心（眉間玄關）」。這是個祕密，所以一般人不認識「谷神」的眞義。

我現在重點的說出尋求「眞道之路」：

⑴黃中通理載大易，正位居體是玄關。

「黃中通理」記載於《周易．坤卦》，《坤》六五文言曰：「君子黃中通理，正位居體，美在其中，而暢於四支，發於事業，美之至也。」

「丹道」中的「黃中」有「黃庭」、「黃道」、「中黃」、「神室」、「中宮」、「玄竅」、「玄關」、「虛無一竅」等不同的名稱。

這裡說「正位居體是玄關」，說明了「黃中」就是指「丹道」中的核心機密「玄關一竅」，簡稱「玄關竅」。

「理」卽氣，卽「先天一炁」，「黃中通理」就是通過「迴光（意守玄關）」的修練，意守「天心（眉間玄關處）」，感召「先天一氣」，而進入「天人合一」的狀態，從而實現「美在其中，而暢於四支」。

⑵子午中間堪定息，光回祖竅萬神安。

這裡的「子午」，不是指「南北」，古人以「子」爲「正北」，以「午」爲「正南」；也不是指「時間」，舊時計時法，以夜間「十一時」至「一時」爲「子時」，以白晝「十一時」至「一時」爲「午時」。詞裡的「子午中間」，是指「坎離（腎、心）」。

「定息」，就是把「息（一乎一吸）」，歸根於「中黃（人體的橫膈膜；指腹中）」部位。

「光回到祖竅」，「祖竅」的位置衆說紛紜，這是由於「道教」分爲「南派」和「北派」，兩派又分出多個派系的原因。

「祖竅」的所在地，「呂洞賓」稱爲「天心（眉間玄關處）」，在「眉心」和「雙眼」組成的三角形的正中間。

「光」是指「迴光（意守玄關）」，「光回到祖竅」就是「意守祖竅」，就是「迴光（意守玄關）」，就是將兩眼神光匯聚在「祖竅」內，虛靜守一，降心制性。「光」回到「祖竅」，就「萬神（各種心思）」安定，精神集中。

⑶藥產川原一氣出，透幕變化有金光。

「藥」指「大藥」，是煉「精、氣、神」所生之物。「川原一氣出」是指「心腎相交」，「大藥」的根源在「坎水」，用陰陽升降之理，使「眞水（坎）」和「眞火（離）」合而爲一，煉成「大藥」。靜心「迴光（意守玄關）」，一氣化金光。

(4)一輪紅日常赫赫，世人錯認坎離精。

靜坐練功時，若經常看到「一輪紅日」顯著盛大，世人會錯認爲是「坎水」和「離火」的精華。

(5)搬運心腎成間隔，如何人道合天心。

靜坐練功時，運用「意識」來「導引」搬運「心火」和「腎水」，反而形成了「間隔（間斷隔絕）」。人的後天「意識」是修道的阻礙，運用後天「意識」來修道，如何能夠符合「天心（眉間玄關處）」的修練呢？

(6)天若符合道自合，放下萬緣毫不起。

「心火」和「腎水」若相交，抽「坎卦（☵）」的「一陽爻」，來塡補「離卦（☲）」的「一陰爻」，回到先天的「乾卦（☰）」和「坤卦（☷）」的狀態，自然會見到「大道」。放下俗世的「萬緣」，內心平靜，絲毫不會生起「萬緣」。

(7)此是先天眞無極，太虛穆穆朕兆捐。

這是先天的「眞無極」，「道體」的本原爲「無極」而「太極」。「大道」是「太虛」的樣貌，是「穆穆（深遠）」的，必須「捐（捨棄、拋棄）」後天的「意識」「朕兆（徵兆；預兆）」，才能見得到。

(8)性命關頭忘意識，意識忘後見本眞。

「性命雙修」的「關頭（關鍵）」在頭上的「天心（眉間玄關處）」，要忘記自我的「意識」，「意識」忘記之後，才能見到本來的眞面目。

(9)水清珠現玄難測，無始煩障一旦空。

就像水清淨，水底的「珠子」就會顯現一樣，玄妙的難以預測。眞陽一出現，「無始（指沒有起始）」以來的「煩惱業障」，忽然就空掉。

⑽玉京降下九龍冊，步雲漢今登天關，掌雷霆兮驅霹靂。

「玉京（道家傳說元始天尊居住於玉京山，泛指仙都）」降下《九龍冊》，行走在「雲漢（銀河）」，現在登上「天關（天門）」，掌握了「雷霆一竅（玄關一竅）」，去驅除「霹靂陰渣」。意爲驅除後天「坎卦（☵）」和「離卦（☲）」裡的「陰爻」，「取坎塡離」，變成先天的「乾卦（☰）」和「坤卦（☷）」。

【註解一】「雷霆」，指「天心（眉間玄關一竅）」。出自《道法心傳》，此書闡述道教「雷法」的道書，是唐宋以來「道教符篆派」與「內丹說」相融合的「道術（雷法）理論」代表作，爲「元世祖」至元年間「正一派」高道「王惟一（即王景陽）」所撰。作者「王惟一」在書中提到「幸過眞師，傳授雷霆一竅，說破這些道理，使餘如醉方醒，前學皆妄。」「雷霆一竅」就是「玄關一竅」。

【註解二】《道法心傳》主要闡述「修道義理」和「雷法之要」，以《易》理陰陽八卦闡釋「雷法」。認爲「五雷」本「陰陽二暴」之所生，「五行」之所成，隨「節氣」而降升，應「斗柄」之運轉，有生有旺，有收有藏。陽極而陰生，陰極而陽生，週而復始，生生化化之道，未嘗間斷。強調對「外界氣象變化」之觀測和自身元神之保養爲「雷法之要」。

【註解三】節錄《道法心傳》關於「雷霆一竅（玄關一竅）」的說明：

①神欽鬼伏，坐役雷霆，呼風召雨。

②行雷之士，須當斷淫絕欲，保養元神，鏈成金丹，驅役雷霆，禱雨、祈晴，治病降邪，無施不可。

③施之於法，則以我之眞炁合天地之造化。故噓爲雲，嘻爲雷霆，用將則元神自靈，制邪則鬼妖自伏。通天徹地，千變萬化，何者敢於我哉。

④何爲雷霆？陽一爲雷陰二霆，陰陽二炁有虧盈。陰含陽極須當洩，激起轟天震地聲。要識雷竅風雲雷雨藏乎一，這個孔竅多不識。激剝遍天龍陣亂，煞風煞雨轟霹靂。

⑾凝神定息是初機，退藏密地爲常寂。

「凝神定息」是起點，退藏到「密地」，達到「常寂」。

「凝神（全神貫注、聚精會神）」和「定息」是「初機（『機』即機根、機類，意謂初學之人。）」要修煉的功課，「退藏密地」，心腎相交，水火既濟，「眞息（眞氣；先天一炁）」自現，這是「性命雙修」的重要步驟。最後達到「常寂（『常』是眞如本性，無生滅變化；『寂』是無煩惱之擾亂）」的境界。

【註解一】「定息」，就是把「息（一乎一吸）」，歸根於「中黃（人體的橫膈膜；指腹中）」部位。

【註解二】「退藏密地」，出自於《周易》，《周易．繫辭》中說：「君子以此洗心，退藏以密。」「洗心」是洗滌心胸，摒除惡念或雜念；「退藏」是退歸躲藏；隱匿。「密」是自己的本性。意思是：君子要「洗心」，洗滌心胸，摒除惡念或雜念，摒除到最後，什麼也沒有了，達到「寂然不動」的境界。並且「退藏（反轉）」，返觀自照，明心見性，自己最「密」的那個東西，就是自己的「本性」。

【註解三】「道教」的「退藏密地」，「道教」認爲「周易之洗心退藏於密」，其實是一種「修心鍊氣」的方法。「心」屬「火」，「腎」屬「水」，只有「心火」下降，「腎水」上升，才能「水火既濟」。卽是將「心火」藏之以背之「腎水」也。降伏其心，散其「邪火」銷其「雜慮」，降其「動心」，止其「妄念」。「妄念」旣止，「眞息（眞氣；先天一炁）」自現，這是「性命雙修」的重要步驟。

我從前引度「張珍奴」的時候，曾給她寫過兩首詞，其中含有修道的功法宗旨。

【註解一】「呂洞賓度張珍奴」，「張珍奴」天生麗質，誤落風塵，是「吳興妓館」的名花。不過，「張珍奴」性情素淡，不喜奢華，逢場作戲、歌舞賣笑的生涯令「張珍奴」的內心非常痛苦，「張珍奴」經常焚香向大祈禱，讓她能夠脫離這種痛苦的生活。

「張珍奴」的祈禱被「呂洞賓」聽到了，「呂洞賓」決定親自來度化她，於是變化成一名書生前來妓館。每次來妓館只點「張珍奴」，別人一概不理不問。每次跟「張珍奴」詩酒往來，海闊天空無所不談，逐漸成爲知己好友。

「張珍奴」談起了自己家裡如何欠債，自己如何如何被賣到妓館的慘痛經歷，言談之間欷歔不斷。「呂洞賓」見時機已經成熟，就決定渡化她，建議她「學道」，就可以脫離這種痛苦的生活。「張珍奴」欣然答應，就拜「呂洞賓」為師，「呂洞賓」教給「張珍奴」一些「丹道法訣」，囑咐她照此修煉。

後來，「呂洞賓」告訴「張珍奴」自己的眞實身分，並且留下兩首詞給「張珍奴」，詞中包含了今後修道的方向和微旨，囑咐她好好修道，早成正果。

後來，湖州「黃覺能」向諸妓館徵集道情時，得到這首詩歌，大為驚異，詢問「張珍奴」後，知道是「呂洞賓」的詩歌，於是，特讓「張珍奴」從「妓館」脫籍，「張珍奴」終於獲得了自由之身。後來，「張珍奴」到僻靜之地繼續修道，最終屍解成仙而去。

【註解二】第一首詞《思量我一一吳興妓館答張珍奴韻》：

「別無巧妙，與你方兒一個：子後午前定息坐，夾脊雙關崑崙過。恁時省氣力，思量我。」

【註解三】第二首詞《步蟾宮一一再過珍奴館皆此度之》：

「坎離坤兌分子午，須認取自家宗祖。地雷震動山頭雨，待洗濯黃芽出土。捉得金精牢閉固，煉甲庚要降龍虎。待他人問汝甚人傳？但說道先生姓呂。」

第一首詞：「別無巧妙，與你方兒一個：子後午前定息坐，夾脊雙關崑崙過。恁時省氣力，思量我。」

詞裡的「子後午前」，不是指「時間」，而是指「坎離」。「定息」就是「息息（一乎一吸）」歸根於「中黃（人體的橫膈膜；指腹中）」部位。

「坐」，指的是「心不動」。「夾脊」，不僅是指「背上輪子」，而且是直通「玉京（道家傳說元始天尊居住於玉京山；泛指仙都）」的大路。「雙關」，這裡不大好解釋。

【註解一】「夾脊」，在背腰部，當「第一胸椎」至「第五腰椎」棘突下兩側，後正中線，旁開零點五寸。穴在「脊柱」兩側，從兩旁將「脊柱」夾于其中，故名「夾脊」。

【註解二】「雙關」，指「夾脊雙關」，在《修眞圖》上說：「夾脊雙關，實神仙升降之徑路，是我身脈，卽膏肓穴道，曰雙關，內轆轤在中。左爲太陽，右爲太陰。陽昇路，通天柱穴，又名內雙林，通外雙林，陽關脈伏。此穴薰蒸關竅，下湧泉，上通泥丸，絡接絳宮、華池，取水降於華蓋、五行之所、下丹田命蒂之內。」

【註解三】「夾脊雙關」，在《性命圭旨》裡的《退藏沐浴工夫》上說：「古仙有言曰：夾脊雙關透頂門，修行徑路此爲尊。以其上通天谷，下達尾閭，中通心腎，召攝靈陽，救護命寶。此非修行徑路而何？吾人未有此身，先有此息，此身未滅，此息先滅，此又非修行正路而何？」

【註解四】「雙關者，此處有難言者。」」，爲什麼「呂洞賓」祖師會這麼說呢？因爲想要通此竅，先要「窮想山根（鼻梁）」，也就是「迴光天心」，意守眉間的「玄關竅」，進入「虛無境界」，如此則「呼吸之氣」方能漸漸透「泥丸宮（卽上丹田宮，上丹田位於兩眉之間。）」，通「夾脊」，以達「天心祖竅」，與「原始祖氣」相接。

第二首詞：「坎離坤兌分子午，須認取自家宗祖。地雷震動山頭雨，待洗濯黃芽出土。捉得金精牢閉固，煉甲庚要降龍虎。待他人問汝甚人傳？但說道先生姓呂。」

「地雷震動山頭雨」，說的是「眞氣」生成，生成。「黃芽出土」，說的是「大藥（煉「精、氣、神」所生之物）」生成，而它們的基礎，都建築在神守「雙關」上。短短兩首詞，已經把修行的大路概括說完了。讀懂了它，對於別人「侈談（誇大不實的言論）」的理論，你就不會被他迷惑了。

從前「孔子」和「顏回」一同登上「泰山」頂峰，望見山下「東吳」地界有一匹奔馳的「白馬」。「顏回」說：「看見那白馬奔跑的軌跡，就好像『疋練（ㄆㄧˇ，一匹白絹』。」「孔子」急忙掩蓋他的眼睛，恐怕他太用眼力，走落了「神光」，所以後來他會過早夭折。大家練習「迴光功法（意守玄關）」，可要努力啊！

「迴光（意守玄關）」全在「純心（專心一志）」去實行。只須將「眞息（眞氣）」「凝照（聚集投映）」於「中宮（指中丹田；在胸部「膻中穴」）」，久而久之，自然「通靈（通於神靈）」「達變（通曉事物的變化並能適應之）」。

總之，要以「心靜氣定」爲基礎，「心忘氣凝」爲效驗，「氣息心空」爲丹成，「心氣合一」爲「溫養（修煉的過程中，必須持續一定的火候，不可太急。）」，不可使之熄滅）」，「明心見性」爲了道。

各位最好各自去認眞修行，錯過光陰，那就太可惜了。一天不「迴光（意守玄關）」，那一天就做了鬼；「一息（一次呼吸之間。比喻短暫、片刻的時間。）」的時間能夠「迴光（意守玄關）」，那「一息」就成了仙，各位要努力啊！努力啊！

國家圖書館出版品預行編目資料

看懂道教／呂冬倪著. --初版.--臺中市：白象文化事業有限公司，2023.11
面； 公分
ISBN 978-626-364-138-9（平裝）
1.CST: 道教
230 112016123

看懂道教

作　　者 呂冬倪
校　　對 呂冬倪
發 行 人 張輝潭
出版發行 白象文化事業有限公司
412台中市大里區科技路1號8樓之2（台中軟體園區）
出版專線：（04）2496-5995　傳真：（04）2496-9901
401台中市東區和平街228巷44號（經銷部）
購書專線：（04）2220-8589　傳真：（04）2220-8505
專案主編 李婕
出版編印 林榮威、陳逸儒、黃麗穎、水邊、陳媁婷、李婕、林金郎
設計創意 張禮南、何佳諠
經紀企劃 張輝潭、徐錦淳、林尉儒、張馨方
經銷推廣 李莉吟、莊博亞、劉育姍、林政泓
行銷宣傳 黃姿虹、沈若瑜
營運管理 曾千熏、羅禎琳
印　　刷 基盛印刷工場
初版一刷 2023年11月
定　　價 450元